Vincenzo Giaquinto

BUYING MEDIA

Guida all'azione pubblicitaria all'interno dell'ecosistema Facebook

ISBN 979-84-923-1815-4

Copyright © 2021 Vincenzo Giaquinto

Tutti i diritti sono riservati a norma di legge e a norma delle convenzioni internazionali.

Avviso di non responsabilità: Si noti che le informazioni contenute in questo documento sono solo a scopo educativo.Il contenuto di questo libro è stato derivato da varie fonti. È stato compiuto ogni sforzo per presentare informazioni accurate, aggiornate e affidabili e complete.Nessuna garanzia di alcun tipo viene dichiarata o implicita.Leggendo questo documento, il lettore conviene che l'autore non è in alcun caso responsabile per eventuali perdite, dirette o indirette, derivanti dall'uso delle informazioni contenute nel presente documento, inclusi, ma non limitati a errori, omissioni o inesattezze.

SOMMARIO

PREMESSA	
INTRODUZIONE	1
LA STRATEGIA DI MARKETING: DEFINIRE L'OBIETTIVO AZIENDALE	4
DEFINIRE L'OBIETTIVO PUBBLICITARIO	8
ALLINEARE L'OBIETTIVO AZIENDALE ALL'AZIONE PUBBLICITARIA	13
I FONDAMENTALI DEL MEDIA BUYING	21
COMPRARE SPAZIO PUBBLICITARIO ALL'ASTA CON LA "AUCTION BUYING"	26
COMPRARE SPAZIO PUBBLICITARIO CON IL "REACH AND FREQUENCY BUYING"	29
IL SISTEMA DI PUBBLICAZIONE DEGLI ANNUNCI	31
IL PROCESSO D'ASTA PUBBLICITARIA DI FACEBOOK	33
L'OTTIMIZZAZIONE DELLE PRESTAZIONI NELLA PUBBLICAZIONE DEGLI ANNUNCI E LA FASE DI APPRENDIMENTO	34
I CONTROLLI DELL'INSERZIONISTA ALL'INTERNO DEL SISTEMA	37
IL CONTROLLO CONTRO L'OTTIMIZZAZIONE	39
LA STRATEGIA D'OFFERTA ALL'INTERNO DELL'ASTA: SPESA ED OBIETTIVI	41
IMPOSTARE LA STRATEGIA DI OFFERTA IN RAPPORTO AL BUDGET	47
LA CORRETTA STRATEGIA DI OFFERTA	53
LE FONTI DEI DATI ED IL PERCORSO VERSO LA "CONVERSIONE"	60
LE FONTI DEI DATI E TARGETING: L'OTTIMIZZAZIONE E MISURAZIONE	64
CONSIDERAZIONI SULLA QUALITÀ DEI DATI	66
FONDAMENTI DELLA MISURAZIONE DEI RISULTATI	68
LA MISURAZIONE: CORRELAZIONE E CAUSAZIONE	71
IL MARKETING MIX MODEL E PARTNERS	77
L'ACCESSO ALLE RISORSE DEL CLIENTE ED I RUOLI NEL BUSINESS MANAGER	80

PREMESSA ALLA CAMPAGNA PUBBLICITARIA	86
LA CAMPAGNA:	88
Le Special Ads	89
Il tipo di acquisto, limite di spesa e chiarimenti sul valore totale dell'inserzione	91
Il test A/B	94
L'ottimizzazione del budget della campagna	97
I GRUPPI DI INSERZIONI: GLI "AD SETS":	99
Nome	100
La "event Location"	101
L'ottimizzazione della parte creativa: la "Dynamic Creative"	105
Lo strumento delle offerte	107
La gestione del budget e la programmazione del messaggio pubblicitario	110
Il Pubblico	115
I posizionamenti pubblicitari all'interno del sistema	139
L'ottimizzazione della pubblicazione degli annunci	148
Il controllo dei costi: la scelta della strategia d'offerta	150
Le impostazioni di attribuzione	157
Il meccanismo di sottrazione del budget allocato ed il tipo di consegna del messaggio publicitario	159
IL LIVELLO INSERZIONE: LE "ADS":	160
L'identità dell'inserzione	161
L'Ad setup ed i formati	162
L'editing della parte creativa: la "Ad Creative"	175
La traduzione del messaggio pubblicitario	179
Il tracciamento dei risultati: il "tracking" e gli eventi	181
Integrare le API di conversione nel sito web del cliente	193
La deduplicazione dei risultati tra pixel ed API	197
L'ottimizzazione degli eventi ed i parametri URL	198
LA STRUTTURA DEI REPORT NELL' ADS MANAGER	206

LE DYNAMIC ADS	214
Sitografia	229
Bibliografia	231

PREMESSA

Questa guida nasce dall'esperienza di studio per il superamento dell'esame di certificazione per Media Buyers di Facebook, l'ICT acronimo di "information and communication technology" è quel settore occupazionale che comprende tutti i professionisti i quali grazie alle innovazioni tecnologiche gestiscono le comunicazioni per conto delle aziende, al suo interno troviamo molteplici figure tra cui gli specialisti in cyber security, programmatori, sviluppatori di software, app e siti web, e specialisti in ambito SEO, ivi compresi anche coloro che si occupano della conduzione di campagne pubblicitarie online, in questa guida affronteremo tutti quegli aspetti legati alla figura del "media buyer" all'interno del sistema Facebook.
In linea generale, questo utilizza strumenti di marketing per tenere traccia delle prestazioni di una campagna pubblicitaria basandosi su metriche chiave pre-identificate in relazione agli obiettivi aziendali, dopo un preciso processo di pianificazione, stando ai "medium" del cliente ed a maggior ragione supervisionando il processo di acquisto, garantisce che il messaggio pubblicitario sia conforme agli accordi garantendo un uso ottimale del budget.

Secondo l'eurostat la percentuale di occupati nel settore ICT in italia risulta solo del 3,6% degli occupati totali, vedendoci al ventunesimo posto in europa, il che tiene conto di più tipi di professioni tra quelle sopraelencate, considerando che il numero di persone impiegate come specialisti ICT è cresciuto del 50,0% durante il periodo che va dal 2011 al 2020, il che risulta 9 volte l'aumento corrispondente (5,5%) per l'occupazione totale in europa, capiamo presto che nonostante le "zone d'ombra" percepite su queste figure professionali, queste risulteranno sempre più cruciali per la competitività delle economie moderne.

Negli ultimi anni abbiamo assistito a movimenti sempre più diffusi che hanno e tutt'oggi stanno portando una grande parte della popolazione ad allontanarsi dalle più varie forme di progresso e più generalmente anche ad essere ostili a qualsivoglia forma di cambiamento, che sia scientifico-tecnologico o che abbia come tema le libertà civili è facile percepire una certa forza contraria a questi due concetti, l'arduo "andare avanti" o "l'avanzare" di quel progresso ed il "sostituire" del cambiamento nello stato delle cose, delle persone oppure di noi stessi, evocano da sole quelle paure che radicate nell'animo umano ci assetano di certezze, le quali oltre ad essere percepite come una materia rara, risultano troppo spesso e ancor di più troppo tardi un desiderio ingannevole.

Nel giro di pochissime generazioni a partire dal dopoguerra, la scienza e la tecnologia hanno fatto innegabilmente enormi balzi in avanti, parallelamente al progresso, l'accessibilità alle informazioni è diventata sempre più semplice, eppure paradossalmente la fiducia in loro sembra farsi sempre più bassa.

Lo scetticismo dilagante verso l'innovazione ed il sapere prodotto utilizzando il metodo scientifico pare farci sentire solo l'eco della "voce della ragione" che sembra farsi sempre più debole, sovrastata da chi del "sapere di non sapere" non ne fa un propellente per approfondire temi ed argomentazioni, oppure una affermazione che lascia l'interpretazione dei dati agli organi competenti, ma uno "slogan" nel suo senso letterale di "grido di guerra".

Questo alimenta uno scetticismo generale, che porta alla formazione di pericolose derive che mettono in dubbio anche le raccomandazioni degli istituti scientifici più autorevoli e contribuiscono ad intensificare l'ostilità verso il progresso.

La questione dell'informazione ci vede attualmente in uno scenario in cui sembra che in un mare infinito di articoli non siamo più in grado di trovare una fonte autorevole, e quindi sommersi da un'enorme mole di eventi e notizie stiamo diventando sempre più ignoranti, tutto ciò lascia spazio a l'atroce teoria secondo la quale la libertà di espressione, fondamentale per l'esercizio democratico, sia il problema di fondo, eppure senza il presupposto della capacità personale di saper valutare con spirito critico la qualità, il significato ed il peso che ha una informazione tra le migliaia a cui siamo esposti, rischiamo di essere individui sempre più influenzabili e che tentennano davanti a tesi contrastanti, rendendo di fatto inutili i mezzi di informazione.

A questa mancanza da parte nostra si unisce anche una sempre maggiore semplificazione degli argomenti da parte di chi dovrebbe invece approfondirli, il tutto unito al sensazionalismo nell'esposizione crea esagerazioni sui temi che confondono l'ascoltatore, la brevità nel racconto dei temi anche più importanti inoltre aggrava questo lento declino dell'informazione, culturalmente anche alcuni modelli mediatici impongono sin da troppo tempo il dibattito su temi sensibili non tramite un confronto di idee volto all'arricchimento culturale delle parti, ma nella maggior parte dei casi da una competizione all'insegna del sensazionalismo in cui tra queste è facile identificare una certa forma di "tribalismo" che affronta i temi secondo il principio del "o con me o contro di me" e ne consegue sia la pericolosità di essere vittime di propaganda disinformativa, che di sviluppare nella società una polarizzazione delle idee che vede più gruppi opposti competere sempre più l'uno contro l'altro per una ragione fine a se stessa.

Questi presupposti uniti alla povera capacità critica crea oltre che la paura nel progresso, diffidenza nella scienza, nelle istituzioni e per quanto ci riguarda come professionisti anche nelle nuove tecnologie e nelle nuove opportunità online.

Il guardare ai metodi e tecnologie future con occhio critico è quasi una costante storica, queste sono, e sono state percepite come un cambiamento "pericoloso" o comunque sempre troppo distante dallo stile di vita precedente di chi lo subisce, le abitudini e le tradizioni che abbiamo fino al momento della comparsa di un cambiamento sono parte del nostro essere e formano in noi una "cognitività storica" la quale ci rende poco inclini al progresso, anche il difficile riconoscimento dell'importanza delle nuove professioni digitali non è quindi un problema nostrano, ma culturale globale, il quale propone sempre più frequentemente una visione distopica del futuro in cui la spada di damocle che pende sulle nostre teste vuole proprio essere il "mezzo" piuttosto che una formazione individuale inadeguata.

Mentre viviamo all'apice di una quarta rivoluzione industriale in cui l'industria online rappresenta le nuove "compagnie delle indie orientali", in un mondo in cui si stima che gli annunci digitali hanno rappresentato il 64,31% della spesa pubblicitaria totale del 2020 e che questa crescerà da 332,8 miliardi a 460,5 miliardi di dollari nel 2024, si guarda ancora con scetticismo a questo "nuovo" vecchio mondo, soprattutto in ambito pubblicitario, come si guarda a chi racconta storie sui fantasmi perchè "trasparente" e "senza forma" è il modo in cui questo mondo viene ancora percepito da alcune realtà. Contemporaneamente a tutto ciò le "Big Tech" stanno provvedendo esse stesse a fornire gli strumenti per la formazione dei loro nuovi professionisti digitali, tramite la concessione di certificati, esami di abilitazione e corsi "ad hoc" in un contesto in cui i professionisti di un settore così determinante per le aziende come la pubblicità online, trovandosi in ambiente in continuo cambiamento, soffrono a mantenere il riconoscimento di tale professionalità tramite i canali tradizionali di formazione.

Per quanto ci riguarda è difficile che la gestione pubblicitaria avvenga in un ambiente di lavoro prettamente in lingua italiana, potrebbe capitarci di lavorare con più aziende parlanti la lingua del bel paese, ma anche di collaborare e confrontarci con team di persone, aziende e clienti esteri, oppure di creare o gestire messaggi pubblicitari rivolti ad una clientela internazionale, inoltre per essere certificati da Facebook stesso come professionisti dovremmo affrontare degli esami di certificazione in lingua inglese, quindi essere accreditati dalla piattaforma stessa come professionisti nel comprare e gestire un piano media per conto di aziende, oppure integrare quegli strumenti pubblicitari fondamentali nei siti web di queste ultime richiede un certo livello di conoscenza della lingua oltre che a conoscenze teoriche e pratiche, per capire da quali paesi proviene la domanda di personale in questo settore e di conseguenza l'importanza di questa lingua possiamo semplicemente consultare le offerte di lavoro per media buyers, media analysts e manager delle campagne sui maggiori motori di ricerca di lavoro oppure anche sul network di ricerca professionisti certificati da facebook su "facebookcertificationjobs.com".

Considerando i rapporti delle prove dell'Istituto Nazionale per la Valutazione del Sistema Educativo di Istruzione e Formazione "Invalsi" del 2019 di cui hanno fatto parte il 96%

degli studenti italiani, notiamo che nella prova di Inglese-lettura (reading) il 51,8% raggiunge il livello B2, mentre nella prova di Inglese-ascolto (listening) tale percentuale scende al 35% nel suo raggiungimento, il restante 65% non ha superato la prova in modo positivo e di questi il 25,2% non ha ottenuto nemmeno un livello B1, confrontando i dati sulla conoscenza della lingua inglese con il resto dell'europa sorge un divario preoccupante tra gli stati membri che ci vede insieme alla Spagna agli ultimi posti anche in materia di occupazione, questi dati alla luce delle precedenti considerazioni fatte su questo settore lavorativo e sul veloce cambiamento ed internazionalizzazione del mondo del lavoro anche in più settori, contribuisce infatti sia all'isolamento da nuove opportunità lavorative che alle problematiche sinora esposte in un mondo che vede l'Inglese "la lingua internazionale del business" o per lo meno la più richiesta dalle aziende nel contesto internazionale del mondo del lavoro.

Vorrei concludere questa piccola premessa dicendo che i tempi di un "eterno presente" sono ormai storia, viviamo in un mondo in continua trasformazione ed a ritmi sempre più sostenuti, il quale richiede da parte nostra una certa capacità di adattamento, soprattutto nell'ambiente "online" essendo il più esposto a tali trasformazioni. Il problema del cambiamento proposto da chi non accetta o non riconosce il "nuovo" prescinde da questi, probabilmente neppure la storia ci dimostrerà che l'educazione sarà in grado di far percepire lo strumento come un mezzo di costruzione anziché di distruzione, ma la posta in gioco è troppo alta per non investire nel suo potere di almeno espandere la nostra consapevolezza.

Spero che questa guida ti sia d'aiuto per il raggiungimento dei tuoi traguardi tanto quanto scriverla lo ha fatto per me stesso, e ringraziandoti preventivamente per l'eventuale acquisto, ti auguro una buona lettura.

INTRODUZIONE

Per comprendere al meglio Facebook come canale di marketing, iniziamo questo percorso esaminando il comportamento dei consumatori su internet.

Secondo i dati pubblicati dalla World Bank l'Italia partecipa con il 76% della popolazione nell'uso attivo di internet tramite computer, smartphone, assistenti digitali, piattaforme di videogiochi o smart TV, a livello globale, inoltre secondo lo studio "Internet" dei ricercatori Max Roser, Hannah Ritchie ed Esteban Ortiz-Ospina consultabile sul sito web "ourworldindata.org", il numero di utenti su Internet è aumentato da soli 413 milioni nel 2000 ad oltre 3,4 miliardi solo nel 2016 e di questi Facebook ha 2,4 miliardi di utenti attivi ogni mese, il che la identifica come la più grande piattaforma di social media al mondo.

L'ambiente "mobile" negli anni è diventato sempre più un canale principale come fonte di news ed intrattenimento oltre che un mezzo per espandere le nostre connessioni sociali, basti pensare che solo nel nostro paese si registrano 141 abbonamenti mobile ogni 100 abitanti, superando India, Usa e Cina, e con un uso dello smartphone medio di 4 ore al giorno per persona capiamo presto che identificare i trend di comportamento dei consumatori online e su mobile sia essenziale per determinare una corretta strategia di marketing anche su questa piattaforma.

Negli ultimi anni, che l'obiettivo dell'advertising in generale sarebbe stato quello di creare messaggi sempre più personalizzati per il pubblico è diventato sempre più chiaro, per fare in modo che questi si facciano notare dalla massiccia quantità di informazioni che le persone ogni giorno ricevono sui loro dispositivi, da qui la necessità di conoscere sempre di più i clienti, i loro interessi ed abitudini, più dati avremo sul pubblico target più avremo a disposizione informazioni per essere più efficaci con il nostro messaggio e la nostra azione pubblicitaria.

Oggigiorno le aziende raggiungono le persone sul loro smartphone quotidianamente, i placement pubblicitari sono presenti in giochi, video in streaming, in articoli online così come nei contenuti social, e questi sono solo alcuni dei medium con cui le aziende possono consegnare il loro messaggio, i media digitali sono in continua evoluzione.

Negli ultimi anni, e soprattutto in tempi di pandemia, molti consumatori hanno non solo rafforzato positivamente la loro percezione di App e siti web per l'acquisto di beni e servizi, ma hanno anche scoperto nuovi canali per l'acquisto, in un modo in cui adesso non possono quasi più fare a meno, parlando ad esempio di piccole attività che durante questo periodo hanno effettuato consegne a domicilio tramite chiamata, un utente sarebbe potuto venire a conoscenza dell'utile servizio di delivery proprio su Instagram, e decidere di contattare il negozio direttamente sulla piattaforma, aumentando di conseguenza la mole di ordini, ieri come oggi lo stesso utente potrebbe usare il solito canale per il medesimo servizio, a prescindere dal fatto che ad erogarlo sia una piccola, media o grande impresa.

Lo stesso utente oggi, potrebbe voler visitare una certa meta per le sue vacanze, nel suo feed di Facebook potrebbe vedere ad esempio un post da noi realizzato per conto di una linea aerea riguardante dei voli low cost, questo potrebbe decidere dopo aver visionato il post di ricercare più informazioni sul viaggio in questione e fare in seguito una prenotazione, o ancora un altro utente potrebbe avere il desiderio di acquistare un nuovo vestito di una determinata marca o un determinato modello, questo potrebbe visualizzare un video della marca di giubotti per cui questo ha mostrato apprezzamento in passato e fare un ordine all'interno del sito ufficiale del produttore, cliccando direttamente sull'inserzione da noi creata, tuttavia questi nella loro funzione esemplificativa risultano scenari tanto semplici quanto utopici, infatti da parte nostra non limiteremo il raggiungimento dell'obiettivo alla mera "speranza" nel click o nell'azione da parte dell'utente, come scopriremo in questa guida.

Qui entriamo in gioco noi, ad oggi se una azienda vuole vendere un prodotto o un servizio, può scegliere non solo a chi mostrarlo, dove mostrarlo, a che ora mostrarlo, a quale fascia di età mostrarlo e per quanto tempo mostrarlo, i canali in cui mostrarlo e contemporaneamente, a chi non mostrarlo, ma può ancora meglio mostrarlo esattamente a chi cerca quel determinato bene o servizio in base agli interessi o desideri del consumatore, e questo è solo una piccola parte delle potenzialità che si possono esprimere ai nostri tempi, insomma, chi conosce il diglital advertising, sa di avere a disposizione uno strumento spaventosamente efficace.

Questo gioca un ruolo fondamentale per le imprese moderne creando connessioni tra persone e comunità con i Brand, in quello che definisco un "ecosistema" digitale nel caso di Facebook, inteso proprio come l'insieme di due componenti, uno biologico/umano ed uno digitale/IA che tra loro "risuonano" in più piattaforme, servendosi reciprocamente.

Facebook infatti possiede più piattaforme ognuna con i suoi "posizionamenti" o placements se vogliamo, l'app stessa aiuta gli utenti a connettersi con amici, famiglia e le community con cui condividono interessi in comune, Messenger e Whatsapp aiutano a rimanere in contatto e condividere contenuti o esperienze durante la giornata, e Instagram offre esperienze visive avvicinando gli utenti ai loro Brand preferiti, infine l'Audience Network estende le nostre campagne pubblicitarie su Facebook e Instagram a migliaia di altre app e publishers partner della piattaforma.

L'ecosistema nella sua interezza ci mette inoltre a disposizione un grande range di placements dove è possibile intraprendere un'azione pubblicitaria a pubblici specifici, i posizionamenti sono molteplici, nei "Feeds" le nostre pubblicità appariranno alle persone quando esplorano la pagine principale di Facebook e Instagram, nelle "Stories" le nostre pubblicità appariranno a schermo intero durante la loro visualizzazione, le inserzioni "In Stream" invece faranno apparire le nostre pubblicità prima, durante o dopo la visione di un contenuto video che l'utente stava guardando all'interno delle piattaforme di Facebook.

Potremmo anche fare apparire le pubblicità affianco alle ricerche su facebook e le ricerche sul Marketplace, o tramite messaggi dove le pubblicità appariranno come veri e propri messaggi alle persone che hanno intrapreso una conversazione in precedenza con l'azienda del nostro cliente, altri placements sono le pubblicità negli articoli su Facebook chiamati "Instant Articles" oppure nelle app esterne grazie all'Audience Network.

Ora che abbiamo introdotto a grandi linee i mezzi con cui consegnare il messaggio pubblicitario, dobbiamo avere ben chiaro il fine del nostro messaggio, ogni inserzione è volta a provocare un'azione ben precisa da parte dell'utente, mostreremo i nostri annunci su un certo placement attraverso diverse combinazione di immagini e/o video, quindi una parte Creativa chiamata "Ad Creative" che dovrà in primo luogo adattarsi bene anche all'esperienza mobile e in secondo luogo provocare un'azione direzionata al click.

Il destinatario della nostra azione pubblicitaria è il pubblico, preferibilmente un pubblico formato su persone simili alle persone che in precedenza hanno già interagito con il nostro cliente, se non gli attuali clienti stessi, a seconda degli obiettivi che questo si è prefissato e ci ha dato il compito di raggiungere.

LA STRATEGIA DI MARKETING: DEFINIRE L'OBIETTIVO AZIENDALE

Facebook come strumento pubblicitario svolge un ruolo e uno scopo ben determinati in una strategia di marketing, e comprendendo il suo funzionamento possiamo determinare anche come adattarlo anche ad una strategia digitale complessiva.

Ogni pubblico a cui noi sceglieremo di mostrare un nostro annuncio avrà un "focus" particolare che collega le persone in esso contenuto a seconda della fase del funnel di conversione in cui queste si trovano. In altre parole ogni diverso segmento di pubblico interagisce e percepisce il marchio del nostro cliente a seconda della fase in cui questo si trova nel percorso che dalla fase di consapevolezza del Brand porta alla fase di vendita o "conversione".

Il Funnel di Acquisto di Lewis

- Attenzione
- Interesse
- Desiderio
- Azione

il numero dei potenziali clienti si riduce attraverso ogni fase

Il "funnel di conversione" è un termine che descrive le diverse fasi del percorso di un acquirente che lo portano all'acquisto di un bene o servizio, questo modello fu inizialmente ideato dal pioniere del settore pubblicitario Elias St. Elmo Lewis che nel 1898 gettò con il suo libro "Financial advertising, for commercial and savings banks, trust, title insurance, and safe deposit companies, investment houses" le basi del marketing tramite quello che successivamente verrà identificato come il metodo "AIDA", acronimo di Attention, Interest, Desire, Action.

Questo consiste in un "Funnel di Acquisto" concettuale che segue un processo volto ad attrarre l'attenzione, mantenere l'interesse, creare desiderio ed infine ottenere una azione, il "Funnel" letteralmente "imbuto" dall'inglese, viene notoriamente rappresentato come un imbuto che illustra il graduale declino del numero di potenziali clienti mentre vengono guidati attraverso il percorso di conversione, questo ci aiuta ad identificare i diversi segmenti di pubblico sulla base della volontà di acquisto, Facebook ci permette di organizzare questo intento in tre fasi, la consapevolezza "Awareness", Considerazione "Consideration" e Conversione "Conversion", dove la conversione indica la vendita.

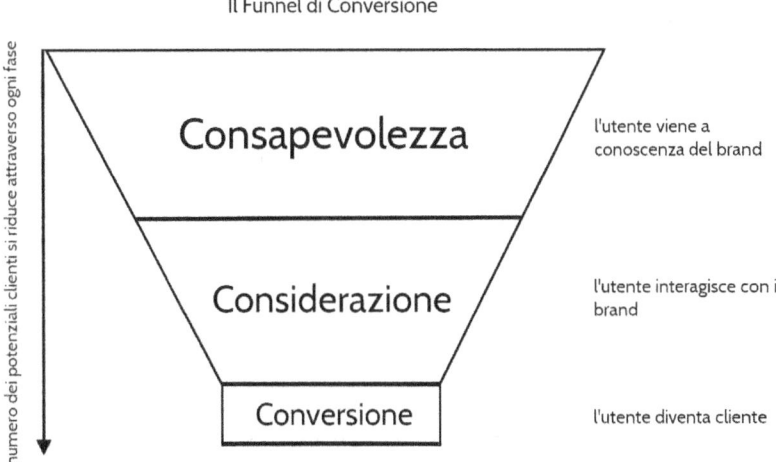

Le aziende che incontreremo potrebbero utilizzare la rete di Facebook sia come canale pubblicitario esclusivo o progettare una strategia di marketing in cui gli annunci sulle sue piattaforme possono integrare altri canali pubblicitari digitali come Google, Amazon o LinkedIn, giusto per citarne qualcuno, oltre che usare canali pubblicitari tradizionali come pubblicità televisiva o stampata, nel caso ne facessero uso.

Nella nostra azione dovremo incoraggiare gli spettatori coinvolti ad agire, per esempio, a visitare il negozio fisico oppure online del nostro cliente o la sua app, dirigerli verso una pagina di registrazione o direzionarli verso una conversazione su Messenger o WhatsApp.

Fondamentale è avere oltre che un obiettivo aziendale, un obiettivo pubblicitario ben definito ed allineato con il primo, oltre che essere motivante, creando sincronia tra i membri dei team coinvolti e l'azione pubblicitaria, questo risulta essenziale nella misurazione dei risultati della nostra campagna e contribuisce a rafforzare il rapporto con il cliente il quale a sua volta considererà raggiunti i propri.

George T. Doran nel volume 70 del "Management Review" dell'anno 1981 afferma che "la definizione degli obiettivi e lo sviluppo dei rispettivi piani d'azione sono le fasi più critiche nel processo di gestione di un'azienda" ed inoltre "c'è un modo S.M.A.R.T per scrivere gli obiettivi del management", concetto che è diventato un cardine del project management il quale spiega come dovrebbe essere un obiettivo aziendale ben definito, SMART è un acronimo di "specific", "measurable", "achievable", relevant" e "time-bound" ossia specifico, misurabile, realizzabile, pertinente e legato al tempo.

Prendiamo ad esempio un business che opera nel turismo che ha appena lanciato un'app per la prenotazione e pagamento di alcuni servizi giornalieri complementari e premium al suo pacchetto vacanza, dopo aver analizzato i dati di mercato sulle sue conversioni insieme alle informazioni sui download e sull'utilizzo della propria app, si pone quindi l'obiettivo di aumentare del 20% i download nel prossimo anno entro l'inizio dell'alta stagione per le persone di età compresa tra 40 ed i 55 anni tra chi ha prenotato un pacchetto vacanza.

Questo è un obiettivo specifico, realistico e realizzabile per l'uso attuale e previsto dell'app, rilevante per il business perchè porta a conversioni da servizi complementari o esclusivi ed è anche legato al tempo, infine in questo caso avremo anche i dati dall'SDK nell'app per misurarne il successo, strumento di cui parleremo nel capitolo dedicato.

Determinare obiettivi aziendali ben definiti vuol dire anche ad esempio, ottenere un aumento di 10 punti di richiamo al messaggio pubblicitario per le persone di età compresa tra 18 e 35 anni nell'arco di un mese, oppure generare 2.000 download di app tra le persone che vivono nelle città di una determinata area geografica nel primo mese della campagna, o anche aumentare le vendite del 15% nel prossimo trimestre.

Meglio viene definito un obiettivo aziendale meglio sceglieremo l'obiettivo della campagna Facebook, se sbagliamo nella sua scelta all'interno del sistema otterremo risultati fuorvianti se non totalmente fuori luogo.

Cambiare l'obiettivo pubblicitario anche a metà esecuzione porta al reset della campagna come vedremo successivamente, non vorremmo mai cambiare un obiettivo campagna in corso d'opera, questo andrebbe cambiato solamente dopo un evento importante nell'attività o nel settore in cui opera il cliente, verifichiamo sempre se l'obiettivo pubblicitario è ancora allineato a quello aziendale, nonché se risulta ancora SMART, quindi se ci sono dei forti cambiamenti in questo senso fermiamo la campagna e studiamone una nuova versione.

per allineare gli obiettivi tra azienda e il sistema, dovremmo individuare sin da subito gli indicatori di prestazioni chiave, i "KPI".

La campagna per app del business che opera nel turismo presa come esempio in precedenza aveva l'obiettivo di aumentare le installazioni di app per il pubblico di destinazione del 20% nel prossimo anno entro l'inizio dell'alta stagione, in questo caso dovremmo utilizzare come indicatore di rendimento chiave il numero di installazioni dell'app, da monitorare sia durante la campagna a cadenza settimanale o mensile, così da decidere se dobbiamo apportare modifiche alla campagna per poi verificare entro la fine dell'alta stagione le installazioni totali.

Dopo aver individuato i KPI giusti, dovremmo selezionare anche gli strumenti corretti per la loro misurazione, prima dell'inizio della campagna individuiamo anche quali strumenti possiamo utilizzare e di quali strumenti dispone il cliente, affronteremo tutti gli strumenti di misurazione messi a disposizione dal sistema a tempo debito.

DEFINIRE L'OBIETTIVO PUBBLICITARIO

Una volta individuato l'obiettivo aziendale il passaggio successivo consiste nel tradurlo in obiettivo pubblicitario all'interno del sistema, i diversi obiettivi riflettono ogni fase del percorso di conversione abbracciando la fase di consapevolezza "Awareness" nello strumento di gestione inserzioni indicata come "notorietà", la fase di considerazione "Consideration" ed infine quella di conversione "Conversion" ognuno di questi obiettivi ha a sua volta dei "sotto obiettivi" specifici per cui l'inserzione si ottimizzerà, ossia farà in modo di restituirci dei risultati più precisi, noteremo come ogni "sotto obiettivo" è disegnato per raggiungere le persone in diversi punti del Funnel di conversione in diversi modi.

La differenza tra l'aver condotto una campagna efficace e aver condotto una pessima campagna sta nel saper selezionare obiettivi in linea con gli obiettivi di business del cliente, quando l'annuncio è online l'obiettivo pubblicitario deve rimanere lo stesso per tutta la durata della campagna, la scelta di quest'ultimo si traduce in ciò che noi vogliamo ottenere da quest'ultima.

Quando scegliamo i "sotto obiettivi" in fase di awareness vogliamo che si generi interesse per il prodotto o servizio del cliente, aumentare la consapevolezza del marchio cioè aumentare la sua "awareness" significa dire alle persone cosa rende speciale o innovativa l'attività o prodotto dei nostri clienti, ad esempio se lavorassimo per una piccola catena regionale di negozi che lavora nel settore agro-alimentare, utilizzando l'obiettivo "brand awareness" quindi volendo generare la consapevolezza del marchio, potremmo creare una campagna che metta in evidenza i loro prodotti freschi e biologici alle persone residenti nelle regioni dove è presente il business.

Se invece scegliamo i "sotto obiettivi" in fase di "consideration" vogliamo indurre le persone a pensare all'attività del cliente ed a cercare maggiori informazioni, magari interagendo con quest'ultima, generando una certa considerazione nella mente del loro pubblico, ad esempio per un cliente che elenca alcune delle offerte uniche del suo negozio nel suo sito web, utilizzando il "sotto obiettivo" "Traffico" potremo creare una campagna che incoraggi le persone a visitare il suo sito per saperne di più, quindi comunichiamo al sistema che l'obiettivo è quello di generare traffico nel sito web e questo ottimizzerà i risultati in questo senso per noi.

Se scegliamo i "sotto obiettivi" in fase di "Conversion" vogliamo incoraggiare le persone interessate all'attività del cliente ad acquistare i suoi prodotti o utilizzare il suoi servizi quindi lo indirizzeremo alla conversione, sia chiaro, ogni obiettivo che selezioneremo ha ovviamente come fine quello di convertire e quindi generare vendite per il nostro cliente, ma tramite la scelta dell'obiettivo pubblicitario della conversione selezioniamo effettivamente come la campagna pubblicitaria dovrà ottimizzarsi, e quindi cosa ci dovrà restituire, ad esempio se un nostro cliente ha aperto alcune nuove sedi, utilizzando l'obiettivo "Traffico in Negozio" o "Store Traffic" che si trova negli obiettivi sotto la fase di conversione, potremo creare una campagna per incoraggiare i potenziali suoi clienti a fermarsi nel suo negozio più vicino, il sistema si ottimizzerà quindi per restituirci questo risultato.

In conclusione l'obiettivo della campagna che andremo a scegliere rifletterà ciò che vogliamo che le persone facciano quando vedranno i nostri annunci, ogni campagna ha un unico obiettivo, possiamo anche decidere di utilizzare diverse campagne per raggiungere l'obiettivo aziendale, il modus operandi dovrebbe essere quello di concentrarsi prima sulla consapevolezza e sull'acquisizione di nuovi clienti e poi direzionare a questi ultimi un messaggio volto alla conversione per incoraggiarle ad effettuare un acquisto, prenotare un servizio o iscriversi a un evento.

All'interno della fase di consapevolezza o "notorietà" troveremo due obiettivi, quello per la notorietà del brand o "Brand Awareness" che selezioneremo se volessimo aumentare la consapevolezza della presenza dell'attività, servizio o brand del cliente mostrando una inserzione magari più volte ad una certa utenza, abbiamo poi l'obiettivo di copertura o "Reach" che useremo invece per mostrare una inserzione a quante più persone possibili in un dato pubblico di destinazione.

Nella fase di considerazione o "consideration" troveremo invece sei obiettivi diversi; traffico, interazioni, installazioni dell'app, visualizzazioni del video, generazione di contatti e messaggi, teniamo a mente che useremo gli obiettivi in questa fase per incoraggiare le persone ad interagire oppure cercare maggiori informazioni.

Selezioneremo l'obiettivo traffico o "Traffic" se volessimo indirizzare un certo pubblico verso una destinazione a nostra scelta come un sito web, una certa pagina di un sito web o app, le interazioni o "Engagement" invece se vogliamo raggiungere un pubblico con maggiori probabilità di interagire con un nostro post all'interno dell'ecosistema di facebook, per esempio attraverso i likes, commenti e condivisioni, oppure le offerte che le persone possono rivendicare sulla Pagina del cliente, utili soprattutto per le attività che vogliono autopubblicizzarsi su questa piattaforma, che vedremo nel capitolo dedicato.

Scegliamo le installazioni dell'app o "App Installs" quando vogliamo che un certo pubblico scarichi l'app del cliente, ad esempio rimandandolo tramite un link allo store per il download.

L'obiettivo delle visualizzazioni video o "Video view" verrà selezionato se abbiamo a disposizione dei video relativi al prodotto o al servizio del cliente, in modo che il sistema si ottimizzi per restituirci visualizzazioni.

Selezionando la generazione di contatti o "Lead Generation" il nostro intento sarà quello di raccogliere informazioni dalle persone interessate all'attività del nostro cliente, possiamo invitarle ad esempio alla compilazione di "Forms" cioè campi di informazioni da compilare, per fare in modo di essere contattate poi dal cliente stesso in merito ai suoi prodotti o servizi, infine l'obiettivo dei messaggi o "Messagges" mira a stabilire una connessione sui servizi o prodotti del nostro cliente con gli utenti siano essi potenziali o esistenti, attraverso l'uso dei servizi di messaggistica di Facebook come Messenger oppure i Direct di Instagram.

Per quanto riguarda la fase di conversione o "conversion" abbiamo tre tipi di obiettivi per incoraggiare le persone ad agire, le vere e proprie conversioni o "conversions" per fare in modo che gli utenti facciano un'azione specifica sul sito web del cliente, come ad esempio la creazione di account (se la generazione di un contatto viene contata dal cliente come conversione) o un acquisto, abbiamo poi la vendita di prodotti a catalogo o "Catalog Sales" con l'intento di generare vendite, che mostrerà i prodotti dal catalogo del negozio del cliente, che creeremo in precedenza e vedremo successivamente anche come crearli, ed infine l'obiettivo di traffico nel punto di vendita o "Store Traffic" già citato in precedenza, che useremo per promuovere le sedi dell'attività fisica del cliente alle persone del territorio, con l'intento di promuovere acquisti nel negozio fisico.

Ricordiamoci sempre di scegliere gli obiettivi pubblicitari più in linea possibile con gli obiettivi di business che abbiamo prefissato in fase di colloquio con il cliente, potrebbe capitare di vedere dai report di una campagna passata condotta per suo conto che questa non ha funzionato proprio per il suddetto motivo.

Ad esempio, se collaborassimo con un influencer su instagram per promuovere la vendita di un certo prodotto attraverso un suo video, in cui questo inviterebbe gli utenti di Instagram ed i suoi follower a registrarsi sul sito del cliente per riscattare dei campioni gratuiti, e come obiettivo pubblicitario scegliessimo le visualizzazioni video, si potrebbero raccogliere di certo molte visualizzazioni tra i follower dell'influencer e tra gli utenti in generale, ma poche registrazioni sul sito del cliente.

Questo perchè nel video, l'influencer incoraggerebbe sì gli spettatori a registrarsi per riscattare i campioni, ma l'annuncio non avrebbe nessun modulo di registrazione, quindi l'intento aziendale di generare contatti non si è allineerebbe con l'obiettivo pubblicitario di generazione dei contatti, dato che avremmo selezionato come obiettivo le visualizzazioni video.

Il sistema ci restituirà sempre quello che gli abbiamo comunicato di restituirci, quindi i potenziali clienti che guarderebbero il video, continuerebbero a scorrere su Instagram invece di navigare verso il sito web del cliente proprio perché in questo caso mancherebbe una "Call to Action" ovvero una "chiamata all'azione" per l'utente, questa consiste nell'azione che vogliamo l'utente intraprenda con la nostra inserzione, la cui scelta cambia da obiettivo ad obiettivo.

Una scelta ben allineata in questo caso sarebbe l'utilizzo dell'obiettivo di "Lead Generation" anziché "Video Views" perchè la prima scelta ci consentirebbe di includere per il cliente un modulo di iscrizione nell'annuncio a vista nell'inserzione, in modo che le persone dopo aver visualizzato il video possano avere la possibilità di registrarsi per un campione gratuito all'interno di Instagram. Come mostrato in immagine il pulsante di chiamata all'azione "Book Now" che consente la generazione del contatto è disponibile per l'obiettivo "Lead Generation" nel placement delle "Instagram Stories".

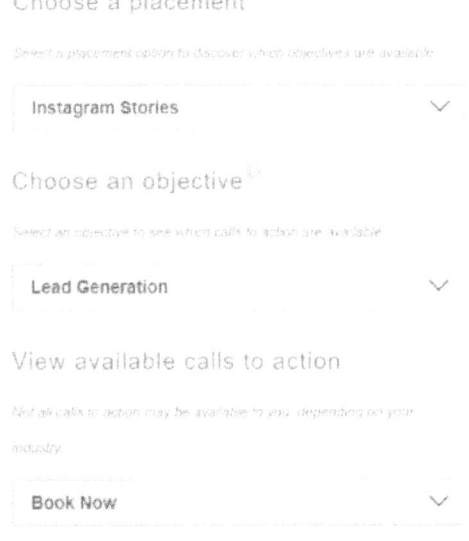

Una cosa da tenere a mente e che approfondiremo in dettaglio successivamente è che i pulsanti della "Call to Action" non solo cambiano da obiettivo a obiettivo ma cambiano anche a seconda dei Placement cioè del posizionamento in cui vogliamo mostrare la nostra inserzione, tornando allo scenario in cui stavamo contattando un influencer, un corretto setup sarebbe quello di creare una campagna con annunci che offrano campioni gratuiti, in cui ogni potenziale cliente che richiede un campione gratuito diventerà un nuovo contatto detto "Lead".

Nell'Ads Manager ossia il gestore degli annunci selezioneremo a livello di campagna l'obiettivo generazione dei contatti o "Lead Generation":

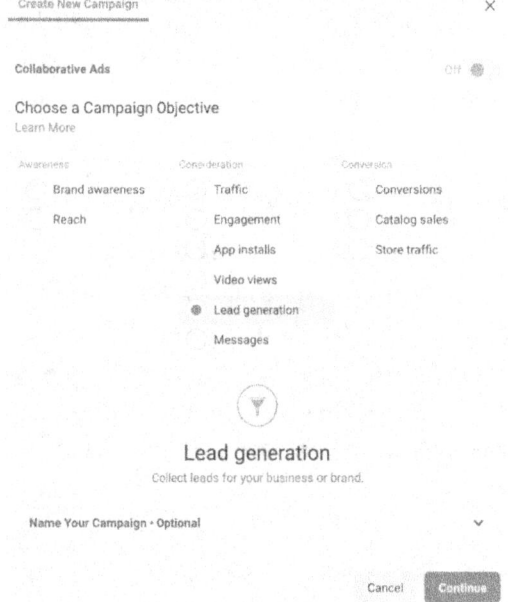

Ricordiamoci anche che ottimizzare per un obiettivo corretto all'interno di facebook è meno costoso che ottimizzare per lo stesso obiettivo all'esterno dell'ecosistema il che si traduce per l'esempio precedente in una conversione (generazione di contatti sul sito esterno) quindi possiamo anche abbassare il costo per lead per ogni campione gratuito per il nostro cliente in questo modo, operando all'interno del sistema piuttosto che all'esterno.

ALLINEARE L'OBIETTIVO AZIENDALE ALL'AZIONE PUBBLICITARIA

Prima di parlare di obiettivi aziendali dovremmo distinguere i diversi orientamenti che hanno le aziende in riferimento alla loro attività commerciale, in quanto ci potrebbe essere d'aiuto nel comprendere la strategia pubblicitaria futura ma anche per il lancio di nuove realtà che vogliono proporsi online per la prima volta e di cui cureremo l'aspetto pubblicitario, queste possono avere un orientamento al prodotto, alla vendita, al mercato, oppure al marketing.

Nelle aziende orientate al prodotto abbiamo una attenzione particolare sulla funzione di progettazione e produzione dei beni, in ambito commerciale hanno una attività molto ridotta trattandosi perlopiù di rapporti con la clientela, come ad esempio le ordinazioni e la presentazione degli articoli.

Nelle imprese orientate alla vendita abbiamo una vera e propria organizzazione commerciale in grado di poter collocare i loro prodotti sul mercato, queste impiegano già da parte loro strumenti di promozione e gestione ordini per la loro clientela, questo tipo di attività in genere è contraddistinta da una capacità di produzione in grado di soddisfare una forte domanda, non hanno quindi una grande flessibilità circa la produzione del loro prodotto, dunque non sono costrette ad avere un apparato commerciale che possa stare al passo di questa produzione per assicurare grossi volumi di vendita.

Nelle aziende con un forte orientamento al mercato invece abbiamo la caratteristica di seguire sistematicamente l'evoluzione di quest'ultimo mettendo al primo posto le richieste e le indicazioni che provengono dai consumatori, questo tipo di attività è contraddistinta dalla sua flessibilità della produzione, capace di variare sia la quantità che la qualità dei prodotti in funzione proprio all'andamento del mercato, in breve non abbiamo una struttura commerciale complessa ma un modello molto elastico e flessibile.

Nelle aziende orientate al marketing troviamo clienti che mirano a realizzare un equilibrio tra le esigenze dell'azienda e quelle della clientela, ovvero un certo equilibrio tra i desideri del consumatore con l'obiettivo di realizzazione di un guadagno economico, più precisamente abbiamo una pratica di identificazione dei desideri e bisogni del consumatore, la progettazione di un prodotto ad hoc in grado di soddisfare questi bisogni e la determinazione dei criteri per fissare il prezzo, sviluppare una promozione nonchè la distribuzione.

Ne risulta un processo dinamico piuttosto che un'insieme di funzioni aziendali prefissate, si può dire infatti che il marketing sia l'insieme di più attività volte alla realizzazione di un risultato economico.

Ciò a cui dovremmo mirare nella nostra attività è un'analisi della concorrenza attuale ed effettiva del nostro cliente, nonché quella futura, concentrandoci anche sui possibili cambiamenti che il settore potrebbe avere nel medio e lungo periodo.

La concorrenza si divide in "diretta" quando è presente nel mercato in cui opera l'azienda ed in diretta quando, operando nello stesso settore utilizza con diverse modalità lo stesso prodotto in mercati diversi, la nostra analisi non si ferma qui, dovremmo considerare anche i produttori di beni sostitutivi a quelli del nostro cliente oppure i produttori stessi che potrebbero decidere di entrare sul mercato come competitors.

Inoltre della concorrenza dovremmo sfruttare i punti di forza ed i punti di debolezza, identificare quelle particolari differenze tra l'impresa del nostro cliente ed i suoi concorrenti anche quelli più competitivi, nonchè cercare di prevedere il loro comportamenti.

Ciò è possibile farlo individuando alcuni segnali della domanda da parte dei consumatori, potremmo ad esempio scoprire nuovi sbocchi o clienti da servire, un aumento di questa domanda grazie all'ingresso di nuovi clienti, oppure scoprire nuovi bisogni da soddisfare con lo stesso prodotto seguendo anche cosa può offrire il progresso tecnologico per trovare soluzioni innovative.

Nel sistema di marketing possiamo individuare quattro fattori che rappresentano la sua essenza ossia i prodotti offerti, i prezzi praticati, le attività di comunicazione ed il sistema con cui prodotto viene distribuito.

Ovviamente queste variabili sono controllate dal nostro cliente ad eccezione delle attività di comunicazione che supervisioneremo, ma vanno comprese anche al fine di raccogliere dati per influenzarle positivamente con la nostra attività pubblicitaria, considerando le influenze esterne potremmo avere una base di riferimento per il controllo delle vendite su obiettivi ben specifici, come ad esempio determinare volumi di vendita nelle sue quantità e nel suo prezzo, i margini di contribuzione di cui parleremo nel capitolo sulle strategie di offerta, individuare i rischi come ad esempio le svalutazioni dei prodotti in magazzino oppure identificare ciò che concerne gli aspetti del servizio clienti, come l'assistenza al consumatore prima e dopo la vendita.

Infine potremmo grazie alla raccolta dei dati sui fattori interni, soprattutto in ambito di comunicazione ed ancora di più se in una strategia di marketing consideriamo anche facebook come strumento pubblicitario, trarre considerazioni sullo sviluppo dell'attività stessa come ad esempio i clienti attivi, quelli nuovi, i clienti persi e quanti ordini ha il nostro cliente, oppure capire quelle variabili esterne come ad esempio identificare quali sono i nuovi prodotti e nuovi mercati di sbocco.

Nella nostra attività dovremmo anche studiare i prodotti che propone il nostro cliente, quando parliamo di prodotto in un modello di marketing significa sviluppare e progettare o il prodotto o il servizio giusto nel mercato a cui il nostro cliente si rivolge, quindi non ci stiamo riferendo ai singoli prodotti ma piuttosto al ventaglio di offerta che il nostro cliente porta al mercato, stiamo parlando del suo "product mix" ossia al diverso numero di linee di prodotti che propone il nostro cliente.

Le linee di prodotti hanno caratteristiche tecnico-produttive comuni ovvero soddisfano la stessa gli stessi bisogni e/o sono complementari nell'uso oppure sono venduti alla stessa segmentazione di pubblico e/o vengono venduti nei soliti canali di distribuzione oppure appartengono a categorie di prezzo simili.

Le linee di prodotti è possibile trovarle in aziende più grandi per quanto riguarda invece piccole imprese troveremo spesso una politica di vendita caratterizzata da numerose varianti di un singolo prodotto piuttosto che più linee di prodotti diverse, infatti le piccole imprese si concentrano spesso su una nicchia di mercato proponendo magari variazioni particolari di un certo prodotto, oppure un servizio specifico.

Quando il nostro cliente ha più linee di prodotto si parla di "ampiezza", mentre il numero di prodotti nella linea viene chiamato "profondità" questa definizione ci aiuterà a sviluppare concettualmente un portafoglio di prodotti per il nostro cliente da poter usare poi per la nostra azione pubblicitaria all'interno dell'ecosistema Facebook.

Per quanto concerne la nostra attività preponderante con il cliente parliamo della variabile aziendale della comunicazione, e più precisamente della pubblicità e promozione delle vendite o servizi.

Ci capiterà durante il nostro operato ovviamente di informare la clientela sulle caratteristiche di determinati prodotti o servizi per stimolarne l'acquisto, tutto ciò in funzione anche degli sconti praticati dal nostro cliente oppure in base all'organizzazione dei suoi canali di vendita che possono essere siti web, app, negozi fisici, come anche eventi, mostre e seminari e spettacoli.

Per quanto riguarda la variabile della distribuzione consideriamo che, nonostante i vari distributori non rientrano nella struttura aziendale, la strategia di marketing potrebbe risultare determinante nei confronti di questa e nelle sue possibili soluzioni.

Per cui attuare una strategia di marketing vorrebbe dire anche selezionare e gestire i vari canali di distribuzione più appropriati per il cliente o addirittura sviluppare un sistema di distribuzione vero e proprio per il trasporto e la gestione del magazzino.

Parlando della variabile del prezzo, intendiamo l'insieme delle decisioni che portano a stabilire il prezzo di una determinata gamma di prodotti, ciò in un modello di marketing si rifà al valore percepito dall'acquirente considerando l'insieme delle sue caratteristiche, come ad esempio la qualità del prodotto o servizio, la qualità del packaging, l'immagine che ha il nostro cliente oppure la qualità del servizio di assistenza che questo propone, considerando anche i tempi di consegna.

Parliamo quindi di una offerta complessiva da parte del nostro cliente nella determinazione del prezzo, il prezzo dunque non è un elemento critico per quanto concerne l'acquisto, piuttosto si trova in un insieme di fattori, potremmo semplicemente affermare che nel momento in cui il consumatore percepisce un valore della proposta del cliente superiore al suo prezzo di acquisto, questo sarà più disponibile a proseguire con l'acquisto.

In genere si dice che l'azienda può assumere un comportamento "attivo" o "passivo" nei confronti del prezzo, ad esempio il secondo si avrà quando un ente di regolazione esterna influisce sulla decisione del prezzo, oppure in uno stato di concorrenza perfetta, in tutti gli altri casi invece, trovandoci ad operare in un mercato concorrenziale considereremo un insieme di parametri con l'obiettivo di massimizzare i profitti del nostro cliente nel breve e nel lungo periodo, parleremo della decisione del prezzo nel capitolo dedicato alle diverse strategie di acquisto della pubblicità in quanto affronteremo il tema dei costi fissi e costi variabili di una azienda e dunque dei costi totali che questa deve affrontare nonchè delle caratteristiche che portano determinare il break-even point, concetti fondamentali nella determinazione del prezzo del prodotto o servizio del nostro cliente.

Abbiamo già parlato del funnel di conversione, cioè il modo comune per rappresentare il percorso del cliente che lo porta alla vendita, il tipico funnel di conversione ha tre fasi chiave; la fase di consapevolezza, la fase di considerazione e infine quella di conversione.

Teniamo sempre presente che l'utilizzo di Facebook da parte del nostro cliente come canale pubblicitario potrebbe rivolgersi ad un pubblico diverso da altri canali, come ad esempio i canali di Google, quindi potremmo trovarci spesso a pianificare o lavorare in una strategia di marketing complessiva che contribuisce ad aggiungere valore in ogni fase della canalizzazione.

Se ci stiamo approcciando per la prima volta ai media digitali, per prima cosa dovremmo imparare come impostare un obiettivo aziendale misurabile e poi scegliere il miglior obiettivo della campagna su facebook in modo che gli obiettivi siano "allineati" cioè che l'obiettivo di business rispecchi concretamente gli obiettivi della campagna all'interno del sistema.

Quando incontriamo un cliente, specialmente se non ha mai intrapreso campagne pubblicitarie online, potremmo scoprire che i suoi obiettivi desiderati non siano molto chiari oppure non che abbia idea di come misurarli, alcuni hanno solo una vaga idea di quali azioni intraprendere per ottenere dei risultati predeterminati o quali dati siano davvero importanti per l'obiettivo prefissato.

Dobbiamo avere in primis chiaro da parte nostra e successivamente far capire al cliente che l'informazione è un processo graduale di raccolta dei dati, il nostro compito è costruire un processo, portare a galla quelle informazioni per rendere chiari i punti di contatto che contano di più per il cliente, vediamo alcune tecniche che possiamo applicare ad un ipotetico incontro per ottenere chiarezza;

Per prima cosa cerchiamo la metrica, facciamo una lista dei diversi tipi di informazioni che possono aiutarci a creare obiettivi aziendali in linea con ciò che l'azienda vuole raggiungere, se vuole aumentare le vendite, quali canali sta già usando il cliente, se vuole raccogliere contatti o se ha bisogno di creare più consapevolezza del proprio prodotto o servizio, una volta che abbiamo capito che cosa vuole raggiungere, possiamo elaborare obiettivi aziendali chiari, specifici e misurabili (SMART) e un soprattutto un piano per raggiungerli, Il valore dei risultati quando sono misurabili sono difficili da sopravvalutare, come si suol dire "i numeri parlano".
Alcuni obiettivi aziendali possono essere più forti di altri per una certo business, quando identifichiamo dove e come abbiamo avuto successo, potremo oltre che riportare risultati concreti, anche ottimizzare le campagne attuali e future per i suddetti obiettivi su facebook, quindi cerchiamo sempre di tradurre gli obiettivi aziendali identificati in metriche che trasmettono chiaramente il rendimento delle nostre campagne.
Il primo vero passo verso l'identificazione di obiettivi raggiungibili e misurabili è sapere chiedere le giuste informazioni ai clienti, questo è anche il primo passo verso il nostro successo come inserzionisti, oltre che consigliare il cliente dovremmo essere dei buoni ascoltatori per ottenere informazioni più rilevanti e definire con loro obiettivi di business che siano misurabili.

Immaginiamo di incontrare un cliente che vuole iniziare a fare campagne di marketing online per la prima volta, se in sede di colloquio ci comunica solamente che il suo obiettivo aziendale è quello di aumentare le vendite, capiremo presto che questo non ci fornirebbe assolutamente abbastanza informazioni per pianificare una campagna, nè molto basilare né efficace.

Gli obiettivi che ci vengono comunicati dei clienti devono essere resi specifici, misurabili, realizzabili, pertinenti e vincolati al tempo, solo in questo modo possiamo intraprendere un'azione pubblicitaria professionale, efficace e soprattutto coerente.

Quando gli obiettivi sono misurabili capiamo dove e come abbiamo avuto successo, questi infatti sono fondamentali perchè guidano lo sviluppo della strategia di marketing e devono essere settati a priori del lancio della campagna stessa, il nostro "modus operandi" andrebbe comunicato in fase di incontro con il cliente così come le metriche da tenere sotto controllo in base agli obiettivi, lungi da noi la pratica di accettare incarichi facili senza prima aiutare i nostri clienti a definire quali sono gli obiettivi aziendali e senza prima avergli comunicato come questi dovranno essere misurati, la credibilità è un investimento oltremodo più redditizio di un incarico pubblicitario in più.

Quando discutiamo con il nostro cliente dei suoi obiettivi di business, oltre che scoprire esattamente cosa vuole ottenere e quando, chiediamogli i dati demografici dei suoi clienti o meglio quali persone dovrebbe raggiungere la campagna, in questo modo saremo sempre più vicini a determinare la specificità degli obiettivi e a progettare una strategia per raggiungerli.

Quando veniamo contattati da un cliente o ci proponiamo per condurre la sua campagna pubblicitaria, questo vuole risolvere un problema, affacciarsi a nuove opportunità o aumentare le proprie vendite, dobbiamo capire quale è problema da risolvere con questa campagna e quali obiettivi di business devono supportare la nostra strategia, capire cosa l'azienda sta cercando di vendere e a chi, dopodichè quantifichiamo questi obiettivi, chiediamo al cliente di cercare di esprimerli in un modo quantificabile per poter misurare il successo nella nostra strategia di marketing, una volta definito l'obiettivo e le metriche, chiediamo per quanto dovrà durare ed entro quando dovrà iniziare la campagna.

Quantifichiamo il target per la campagna in modo da capire anche il "Buying Type" della stessa cioè il metodo di acquisto dell'inserzione pubblicitaria, dobbiamo capire l'area geografica dove vive o agisce il suo pubblico, nonché i loro interessi, chiediamo quale è il loro rapporto attuale con il pubblico di destinazione, ad esempio se vuole rivolgersi a sua volta a clienti esistenti, clienti passati o se la campagna è destinata ad un nuovo pubblico, tutto ciò con l'accortezza da parte nostra di creare messaggi in linea con il suo marchio, facendo in modo di rispettare sempre il brand del cliente in termini di messaggio pubblicitario ed identità del marchio, citando Lisa Gansky, fondatrice del primo sito web commerciale al mondo, pioniera della prima forma pubblicitaria online e delle prime transazioni online nel web, nel suo intervento "Your role in the sharing economy" al CO-OP THINK 15 tenutosi in colorado nel 2015 "un brand è una voce e un prodotto il souvenir", la "Brand Voice" del cliente dovrebbe essere particolarmente curata per fare in modo che questa possa corrispondere alla promessa che fa il marchio del cliente, ponendo attenzione alla relazione che c'è tra il messaggio ed il prodotto e facendo in modo che questi combacino.

Dobbiamo sapere con chi parleremo ed in che modo dovremmo parlarci, portando alla luce più dettagli possibili anche se possono sembrare superflui, se produrremo anche i contenuti media per il cliente, ad esempio, capire il linguaggio con cui comunica il suo pubblico è fondamentale per sapere come rivolgersi a questo, quindi è importante adattarsi al giusto linguaggio pubblicitario da usare, anche sapere i diversi placements con cui il pubblico di solito approccia con il cliente ci aiuterà a capire cosa funziona e cosa non funziona, prima di iniziare a produrre contenuti quindi rispondiamo in primis a queste interrogative.

Non si agisce mai su supposizioni, ogni decisione è portata da un lavoro di ricerca per identificare l'identità del marchio, gli obiettivi, le metriche ed un pubblico, anche determinare quale messaggio e posizionamento chiamato "Placement" sarà più efficace per loro, dopo un colloquio iniziale potremo direttamente noi, durante e dopo la conduzione della campagna, identificare e comunicare al cliente quali variabili funzionano meglio per lui in base ai dati che raccoglieremo dal suo sito web, o comunque esaminando cosa stanno facendo i suoi utenti tramite tutti gli strumenti di marketing che ci mette a disposizione Facebook.

Prima di proporre una strategia basata da questi presupposti, dovremmo anche chiedere quali strategie o attività di marketing precedenti hanno funzionato bene e quali meno, "errare humanum est" tuttavia avere un elenco delle precedenti strategie di marketing che cliente ha già condotto ed avere a disposizione quali risultati hanno raggiunto grazie a queste, ci terrà sempre più distanti dal percorrere una strada che porta verso la ripetizione di errori in campagna pubblicitaria evitabili, quindi dobbiamo avere ben chiaro quello che il cliente ha già fatto in termini di marketing, se ne abbiamo l'occasione facciamoci consegnare i dati sulle prestazioni di queste ultime, in questo modo sapremo quali strategie hanno portato un determinato risultato e quali non hanno funzionato, questo è molto importante perchè avere un quadro generale anche su questo aspetto ci farà prendere decisioni più consapevoli.

Prima di metterci all'opera dovremmo anche cercare di semplificare il processo che va dall'approvazione fino alla pubblicazione delle campagne, così come la loro modifica, determinare il processo di conduzione della campagna pubblicitaria prima che questa sia online e suddividere le responsabilità in merito anche alle modifiche in corso campagna renderà chiaro l'intero processo di conduzione, se non cureremo a priori questo aspetto causeremo solo ritardi nelle modifiche sabotando sia il nostro operato che il budget del cliente, l'ambiente migliore possibile è ovviamente quello in cui ci viene affidato l'intero processo decisionale ma questa è una "bengodi" ben lontana dalla realtà, in quanto il cliente ci affiderà una serie di libertà ma avrà bisogno di approvare sia i contenuti che le caratteristiche della campagna pubblicitaria sopratutto sotto l'aspetto del budget, se non si occupa il cliente stesso dell'approvazione dobbiamo individuare fin da subito la persona designata per questo compito all'interno dell'azienda, un delegato reperibile ed affidabile designato dal cliente per questo tipo di comunicazioni, che dovranno avere il requisito di essere sia veloci nella comunicazione/approvazione che esplicite nella loro esposizione.

I FONDAMENTALI DEL MEDIA BUYING

Contrariamente a come si possa pensare prendendo come riferimento il "boost al post" della pagina, esistono diversi modi per acquistare spazio pubblicitario all'interno del sistema, questi cambiano in base al metodo con cui decidiamo di pagare e dai target degli annunci nelle nostre campagne, ci riferiremo a questi metodi come tipi di acquisto o "Buying Types".

L' obiettivo aziendale determina quale tipo di acquisto è appropriato per la campagna pubblicitaria a seconda dei casi, se volessimo intraprendere una azione direzionata ad un pubblico che si trova ad un livello superiore del Funnel ci staremmo rivolgendo ad utenti che non hanno ancora interagito col brand e quindi dovremmo favorire la scalabilità e la copertura del marchio del cliente, eseguiremo una pratica che si sintetizza con il nome di "Brand Marketing", oppure se volessimo direzionare l'azione verso a persone più in basso nel Funnel cioè a persone che hanno già interagito con il marchio del nostro cliente e quindi mirassimo a realizzare la vendita o la generazione del contatto, eseguiremo una pratica chiamata "Direct Response Marketing".

In base alla posizione di un determinato pubblico all'interno del processo di conversione quindi dovremo anche selezionare il giusto metodo di acquisto della pubblicità, il giusto "Buying Type" per spendere al meglio il budget del nostro cliente, e portare avanti un programma per raggiungere i suoi obiettivi di business.

Su Facebook abbiamo tre tipi di acquisto che si differenziano tra loro con caratteristiche di flessibilità contro quelle di prevedibilità, possiamo determinare il tipo di acquisto nell'Ads Manager ossia lo strumento per la gestione delle inserzioni.

Il primo metodo di acquisto è l'acquisto basato sull'asta o "Auction Buying", questa è l'opzione di acquisto predefinita su Facebook.

Ogni volta che il sistema ha l'opportunità di mostrare un annuncio a qualcuno, si svolge un'asta tra inserzionisti di cui faremo parte, qui si determina quale annuncio il sistema mostrerà ad un certo utente che si ritrova target comune tra tutti gli inserzionisti partecipanti alla stessa asta all'interno di Facebook ed il suo ecosistema, che è composto come già accennato da quattro "piattaforme" quali Facebook stesso, Instagram, Messenger e l'Audience Network, al loro interno si svolgono miliardi di aste simultaneamente ogni giorno.

L'annuncio vincente nell'asta tende a massimizzare il valore sia per l'utente in termini di esperienza, sia il valore per noi inserzionisti in termini di risultati, in questo modo il sistema abbina l'annuncio giusto alla persona giusta al momento giusto.

Sceglieremo l'acquisto basato sull'asta quando siamo in grado di scegliere segmenti di pubblico specifici per il messaggio pubblicitario e vogliamo ottimizzare i nostri annunci comunicando al sistema quali risultati cerchiamo, oppure quando cerchiamo la flessibilità di poter cambiare le impostazioni della campagna in tempo reale, ma come vedremo più avanti, non tutte se non vogliamo incorrere in problemi di consegna del messaggio pubblicitario.

Il secondo tipo di acquisto è l'acquisto con copertura e frequenza o "Reach and Frequency", questo però è disponibile solo per gli inserzionisti qualificati ma ci consente di pianificare e acquistare le nostre campagne in anticipo, permettendoci di avere una prevedibilità sull'efficacia dell'annuncio riguardo la copertura totale effettiva permettendoci inoltre un maggiore controllo sulla frequenza del messaggio pubblicitario, questo tipo di acquisto è consigliato per influenzare la percezione del marchio, aumentare la consapevolezza dei prodotti del nostro cliente o guidare le vendite online e offline.
Scegliamo questo tipo di acquisto quando vogliamo maggiore prevedibilità che flessibilità oppure quando vogliamo fissare un costo per mille impressioni (CPM) in modo da ridurre al minimo la possibilità di "Underpacing" e "Under Delivery" che vedremo cosa sono nei seguenti capitoli, oppure quando vogliamo più controllo in termini di sequenziazione del messaggio, infatti con questo tipo di acquisto possiamo raccontare la storia del Brand del nostro cliente anche con messaggi in sequenza e condividere i piani di acquisto con costi impostati prima di lanciare la campagna stessa.

Il terzo Buying Type consiste nell'acquisto "Target Rating Point" (TRP) di Nielsen, si usa per pianificare campagne video in modo simile a come si comprerebbero annunci per una campagna in televisione, però su Facebook e Instagram, anche fino a sei mesi in anticipo, in questo modo il sistema ci garantisce un certo numero di impressioni in linea con il target ad un prezzo prestabilito, il tutto verificato da Nielsen, una società di ricerca professionale leader mondiale nella raccolta e gestione di informazioni sui media e dati di mercato, partner di Facebook. In sostanza si tratta di un acquisto simile al Reach and Frequency in quanto ha le stesse caratteristiche, ma per intraprenderlo dovremmo collaborare con un Account Representative di Facebook.

Non possiamo decretare che un tipo di acquisto sia migliore di un altro, ma saper distinguere le principali differenze tra un acquisto ad Asta ed un Reach and Frequency per decidere la nostra strategia nel migliore dei modi è fondamentale.
Queste differenze possono essere trovate sotto molteplici aspetti, principalmente sulla frequenza, il metodo di consegna, la prevedibilità, il prezzo, l'ottimizzazione dell'inser-

zione ed il targeting.

La frequenza o "Frequency" per l'appunto, è il numero massimo di volte in cui un individuo vedrà il nostro annuncio in un determinato periodo di tempo, l'acquisto con l'asta ci permette di settare dei limiti alla frequenza solo per gli obiettivi di Copertura del messaggio detti obiettivi di "Reach", con il tipo di acquisto Reach and Frequency invece possiamo settare un limite alla frequenza per tutti i suoi obiettivi disponibili.

Nella consegna del messaggio pubblicitario chiamato "Ad delivery System" scegliendo l'asta, il sistema mostrerà all'utente automaticamente l'inserzione più performante tra quelle che stanno competendo per l'utente stesso soddisfacendo la regola del massimo punteggio basato sul suo valore totale di cui abbiamo parlato in precedenza (e approfondiremo in seguito), mentre per il Reach and Frequency abbiamo opzioni di programmazione e sequenziamento del messaggio che ci permette di organizzare fino a cinquanta annunci, in modo che le persone destinate alla visione dell'inserzione la vedano anche nell'ordine in cui lo abbiamo impostato, questo ci è utile se volessimo raccontare una storia sul Brand del nostro cliente, cosa che non potremmo fare tramite l'asta, o meglio potremmo fare in maniera limitata alla singola inserzione tramite l'uso di "schede".

In termini di prevedibilità l'asta non ci assicura la copertura complessiva in anticipo, ci prospetta invece una copertura giornaliera stimata durante la pianificazione, mentre il Reach and Frequency ci fornisce una chiara anticipazione di come sarà effettivamente la copertura della nostra inserzione.

Per quanto riguarda il prezzo, l'asta è legata sia alle sue opzioni di acquisto tra cui potremo scegliere e che affronteremo successivamente, sia alle condizioni del mercato quindi il prezzo fluttua in quanto stiamo competendo con la nostra offerta, nel Reach and Frequency invece possiamo fissare il CPM che andremo a pagare ossia il costo per mille impressioni, il sistema farà le offerte per noi in base a questo parametro, notoriamente le impressioni o "impressions" sono una metrica comune utilizzata nel settore online, queste misurano la frequenza con cui i nostri annunci sono stati visualizzati sullo schermo per la prima volta dal nostro pubblico target.

Il calcolo del CPM è il risultato del totale speso durante la campagna diviso il numero di impressioni, e moltiplicato per mille, ad esempio, se avessimo speso cento euro in una campagna e ottenuto ventimila impressioni il nostro CPM sarebbe uguale a cinque euro, avendo l'opportunità di settare il CPM con il Reach and Frequency potremo anche avere in anticipo la copertura del nostro messaggio.

Nel caso volessimo consegnare il messaggio pubblicitario solo in certi momenti della giornata o settimana, con l'acquisto tramite l'asta potremmo farlo anche in combinazione, mentre per il Reach and Frequency siamo limitati tra la scelta di consegnare l'annuncio solo in un certo arco della giornata, senza la possibilità di decidere anche vari giorni della settimana.

Riguardo l'ottimizzazione della campagna con l'asta, la consegna dell'annuncio si allineerà ad un obiettivo preciso che andremo a scegliere in creazione campagna (i "sotto-obiettivi" di cui abbiamo parlato in precedenza) mentre con il Reach and Frequency l'ottimizzazione si adatta dinamicamente tra l'obiettivo scelto e le impressioni in quanto settiamo un CPM.

Se ci basiamo sul targeting invece, con l'asta possiamo selezionare pubblici anche di paesi diversi e specifici ed anche escludere alcuni pubblici personalizzati contemporaneamente, mentre con il Reach and Frequency possiamo sì selezionare una audience che comprende più paesi, ma solo se fanno parte dello stesso continente, inoltre non possiamo escludere i pubblici personalizzati e se volessimo raggiungere persone in diversi continenti, dovremmo creare campagne di Reach and Frequency separate.

In definitiva il tipo di acquisto che dovremo scegliere dipenderà principalmente dall'obiettivo che dobbiamo raggiungere quindi da delle metriche di conferma dei risultati detti "KPI" ossia "Key Performance Indicators" decisi a priori rispetto alla creazione della campagna, come anticipato nei capitoli precedenti, scegliendo anche un compromesso tra prevedibilità e flessibilità.

Se vogliamo prevedibilità e come KPI abbiamo la copertura detta "Reach" e il costo per copertura detto "Cost per Reach", sceglieremo come metodo di acquisto di copertura e frequenza cioè il Reach and Frequency, se invece il nostro KPI è il costo per punto useremo il TRP contattando un Account Rappresentative di Facebook.

Viceversa se vogliamo più flessibilità ed i nostri KPI sono sempre la copertura e costo per copertura useremo un'asta ottimizzata per la copertura, se i nostri KPI sono le visualizzazioni video "Video Views" e costo per visualizzazione "Cost per View" useremo un'asta ottimizzata per visualizzazioni video, invece se il nostro KPI è il richiamo al messaggio pubblicitario cioè la "Ad Recall" useremo un'asta ottimizzata per notorietà del marchio detta "Brand Awareness".

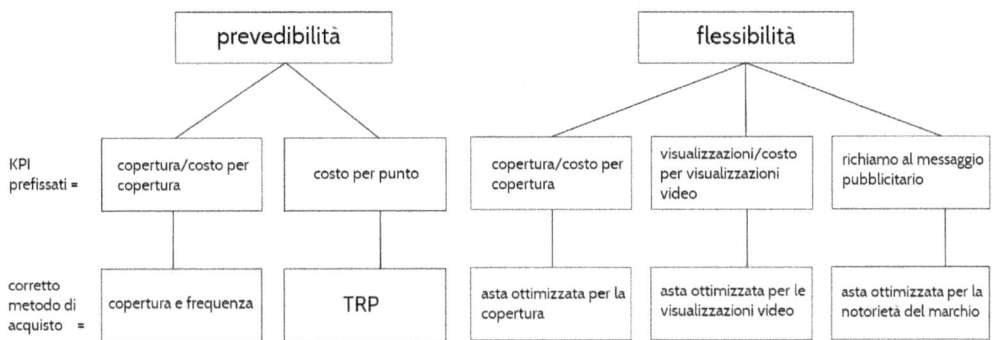

COMPRARE SPAZIO PUBBLICITARIO ALL'ASTA CON LA "AUCTION BUYING"

Dobbiamo considerare che annunci pertinenti al Brand del nostro cliente e di alta qualità possono rendere le persone più disposte a interagire con l'inserzione che creeremo, durante un'asta come già accennato il sistema mira ad abbinare gli utenti con gli annunci che sono più rilevanti per loro, in modo da ottimizzare la loro esperienza pubblicitaria abbinando l'annuncio giusto alla persona giusta al momento giusto.

L'asta mira a fornire esperienze positive e pertinenti alle persone che utilizzano l'ecosistema Facebook e allo stesso tempo creare valore per noi inserzionisti, aiutandoci a raggiungere e ottenere risultati dalle persone all'interno del nostro pubblico di destinazione, tuttavia tramite Facebook l'annuncio con l'offerta monetaria più alta non è necessariamente il vincitore, il sistema infatti garantisce che l'annuncio vincente massimizzi il valore sia per le persone che per gli inserzionisti, classificando gli annunci in base al loro "valore totale", una sorta di punteggio in cui l'annuncio con il valore più alto vince l'asta per l'individuo prescelto e quindi gli viene mostrata a discapito di tante altri annunci di altri inserzionisti.

Il valore totale è una combinazione di tre fattori:

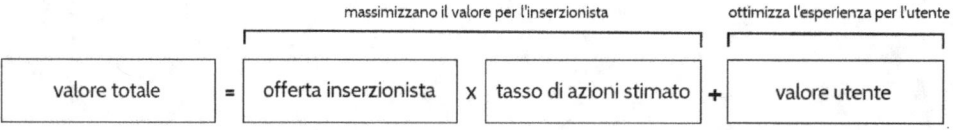

I fattori includono la nostra offerta che abbiamo impostato per l'annuncio e le previsioni del sistema su come le persone nel nostro pubblico target potrebbero reagire all'annuncio e quanto è probabile che sia rilevante per loro, un'offerta più alta certamente aiuta ad aumentare il valore totale dell'annuncio aumentando il suo posizionamento nell'asta, ma da sola non è determinante per la "vincita", vengono infatti considerati anche i tassi di azione stimati dal sistema in base alle azioni precedenti intraprese da una persona che è nel nostro target, ed ai dati storici sul rendimento delle nostre inserzioni, ad esempio, per gli annunci ottimizzati per i click, la percentuale di azione stimata riflette la percentuale di click stimata, mentre per gli annunci ottimizzati sulla conversione, la percentuale di azione stimata riflette la percentuale di click stimata moltiplicata per il tasso di conversione da click stimato dal sistema.

Quando il nostro annuncio ha tassi di azione stimati elevati, significa che è probabile che ottenga risultati, il che aiuta ad aumentare il suo valore totale.

Ciò significa che se una grande azienda spende molto denaro su un'inserzione, ma questa risulta avere sia poco "engagement" che si sostanzia in poco coinvolgimento da parte del pubblico nella sua storia inserzionistica totale sulla piattaforma, sia una pessima parte creativa dell'annuncio che risulta poco coinvolgente e poco allineata al pubblico target, può perdere l'asta contro una piccola attività che ha speso poco budget nella sua inserzione ma ha creato d'altra parte una esperienza pubblicitaria coinvolgente ed accattivante per il solito pubblico target, avendo per l'appunto impiegato le giuste risorse per massimizzare anche il "valore utente" e non solo l'offerta all'interno dell'asta.

Il valore utente è l'ultima variabile nel punteggio dell'asta e considera la pertinenza del nostro annuncio per l'individuo, e la qualità dell'annuncio, questa è determinata da diversi fattori, incluso il feedback delle persone che visualizzano l'annuncio o decidono di nasconderlo (o segnalarlo), dalla valutazione del "clickbait", engagement bait, esperienza "post click" e altre esperienze utente, quindi se il nostro annuncio ha un valore utente elevato, significa che è pertinente per il pubblico di destinazione del nostro cliente, il che aiuta a migliorare il suo posizionamento in termini di valore totale dell'annuncio nell'asta, che di conseguenza riduce anche i costi pubblicitari, vedremo in seguito come avere un report sulla qualità dei nostri annunci e come rimediare in caso questa risulti insufficiente.

Ci sono una serie di fattori che determinano il costo degli annunci e comprenderli è fondamentale per migliorare i nostri risultati, il primo è la concorrenza, più inserzionisti competono per lo stesso pubblico di destinazione nell'asta maggiore sarà il costo delle nostre inserzioni, il secondo fattore è la strategia di offerta che sceglieremo all'interno dell'asta, a seconda della scelta tra costo più basso chiamato "Lowest Cost", del limite di costo detto "Cost Cap" o del limite di offerta cioè "Bid Cap" andremo a variare i costi, il terzo fattore che influirà sui costi sono i posizionamenti detti "Placements" in quanto diversi posizionamenti avranno costi diversi, anche la pertinenza dell'annuncio influenza il costo, come detto in precedenza maggiore è la pertinenza del nostro annuncio, minori saranno i costi.

Ultimo fattore è l'ottimizzazione, ossia l'evento per cui scegliamo di ottimizzare l'annuncio (i già citati sotto-obiettivi sono chiamati propriamente "Eventi") ad esempio, una conversione può costare più di una visualizzazione della pagina di destinazione, in linea generale se acquistassimo all'asta impostando un budget giornaliero per ottimizzazioni come visualizzazioni video, Likes ed Engagement dovremmo impostare una spesa minima giornaliera di cinque dollari, ottimizzare per l'installazione App o vendita a catalogo almeno richiede almeno quaranta dollari al giorno e per semplici visualizzazioni un dollaro al giorno.

In conclusione maggiore è il valore totale dei nostri annunci, minore è il costo finale, poiché questo segnala al sistema che gli annunci stanno mostrando il contenuto giusto al pubblico giusto e generano i risultati giusti per l'attività del nostro cliente, inoltre un'azione pubblicitaria da parte nostra competente e professionale lascia un tasso di azione elevato nell'account pubblicitario del nostro cliente il che gli garantirà un punteggio elevato e costi minori.

COMPRARE SPAZIO PUBBLICITARIO CON IL "REACH AND FREQUENCY BUYING"

La copertura "Reach" e la frequenza "Frequency" vengono spesso utilizzate come metriche nella pianificazione di una campagna, la prima si riferisce al numero di persone esposte al messaggio e la seconda al numero di volte in cui un individuo lo vede.

L'acquisto con Reach and Frequency come già detto in precedenza ci consente di raggiungere un numero stabilito di persone all'interno di un pubblico di destinazione ad una frequenza specificata e ad un prezzo fisso, a patto però che il pubblico sia composto almeno da duecentomila o più persone, per la natura degli obiettivi di questo tipo di acquisto il target dovrebbe essere comunque geograficamente ampio, come ad esempio una intera regione o anche un intero paese.

Potremo usare questo tipo di acquisto selezionando come obiettivi della campagna la copertura chiamata "Reach", la consapevolezza detta "Brand Awareness" o le visualizzazioni video ovvero le "Video Views".

La Reach and Frequency ci consente di prenotare le campagne in anticipo con una copertura prevedibile ad una frequenza controllata, per questi tre obiettivi in generale può essere più efficiente raggiungere più persone rispetto a un pubblico più ristretto e preciso che possiamo invece raggiungere tramite l'acquisto con asta, quindi se vogliamo che le persone acquistino un prodotto dal sito web o installino l'app del nostro cliente, un'asta potrebbe essere l'opzione migliore.

Potremjmo anche pianificare gli annunci di Reach and Frequency tramite il Campaign Planner, uno strumento che ci permette di creare, confrontare, condividere ed infine acquistare intere campagne pubblicitarie usando come placements Facebook, Instagram e l'Audience Network.

Qui possiamo anche creare e salvare previsioni di copertura e frequenza che varieranno al variare del budget impiegato, oppure creare più versioni di un piano e confrontarle per trovare le migliori impostazioni, fatto ciò potremmo condividere i nostri piani con il nostro cliente oppure i nostri collaboratori, in varie modalità tra cui l'email, l'invio di un link di anteprima o un file .CSV per poi decidere successivamente di acquistarlo.
Con il Reach and Frequency possiamo anche fare retargeting cioè la pratica in cui mostriamo un messaggio pubblicitario ad un pubblico che ha già interagito con il nostro cliente, parleremo del pubblico e la sua gestione in dettaglio nel capitolo dedicato, ma molto semplicemente nel caso in cui avessimo già raggiunto un vasto pubblico, potremmo selezionare all'interno di questo solo le persone che hanno interagito con i nostri

contenuti in passato oltre che averli solo visti, oppure se desiderassimo restringere ulteriormente il target potremmo identificare ed indirizzare la nostra azione pubblicitaria verso le persone più in fondo al Funnel e che quindi sembrano più propense a intraprendere determinate azioni in futuro volte alla conversione.

IL SISTEMA DI PUBBLICAZIONE DEGLI ANNUNCI

Il sistema di pubblicazione degli annunci all'interno del sistema determina dove, quando e a chi mostrare i nostri annunci, questo si compone di tre variabili fondamentali, la prima è il valore dell'asta pubblicitaria di cui abbiamo già parlato, seconda l'ottimizzazione della performance e terza i controlli dell'inserzionista.

Al centro del sistema di pubblicazione degli annunci troviamo il valore dell'asta, come già detto questo è volto a restituire il massimo valore alle persone e agli inserzionisti cercando l'equilibrio tra questi due soggetti, aiutando i primi a raggiungere e ottenere risultati migliori dalle persone nel loro pubblico di destinazione e fornendo ai secondi esperienze positive e pertinenti per i loro.

Tuttavia la partecipazione o meno del nostro annuncio a un'asta specifica dipende non solo dal risultato del calcolo del valore totale dell'annuncio, ma anche da altre due componenti del sistema di pubblicazione, l'ottimizzazione della performance ed i controlli dell'inserzionista.

Nell'ambiente pubblicitario online si parla spesso di "algoritmo" o comunque si è speculato molto e si continua a farlo su questo concetto, soprattutto da parte di chi afferma di possederne i "segreti", la risposta è che non ci sono segreti da rivelare, il sistema usa il "machine learning" o volgarmente, ed a definizione puramente esemplificativa "l'intelligenza artificiale", questo e le dinamiche del suo funzionamento sono reperibili solamente nei White Papers di proprietà di Facebook , ovvero la documentazione dettagliata e provata sulla sua architettura, ed in alcun modo anche sapere queste informazioni potrebbe aiutarci ad intraprendere una azione pubblicitaria migliore di quella che non possiamo già fare con le informazioni già in nostro possesso.

Il sistema di pubblicazione degli annunci utilizza per l'appunto questo sistema per ottimizzare e massimizzare i risultati della campagna, ciò consiste nell'utilizzo di algoritmi che imparano dai dati in modo iterativo, questo vuol dire che più un algoritmo viene esposto ai dati, più è in grado di adattarsi in modo autonomo, in questo caso, all'ottimizzazione dei risultati pubblicitari.

Ogni volta che si presenta l'opportunità di mostrare il nostro annuncio, gli algoritmi del machine learning aiutano a determinare se il nostro annuncio può competere in quell'asta e aiutano il sistema a prevedere quali aste potrebbero comportare il costo più basso per l'evento di ottimizzazione che abbiamo scelto.

Questi includono anche un sistema di "Pacing" che ottimizza la distribuzione del budget e dell'offerta dei nostri annunci per tutta la durata della nostra campagna, in sostanza più viene mostrato un annuncio, migliore diventa il sistema di consegna perchè grazie all'apprendimento automatico il sistema impara a prevedere meglio quali aste pubblicitarie potrebbero produrre i migliori risultati per l'obiettivo della campagna, di conseguenza l'affermazione da parte di alcuni personaggi di conoscere il fantomatico segreto dell'algoritmo per avere successo nella piattaforma è fuorviante e disinformativa, in quanto l'efficacia della nostra inserzione non sta nello svelare la sua struttura o risolvere un arcano, ma nel comprendere in primis i tre fattori che influenzano il processo d'asta ed in secondo luogo il linguaggio del sistema, in modo da potergli comunicare esattamente cosa vogliamo ottenere tramite le inserzioni grazie anche ai nostri comandi espressi nel gestore campagne.

Il terzo fattore del sistema di consegna sono per l'appunto i nostri controlli, il sistema come abbiamo già osservato cerca di massimizzare i rendimenti per noi inserzionisti, noi possiamo d'altra parte utilizzare diversi controlli per influenzare il modo in cui Facebook fa offerte per conto nostro all'interno dell'asta, tramite i nostri controlli diciamo al sistema di limitare gli eventi per i quali questo fa offerte, compresi gli importi per parteciparvi.

I nostri controlli includono il Pubblico, il Budget, l'Offerta e strategia di offerta, il Posizionamento ed i comandi sulla programmazione, il nostro compito è quello di selezionare attentamente i controlli giusti, nel caso ne selezionassimo troppi limiteremo la capacità di apprendimento del machine learning e ci precluderemo risultati ottimali per la campagna del cliente.

IL PROCESSO D'ASTA PUBBLICITARIA DI FACEBOOK

Al centro del sistema di pubblicazione degli annunci di Facebook troviamo l'asta tra annunci, in questo modo il sistema determina l'annuncio migliore da mostrare a una persona in un determinato momento, quando questo trova un'opportunità di mostrare a qualcuno un annuncio, gli inserzionisti che hanno una persona comune come parte del pubblico di destinazione iniziano a competere nell'asta per la sua visualizzazione.

Quando lanciamo una campagna quindi competiamo con altri potenziali migliaia di altri inserzionisti, ad esempio su un target con una data età ed in un determinato territorio, il sistema tiene un'asta per determinare quale offerta dei diversi inserzionisti dovrebbe selezionare per offrire un annuncio ad un utente in quel target, l'asta considera anche quanto l'utente possa trovare interessante e pertinente ogni annuncio e la probabilità che agisca, sulla base di tutte queste considerazioni, il sistema decide chi è il vincitore, solo dopo questo processo l'utente vede l'annuncio.

Il sistema di pubblicazione degli annunci chiamato "Ad Delivery System" cerca di massimizzare il valore sia per gli inserzionisti che per le persone selezionando l'annuncio con il valore totale più alto per determinare il vincitore di ogni asta.

Quando un nostro cliente vuole raggiungere un obiettivo di business in un determinato mercato di riferimento, dovremmo sempre impostare le varie campagne per competere nell'asta pubblicitaria prestando particolare attenzione al contenuto dell'annuncio, per garantire che il messaggio sia pertinente per il pubblico di destinazione, metteremo a punto il messaggio pubblicitario, la "call to action" ovvero l'azione che desideriamo l'utente intraprenda, e la landing page della campagna, che consiste nella destinazione in cui rimanderemo l'utente, dove potrà intraprendere una certa azione.

Facendo così potremo concretamente aiutare ad aumentare il valore totale degli annunci dei nostri clienti, di conseguenza li aiuteremo a massimizzare i risultati e raggiungere i loro obiettivi, nonché ad ottimizzare il budget garantendo costi più contenuti.

L'OTTIMIZZAZIONE DELLE PRESTAZIONI NELLA PUBBLICAZIONE DEGLI ANNUNCI E LA FASE DI APPRENDIMENTO

Il sistema di pubblicazione degli annunci mira a raggiungere gli obiettivi che abbiamo fissato al minor costo utilizzando il machine learning, in modo da ridurre al minimo il costo di ottimizzazione per evento per ciascun annuncio, inoltre utilizza il Pacing letteralmente "Ritmo" dall'Inglese, per distribuire in modo ottimale la pubblicazione degli annunci per tutta la durata della campagna.

Come abbiamo visto l'ottimizzazione delle prestazioni attraverso il machine learning determina dove, quando e a chi mostrare un'inserzione per ridurre al minimo il costo di ottimizzazione per evento, il sistema identifica i modelli e impara dai segnali per abbinare gli annunci alle persone giuste in modo da aumentare la loro pertinenza, il tutto nei limiti dei nostri comandi.

Quando un annuncio inizia a essere pubblicato, il sistema di pubblicazione inizia a capire cosa funziona bene e cosa funziona meno, in pratica più mostra un annuncio più informazioni inizia ad ottenere sulle circostanze in cui questo restituisce un buon rendimento, in questo modo le prestazioni dell'annuncio continuano a migliorare nel tempo fino a che il sistema si stabilizza per poterlo erogare al minor costo possibile, questa stabilizzazione avviene dopo una fase detta "fase di apprendimento" o "Learning Phase".

La fase di apprendimento quindi è il periodo in cui il sistema di pubblicazione impara come ottimizzare il nostro gruppo di annunci chiamato "Ad Set", durante questo periodo, il sistema testa ed esplora il modo migliore per mostrare il nostro Ad Set e testa costantemente diversi segmenti di pubblico, posizionamenti, elementi creativi e altro ancora, ricordiamoci che tuttavia lo farà nel limite delle opzioni che abbiamo fornito al sistema tramite i nostri comandi che affronteremo nel capitolo successivo.

Mentre un annuncio è in fase di apprendimento, la sua pubblicazione non è ancora stata ottimizzata, quindi gli Ad Sets in questa fase iniziale sono meno "stabili" e possono avere in questo lasso di tempo un costo maggiore, la fase si concluderà una volta che l'inserzione raggiungerà almeno cinquanta eventi di conversione in una settimana per l'evento di ottimizzazione scelto, ovvero i sotto-obiettivi di cui abbiamo parlato in precedenza, chiamati propriamente "eventi" o "Events", una volta raggiunto il numero minimo di conversioni potremmo considerare questa fase terminata ed i costi diventeranno poi stabili.

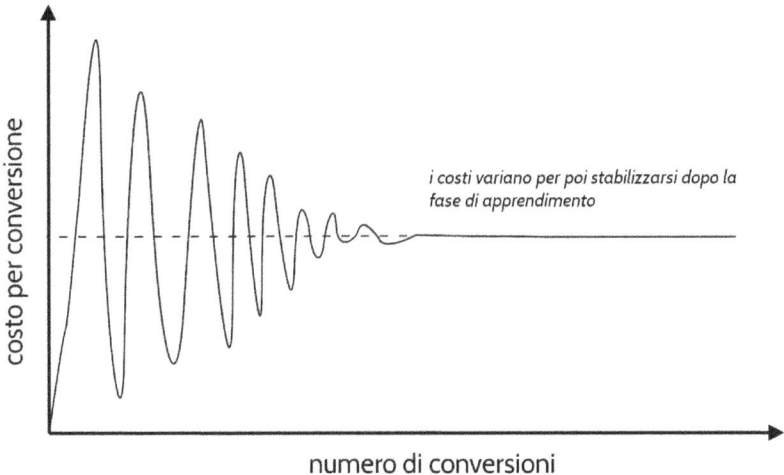

Nel capitolo successivo parleremo dei controlli a nostra disposizione all'interno del sistema, dobbiamo ricordarci che ogni volta che faremo una modifica tramite questi durante la fase di apprendimento, ed in alcuni casi anche una volta usciti da questa, avremo effetti sulla consegna, non tutte le modifiche faranno sì che l'annuncio rientri in questa fase, però modifiche significative ai nostri controlli faranno in modo che il nostro gruppo di inserzioni entri nuovamente nella fase di apprendimento.

Modifiche da evitare quando il nostro set di annunci o campagne sono già in fase di consegna sono qualsiasi modifica al pubblico, alla parte creativa o all'evento di ottimizzazione scelto precedentemente. Anche aggiungere un nuovo annuncio al gruppo di inserzioni (chiamato anche "Ad Set") farà in modo di resettare la campagna, oppure mettere in pausa per sette giorni o più un'inserzione farà in modo che queste rientrino nella fase di apprendimento una volta riattivate, così come le modifiche alla strategia di offerta.

Mentre l'asta testa continuamente tra tutte le opportunità quali annunci mostrare a una determinata persona, il Pacing determina come spendere il budget che stiamo impiegando, e lo fa in tempo reale.
Questo fa parte del sistema di pubblicazione degli annunci e garantisce che il sistema spenda il budget in modo uniforme per tutta la durata delle nostre campagne pubblicitarie, regola l'offerta che fa il sistema e l'asta a cui partecipa un annuncio in base al budget e al tempo rimasto per un Ad Set.
Se non ci fosse un meccanismo di Pacing, il sistema potrebbe spendere l'intero budget in pochi giorni in risultati anche costosi, perché non terrebbe conto del tempo e della possibilità che in futuro potrebbero essere disponibili risultati più economici, in questo modo

ci aiuta a sfruttare al massimo il budget.

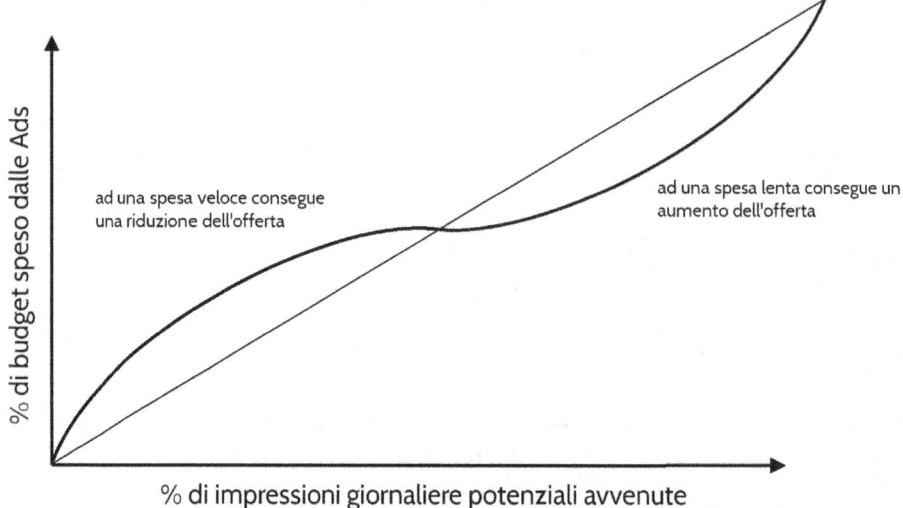

Infatti il costo per ottenere i risultati dal pubblico per cui abbiamo ottimizzato la nostra inserzione varierà durante l'esecuzione dell'annuncio stesso, qui entra in gioco il pacing che tenendo conto di questa variazione, massimizza il numero di risultati che possiamo generare considerando i limiti che abbiamo impostato al budget ed all'offerta.

Il Pacing si applica sia all'offerta assicurando che il sistema faccia offerte lungo tutta la durata pianificata della nostra campagna quindi si dice che viene realizzato un "Time Pacing", sia al budget assicurando che questo sia speso lungo tutta la pianificazione della campagna quindi un "Budget Pacing", questo vuol dire che il sistema di pubblicazione regola costantemente l'offerta, selezionando sia le aste in cui inserirsi che quanto budget dovrà spendere nel caso ci siano opportunità di generare eventi di ottimizzazione con costi in linea al budget e la strategia di offerta che abbiamo selezionato, grazie a questo, in caso fossero disponibili pochi eventi di ottimizzazione ad un costo elevato, il sistema di pubblicazione ridurrà il budget speso.

In pratica se lanciassimo una campagna e impostassimo la sua esecuzione per una settimana con un "Lifetime Budget" ossia un budget per l'intera durata della stessa, ed una strategia di offerta con il costo più basso "Lowest Cost", e questa iniziasse il giorno in cui le opportunità sono più costose a causa della maggiore concorrenza all'asta, se non ci fosse il Pacing, il sistema spenderebbe l'intero budget nei primi giorni in risultati costosi, invece, il budget delle campagne verrà automaticamente allocato in modo che il budget sia disponibile più avanti nella settimana quando probabilmente saranno disponibili risultati a costo inferiore.

I CONTROLLI DELL'INSERZIONISTA ALL'INTERNO DEL SISTEMA

I controlli dell'inserzionista sono i parametri che potremo modificare ed inserire per migliorare il rendimento degli annunci, questi ci consentono di guidare il sistema di pubblicazione in modo da allineare correttamente i risultati delle campagne con gli obiettivi di business dei nostri clienti, possiamo categorizzare i controlli tra controlli di ottimizzazione dell'obiettivo, pubblici target, gestione del budget, placements e parte creativa tramite vari formati.

Quando creiamo una nuova campagna, scegliamo come desideriamo che il sistema ottimizzi la pubblicazione degli annunci in base a diversi obiettivi, il tipo di obiettivo che selezioneremo determinerà quali ottimizzazioni potremo scegliere per ciascuno (gli Eventi), abbiamo già visto come il sistema mostri automaticamente i nostri annunci alle persone che hanno maggiori probabilità di trovarli pertinenti, tuttavia consideriamo che questa scelta da parte del sistema si restringe all'interno della nostro pubblico target che li dovrà visualizzare.

Il pubblico, parametro principale tra i nostri controlli, a cui potremo indirizzare le nostre inserzioni, si divide in tre categorie distinte; il Pubblico principale chiamato "Standard Audience" il quale è definito in base a criteri come età, interessi e territorio, abbiamo poi il Pubblico personalizzato chiamato "Custom Audience" ovvero le persone che hanno interagito con l'attività del nostro cliente sia online che offline, ed infine troviamo il Pubblico simile chiamato "Lookalike Audience" con cui potremo raggiungere nuove persone i cui interessi o azioni sono simili ad una certa categoria di utenti che ha già interagito con il nostro cliente su vari livelli.

Un altro parametro è il budget, cioè l'importo massimo che siamo disposti a spendere per l'annuncio in un determinato periodo di tempo, questo è anche uno strumento di "controllo dei costi" detto "Cost Control", potremo impostare il budget della campagna a cui il gruppo di inserzioni dovrà far fede e/o un budget ai singoli gruppi di inserzioni, oppure usare l'ottimizzazione del budget della campagna detta "Campaign Budget Optimization" o "CBO". Stiamo parlando dell'offerta, uno dei tre componenti che il sistema utilizza per determinare l'annuncio vincente nell'asta, anche la giusta strategia di offerta ci aiuterà ad ottenere i giusti risultati per le nostre campagne pubblicitarie scegliendo tra le già citate strategie del costo più basso "Lowest Cost", del limite di costo "Cost Cap" o del limite di offerta "Bid Cap" così come altre possibilità di scelta che vedremo nel capitolo riguardo le strategie d'offerta.

I posizionamenti o "placements" sono il parametro in cui sceglieremo dove le persone potranno vedere il nostro annuncio, questi come già detto in precedenza includono Facebook, Instagram, Audience Network, Messenger e Instagram, riguardo ai placements possiamo scegliere di selezionarli manualmente oppure potremmo anche utilizzare la scelta dei "posizionamenti automatici" chiamata "Automatic Placements", questo consente al sistema di pubblicare i nostri annunci in tutti i posizionamenti disponibili e di lasciar trovare al suo machine learning i migliori risultati in modo automatico, questo ci aiuta in molti casi sia ad aumentare la consegna del messaggio che a controllare i costi.

Un altro controllo sono gli elementi creativi che utilizzeremo negli annunci ed i formati che andremo a scegliere, anche questi influenzano il rendimento, il sistema ci consente di utilizzare una combinazione di testo, immagini e video in diversi formati.

IL CONTROLLO CONTRO L'OTTIMIZZAZIONE

Il sistema di pubblicazione degli annunci mira a trovare i migliori risultati in base ai nostri obiettivi, ma osserva sempre i vincoli che gli imponiamo, tramite i nostri comandi.

Come inserzionisti dovremmo stare attenti a come utilizziamo i controlli, perchè troppi vincoli e parametri potrebbero rendere difficile per il sistema di pubblicazione trovare un numero sufficiente di eventi di conversione, questo potrebbe quindi limitare il modo in cui il machine learning apprende ed ottimizza le campagne, più vincoli imporremo più i nostri annunci potrebbero non essere pubblicati con la stessa frequenza, il che renderà più difficile per i nostri annunci uscire dalla fase di apprendimento, che di conseguenza aumenta anche i costi nonchè limita enormemente i possibili risultati.

Più restringeremo il pubblico di destinazione o imposteremo un limite di offerta troppo basso, meno il sistema di pubblicazione degli annunci potrà esplorare le possibilità e di conseguenza ottimizzare la nostra inserzione, conseguentemente limiteremo anche la sua capacità di trovare risultati a basso costo. Quando possibile, cerchiamo quindi di impostare meno vincoli possibili e usiamoli solo quando c'è un buon motivo per farlo perchè questa pratica renderà il sistema di consegna più rigido, riducendo la liquidità e la sua capacità di lavorare per conto nostro e ottimizzare la nostra inserzione con i suoi algoritmi di apprendimento automatico.

La pratica migliore, a meno che non avessimo pianificato una strategia ben precisa, è quella di utilizzare l'ottimizzazione del budget della campagna "Campaign Budget Optimization" (CBO) ed i posizionamenti automatici "Automatic Placements" in combinazione durante la configurazione iniziale, perché questo darebbe più libertà al sistema di pubblicazione degli annunci permettendogli una maggiore flessibilità e un più ampio ventaglio di possibili variabili tra cui scegliere, questo aiuta a sua volta aiuta l'algoritmo ad ottimizzare meglio per noi.

Ricordiamoci però che le impostazioni automatiche non sono la soluzione ad ogni problema, anzi, la giusta strategia da applicare varia a seconda dei casi in modo molto dinamico in base agli obiettivi, teniamo sempre a mente però che un pubblico troppo piccolo, un budget troppo basso per raggiungere almeno le cinquanta conversioni a settimana, un'offerta troppo bassa o un limite all'offerta "Cost Cap" troppo basso oppure la scelta di un obiettivo troppo in basso nel Funnel di Conversione rispetto al pubblico target che si trova rispettivamente più in alto, rientrano in tutti quei fattori che determinano una cattiva conduzione della campagna pubblicitaria, il che aumenterà i costi e non porterà i risultati voluti.

LA STRATEGIA D'OFFERTA ALL'INTERNO DELL'ASTA: SPESA ED OBIETTIVI

Come già detto per ottenere i migliori risultati nelle campagne pubblicitarie, è importante selezionare la giusta strategia di offerta in base a ciò che il cliente desidera ottenere.

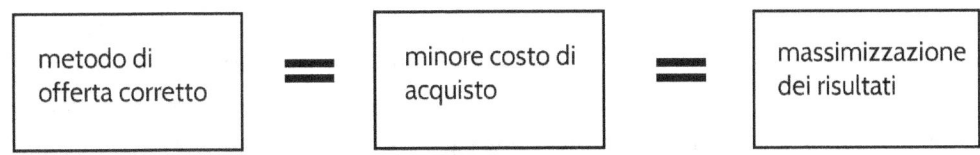

L'offerta dell'inserzionista come sappiamo è uno dei tre componenti che il sistema utilizza per determinare l'annuncio vincente nell'asta, insieme ai tassi di azione stimati e al valore dell'utente, al variare della strategia di offerta varierà il modo in cui il sistema potrà fare offerte per noi nelle aste pubblicitarie, per massimizzare l'efficienza della campagna oppure aumentare il "ROAS", è importante capire come utilizzare le diverse strategie di offerta.

La scelta della giusta strategia di offerta di ci aiuterà ad allineare gli obiettivi aziendali e massimizzare i risultati, il successo a lungo termine della campagna dipende da quanto sarà redditizia in termini di ROAS ossia il ritorno economico sulla spesa pubblicitaria o in base al suo "CPR" cioè il costo per risultato.

Il ROAS deriva dal calcolo del guadagno generale della campagna pubblicitaria fratto i costi pubblicitari, il valore ottenuto indica il guadagno ottenuto per ogni euro speso in pubblicità dove un ROAS uguale ad uno indica che a fronte di un euro speso in pubblicità il cliente ha guadagnato un euro, per cui una campagna profittevole dovrà avere un ROAS con un valore sempre maggiore di uno.

$$ROAS = \frac{\text{Total Campaign Revenue}}{\text{Total Campaign Cost}}$$

Il sistema ci consentirà di determinare la strategia di offerta quando imposteremo le campagne in Gestione inserzioni chiamato "Ads Manager", qui ci offrirà diverse strategie che possono essere categorizzate in tre tipologie, un'offerta basata sulla spesa detta

"Spend Based", un'offerta basata su obiettivi detta "Goal Based" ed un'offerta "manuale".

Non esiste una strategia migliore di un'altra, ogni strategia di offerta può influenzare i nostri risultati in maniera diversa, quindi è importante capire come sceglierla correttamente per ottenere il miglior risultato in base a quello che vogliamo realizzare per il nostro cliente.

Con l'offerta basata sulla spesa, dovremo solo determinare il budget per le nostre campagne ed il sistema cercherà di massimizzare il numero di risultati in base al budget e ottimizzerà automaticamente la nostra offerta in ogni asta in cui parteciperà il nostro annuncio, in questa categoria troviamo la strategia al costo più basso "Lowest Cost" e del costo più basso ottimizzato per il massimo valore "Lowest Cost Optimized for Highest Value".

La prima, ossia la strategia di offerta con il costo più basso è l'opzione di offerta predefinita, questa indica al sistema di fare un'offerta al minor costo possibile per l'evento di ottimizzazione scelto, contemporaneamente spende anche l'intero budget entro la fine della giornata o comunque in base alla durata della campagna.

Questa strategia è ottima nel caso in cui volessimo spendere il budget nel modo più efficiente possibile, il costo dei risultati oscillerà comunque man mano che il sistema tenterà di ottenere questo minor costo, ad esempio, se la concorrenza nelle aste diminuisce, il costo degli annunci potrebbe diminuire e viceversa se la concorrenza all'asta aumenta, i costi degli annunci potrebbero aumentare.
Useremo il costo più basso quando desideriamo spendere l'intero budget e ottenere il massimo numero di risultati possibile per un annuncio e non abbiamo requisiti di costo per azione chiamato "Cost per Action" o "CPA" rigidi, oppure nel momento in cui non avessimo un obiettivo o un KPI specifico che desideriamo raggiungere, ricordiamoci che all'aumentare della concorrenza nelle aste avremo costi per impressione o azione più elevati.
Se un nostro cliente volesse quindi ottenere il maggior numero possibile di vendite durante il lancio di un prodotto, oppure avesse un budget fisso messo da parte per la campagna, selezioneremo la strategia di offerta con il costo più basso, perchè il cliente non si preoccupa del costo per singola conversione, facendo così massimizzeremo il numero di acquisti per il budget che vuole spendere per la campagna.

La seconda strategia, quella con il costo più basso ottimizzato per il massimo valore (o valore più alto), sempre basata sulla spesa, comunica al sistema di spendere l'intero budget entro la fine della giornata o in base alla durata della campagna, massimizzando la quantità di valore che viene ottenuta dagli acquisti da parte degli utenti.

Useremo questa strategia di offerta per gli annunci o le campagne che vogliamo ottimizzare per il valore di acquisto, questo valore viene estrapolato dal machine learning per prevedere il ritorno sulla spesa pubblicitaria (ROAS) che una persona potrebbe generare in un giorno o in un periodo di sette giorni, il sistema utilizza quindi questa previsione per fare offerte agli utenti che possono portare il maggior valore possibile, quindi offrirà di più per le persone che potrebbero spendere di più, massimizzando conseguentemente il ROAS della campagna.

Questa strategia è ideale se desiderassimo concentrarci su acquisti di maggior valore e se dessimo la priorità allo spendere l'intero budget, tuttavia bisogna considerare che il nostro cliente dovrà avere una buona distribuzione di prezzo tra i diversi prodotti che ha in catalogo e che in primo luogo i dati sul loro valore di acquisto vengano trasmessi al sistema, affronteremo più avanti come mettere in comunicazione i dati ed il sistema di Facebook in modo da utilizzarli a nostro vantaggio, e come creare un catalogo prodotti.

Se un nostro cliente quindi vuole aumentare il valore medio di vendita per ordine, e non si preoccupa per il CPA, ma desidera massimizzare invece il ROAS per il budget della campagna, lanceremo una campagna ottimizzata per il massimo valore "Highest Value", facendo così nel caso esistesse un'opportunità di conversione al costo pubblicitario di venti euro con un valore di acquisto previsto di quaranta euro contro un'opportunità di conversione al costo pubblicitario di trentacinque euro con un valore di acquisto previsto di cento euro, l'asta di sceglierebbe l'opportunità di conversione da trentacinque euro in quanto questa ha un ROAS di 2,85 dunque nonostante il costo per risultato più elevato, il sistema terrebbe conto del ROAS, che nel primo caso è di 2,0 ad un costo certamente minore, ma anche con un ritorno sulla spesa pubblicitaria minore, quindi il sistema mostrerà all'utente la seconda opzione.

Con l'offerta basata sugli obiettivi detta "Goal Based" invece potremo determinare un limite per i costi e controllare il ROAS mentre il sistema cercherà di massimizzare il numero di risultati in base al budget, come le strategie di offerta basate sulla spesa, le strategie di offerta basate sugli obiettivi sono un tipo di offerta automatizzata, ma ci consentono di impostare dei controlli sui costi, come un limite al costo "Cost Cap" o controlli sul ROAS minimo "Minimum ROAS" per raggiungere obiettivi pubblicitari specifici.

La strategia di offerta con limite di costo "Cost Cap" ci consente di fornire al sistema un costo di riferimento per i risultati, in questo modo limiteremo il costo per conversione e faremo in modo che il sistema continui a fare offerte automatiche quanto basta per ottenere i massimi risultati, senza superare il nostro limite imposto, si tratta di un importo medio in cui il sistema cerca di rimanere al di sotto, restituendoci sempre gli eventi con il costo più basso per primi, il limite di costo riflette il costo dei risultati visualizzati nei rapporti dell'Ad Manager nonchè l'importo medio che desideriamo pagare per ogni risultato.

Questa strategia è ideale se desiderassimo mantenere il CPA ovvero il "costo per azione" al di sotto di un determinato importo, indipendentemente dalle condizioni di mercato, consideriamo però che con questa strategia inizialmente la spesa potrebbe essere più lenta e il budget potrebbe non essere interamente speso, inoltre i costi potrebbero essere più alti nella fase di apprendimento.

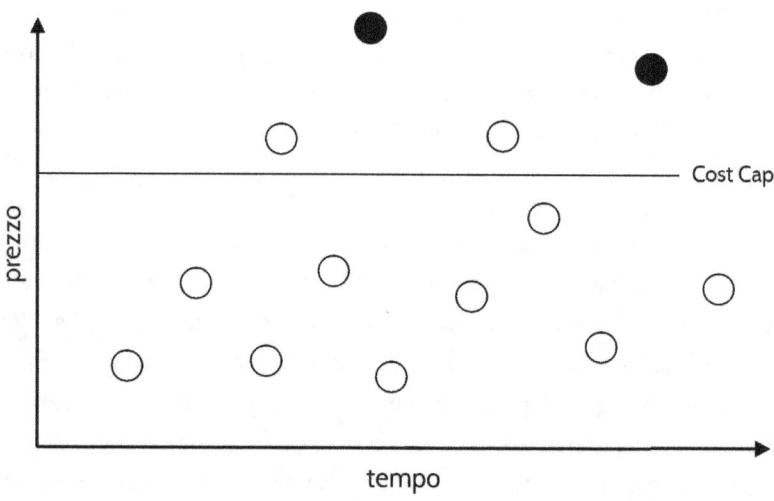

Se un nostro cliente quindi volesse mantenere un CPA ad esempio sotto i venti euro utilizzeremo questa strategia per la loro campagna con un limite di costo settato a venti euro, dobbiamo avere chiaro però che con il limite di costo stiamo dando un costo massimo garantito per ogni azione, ergo un limite a quanto vogliamo pagare per ogni azione, ad esempio, se ottimizzassimo l'inserzione per le visualizzazioni video con questo tipo di strategia ed impostassimo un limite di costo di un euro per visualizzazione video, staremo comunicando al sistema di trovare opportunità di visualizzazione al di sotto di un euro per ogni azione, ne consegue che per questo tipo di obiettivo la strategia del limite di costo non risulterebbe efficiente come una strategia di costo più basso, per questo sceglieremo il tipo di ottimizzazione dei costi in base agli obiettivi, come detto in precedenza.

Per quanto riguarda la strategia di offerta con ROAS minimo, questa ci consente di impostare un ritorno sulla spesa pubblicitaria minimo e ci conferisce un maggiore controllo in questo senso, il sistema aggiusta automaticamente le nostre offerte per fornire un ritorno di quel valore ROAS che abbiamo settato o anche più se possibile.

Questa strategia è ideale se volessimo raggiungere il pareggio sulla spesa pubblicitaria oppure se desiderassimo un maggiore controllo sul valore di acquisto generato dagli annunci rispetto ad offerte con valore più elevato, dobbiamo considerare che se il sistema non riuscirà a raggiungere il nostro ROAS minimo, la consegna dell'inserzione potrebbe interrompersi ed il budget non verrà speso per intero, inoltre anche questo tipo di strategia richiede che i dati sul valore di acquisto vengano trasmessi al sistema.

Se un nostro cliente quindi dopo aver controllato il CPA ci chiedesse di utilizzare come target un'altra segmentazione di pubblico e che gli sia garantito ad esempio un ROAS di 1.30 utilizzeremo questa strategia.
Ricordiamoci che il sistema tende sempre ad ottimizzare i risultati per la strategia scelta, quindi nel caso ci venisse in mente l'idea di settare ogni campagna del cliente con un ROAS minimo di 1, per andare alla peggio sempre a pari con la spesa pubblicitaria, sarebbe una scelta oltremodo scorretta, in quanto con questa strategia il sistema tenderebbe a priorizzare un risultato volto a restituirci un euro di guadagno per ogni euro speso, e porteremo in "stallo" i guadagni del cliente.

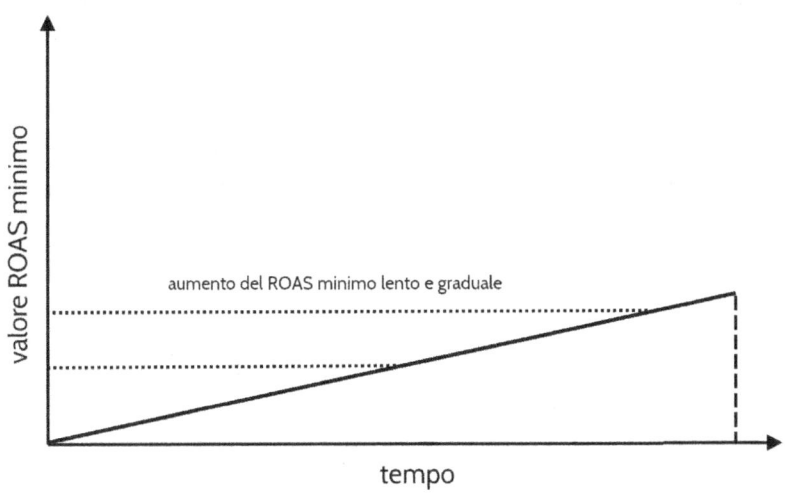

Un ROAS minimo realistico non dovrebbe essere troppo elevato, ed inoltre dovrebbe essere aumentato gradualmente, ad esempio, partendo con un valore ad esempio di 1.20 per poi testare a salire verso valori più alti come 1.40 e così via.

Per quanto riguarda l'offerta manuale invece, tramite questa strategia limitiamo l'offerta del sistema in ogni processo d'asta, in questo modo comunichiamo al sistema il valore che ha ogni conversione per il nostro cliente e come fare offerte per tali conversioni, questo tipo di offerta oltre a limitare la quantità di denaro che il sistema può usare in ogni asta può limitare anche la consegna dell'annuncio anche in maniera più marcata del limite di costo nel caso impostassimo un'offerta manuale troppo bassa, inoltre limita anche il sistema di ottimizzazione delle offerte automatiche.

Questa strategia si sostanzia con la scelta del limite di offerta chiamato "Bid Cap" che ci consentirà di determinare l'importo massimo che il sistema potrà offrire in ogni asta pubblicitaria, come già detto essendo una scelta poco flessibile, è più probabile che questa limiti la consegna rispetto ad altre strategie in quanto limita il modo in cui il sistema può fare offerte in ogni asta, infatti un valore troppo basso potrebbe causare una pubblicazione insufficiente causando una "Underdelivery" letteralmente una "sottoconsegna" restituendoci una copertura insufficiente.

Useremo il limite di offerta se il nostro cliente ci fornisce in precedenza modelli di offerta interni o modelli di "lifetime value" o "LTV" che consistono nel valore complessivo che un determinato pubblico o utenza in un dato periodo restituiscono all'azienda, oppure se avessimo la necessità comunque di controllare quanto il sistema potrà spendere per ogni asta, ricordiamoci però che questa strategia non controlla il costo per risultato (CPA) e richiede modifiche alle offerte più frequenti ed un valore troppo basso potrebbe comportare una pubblicazione insufficiente di una campagna, questa strategia quindi richiede la capacità di calcolare le offerte in base ai tassi di conversione previsti.

Se un nostro cliente quindi volesse aumentare le vendite facendo attenzione a non vendere il suo prodotto in perdita, potremmo eseguire una campagna di conversione con la strategia del limite di offerta "Bid Cap" impostando un limite di offerta inferiore al valore di vendita previsto per garantire che la campagna rimanga redditizia.

Non confondiamo i controlli di limite di offerta "Bid Cap" con il limite di costo "Cost Cap", in quanto il limite di costo indica il costo dei risultati (CPA), mentre il limite di offerta riflette quanto vogliamo pagare per raggiungere il pubblico di destinazione in ogni singolo processo d'asta, in conclusione il limite di offerta "Bid Cap" non riflette il costo dell'azione desiderata e non corrisponde al CPA effettivo della campagna.

Il limite di costo "Cost Cap" utilizza il machine learning per offrire in modo dinamico l'importo necessario per massimizzare i risultati senza superare il limite, mentre il limite di offerta controlla l'importo massimo che il sistema può offrire nelle aste, piuttosto che limitare il costo dei risultati che otterremo.

IMPOSTARE LA STRATEGIA DI OFFERTA IN RAPPORTO AL BUDGET

Nella creazione della campagna potremo usare dei controlli più o meno stringenti con cui il sistema consegnerà il nostro messaggio, il successo della nostra campagna dipenderà anche da come imposteremo il budget, oltre che dall'importo dell'offerta e dalla sua strategia di offerta.

È importante capire in che modo controllare i costi per mantenere il ROAS in linea con gli obiettivi, ed essere consapevoli degli effetti che potremmo ottenere tramite la scelta di controlli più severi che limitano le opzioni di ottimizzazione e l'ottimizzazione stessa che può applicare direttamente il machine learning.

Il budget è la quantità di denaro che vogliamo il sistema spenda per mostrare gli annunci ad un pubblico target, definirlo quantitativamente consente anche di controllare la spesa complessiva per il nostro Ad Set o Campagna, il budget può essere gestito in due modi scegliendo tra lo spendere il budget giornalmente, quindi scegliere un "Daily Budget" oppure lungo tutta la durata della campagna tramite un budget totale detto "Lifetime Budget".

Se sceglieremo un budget giornaliero comunicheremo al sistema l'importo medio che vorremmo spendere entro la fine di ogni giornata, in questo modo cercherà di ottimizzare i risultati in base a tale importo, la spesa esatta varierà di giorno in giorno cercando raggiungere il budget giornaliero medio che abbiamo impostato per tutta la durata della campagna.

Come già detto ci potranno essere alcuni giorni in cui per il sistema sono disponibili migliori opportunità di mostrare i nostri annunci, scegliendo questa strategia durante quei giorni, questo potrebbe spendere fino al 25% in più del budget giornaliero scelto, ad esempio, se il budget giornaliero fissato è di cento euro, il sistema potrebbe spendere fino a centoventicinque euro in un giorno particolarmente favorevole, tuttavia l'addebito totale verrà calcolato in media su una settimana di calendario da domenica a sabato, questo vuol dire che per ogni settimana che termina il sabato a mezzanotte, non spenderemo più di sette volte il nostro budget giornaliero, questo consente al sistema una certa flessibilità, in modo che possa sfruttare più facilmente le migliori opportunità quando si presentano nel mercato d'asta.

Quindi se impostassimo il nostro budget giornaliero a dieci euro, non supereremo i settanta euro di spesa in una settimana di calendario, anche se in alcuni di quei giorni potremmo spendere fino a dodici euro e cinquanta centesimi ed in altri meno di dieci euro.

Ricordiamoci che il budget giornaliero soddisfa sempre la regola del 125% durante un singolo giorno e la regola dell'importo mai superiore a sette volte il budget giornaliero comunicato al sistema.

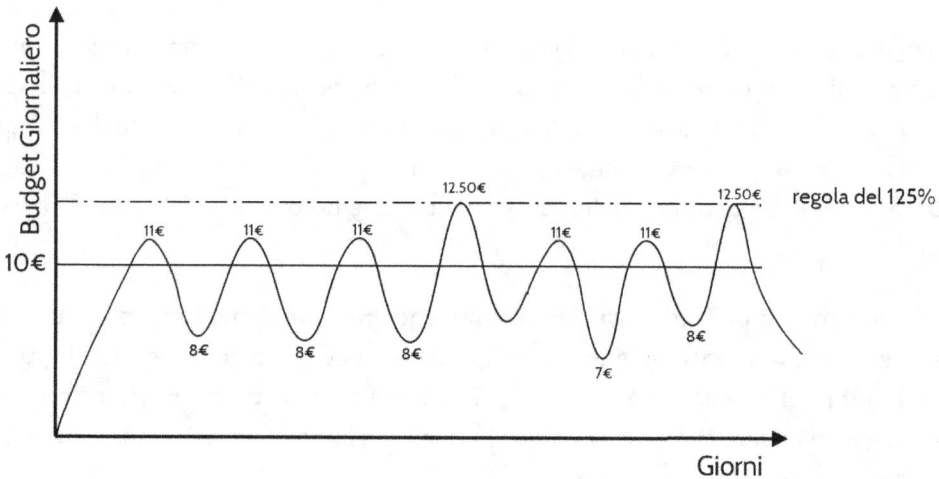

Il grafico fornisce un esempio semplificato di come potremmo spendere settanta euro con un Daily Budget, la linea curva mostra l'andamento generale della spesa di giorno in giorno ed il vertice rappresenta ciò che viene effettivamente speso in un dato giorno, che ammonta a settanta euro in un periodo di sette giorni con una spesa media di dieci euro al giorno anche se in alcuni giorni viene speso meno ed in altri di più ma mai oltre il 125% di dieci euro.

Per quanto riguarda il Budget totale chiamato "Lifetime Budget" invece stiamo parlando dell'importo che desideriamo spendere per l'intera durata del nostro set di annunci o della campagna.

Come già affrontato più volte il sistema potrebbe essere in grado di ottenere risultati migliori in alcuni giorni, anche se gli importi di spesa variano di giorno in giorno, ricordiamoci che non ci verrà addebitato un importo superiore al budget totale per il nostro

Ad Set o risultati della campagna.

Dobbiamo tenere a mente che la scelta del budget totale può essere utile se non vogliamo superare una certa quantità di spesa ed abbiamo la flessibilità di non dover fissare quanto spendere durante ogni giorno, se invece avessimo obiettivi di spesa specifici per ogni giorno in cui viene eseguita la campagna o l'Ad Set e quindi raggiungere un certo numero di impressioni giornaliere, un budget giornaliero potrebbe essere la scelta migliore.

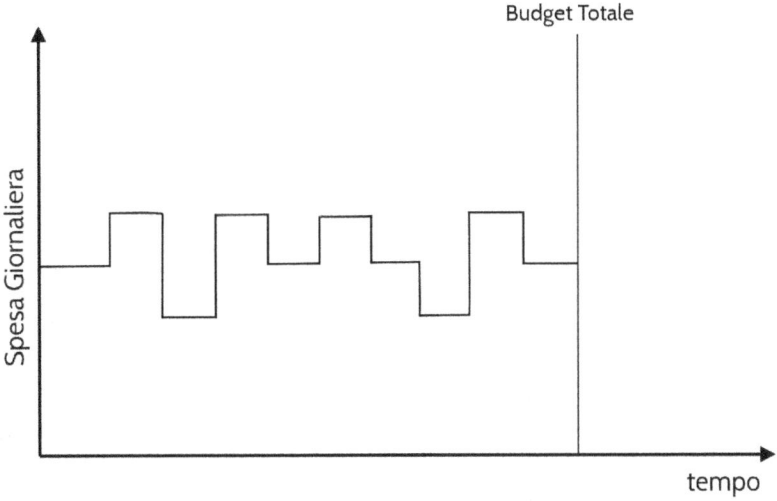

Nella conduzione di una campagna con budget totale anche se non accadrà di spendere oltre il budget fissato, potrebbe invece accadere di spendere l'intero budget prima del termine ultimo della campagna, questo scenario si potrebbe verificare in diverse situazioni la quale causa sarebbe da verificare da caso a caso, una di queste potrebbe essere perchè il sistema ha trovato molte opportunità di raggiungere un risultato in linea con l'obiettivo per cui abbiamo ottimizzato la nostra inserzione, per cui, una campagna di dieci giorni con budget totale potrebbe esaurire il budget anche al settimo giorno, se dovesse succedere una volta terminato il budget il sistema fermerà la consegna dell'annuncio.

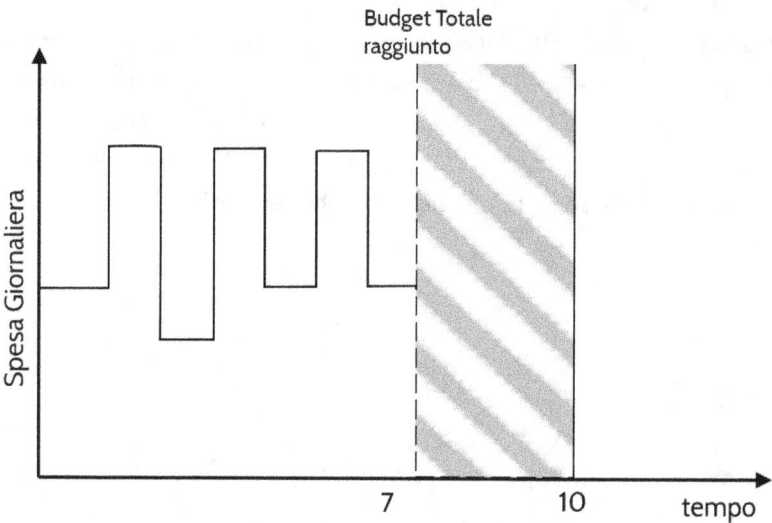

In linea generale a prescindere dalla scelta tra un Daily o Lifetime Budget, se notiamo dai rapporti che una volta lanciato il set di annunci o la campagna il sistema sta spendendo molto velocemente il nostro budget, ricordiamoci la già affrontata fase di apprendimento, dove il sistema può pubblicare i nostri annunci in modo più aggressivo per testare l'ottimizzazione e che può portare costi iniziali più elevati che ci farà spendere inizialmente il budget più velocemente. Un'altra spiegazione di questa spesa veloce potrebbe essere che stiamo impiegando un budget troppo ridotto e che quindi viene speso rapidamente a causa di un'offerta manuale alta in relazione al budget allocato, quindi assicuriamoci quando impostiamo il budget giornaliero, di impostare un budget complessivo più alto della nostra offerta e generalmente il più grande possibile se usiamo un limite di costo "Cost Cap" o limite di offerta "Bid Cap", potremo comunque consultare i requisiti minimi di budget consigliati durante il settaggio della campagna tramite un avviso nell'Ad Manager nel momento in cui questi non vengano soddisfatti.

In linea generale se utilizziamo la strategia di offerta con limite di costo, il budget giornaliero dovrebbe essere almeno cinque volte superiore l'importo del limite che abbiamo settato, quindi se impostiassimo un limite di costo "Cost Cap" di dieci euro, il nostro budget giornaliero o "Daily Budget" dovrà essere di almeno di cinquanta euro.

Ricordiamoci sempre di impostare un budget sufficiente per l'evento di ottimizzazione scelto, infatti alcuni eventi di ottimizzazione come già accennato potrebbero richiedere più budget di altri, a seconda della loro difficoltà e posizionamento nel Funnel di Conversione, più in basso si trova l'obiettivo rispetto al Funnel maggiore sarà la difficoltà ed il costo, ad esempio, se ottimizziamo per gli acquisti e quindi scegliamo un obiettivo di "conversione" o di "vendita al catalogo", dovremmo allocare più budget rispetto a quando ottimizziamo per le visualizzazioni della Landing Page (Traffico), questo è un ottimo metodo da utilizzare in alcune situazioni, infatti se non possiamo aumentare il budget, potremmo sempre decidere di ottimizzare per un evento più facile ed "economico" da realizzare, in questo caso ottimizzare per la visualizzazione di una landing page (ad esempio una pagina di ringraziamento) che appare dopo l'acquisto stesso è meno costoso che ottimizzare per la conversione stessa quindi l'acquisto, questo perchè nella prima ipotesi il sistema conta come obiettivo pubblicitario la visualizzazione di una pagina che solo noi sappiamo che comparirà dopo un acquisto nel sito del cliente, mentre nella seconda ipotesi il sistema conterebbe come obiettivo pubblicitario la vendita che si trova esattamente all'ultima fase del funnel di conversione.

Potrebbero verificarsi dei casi in cui il nostro cliente, vorrebbe ridurre il budget di un determinato Ad Set o campagna in corso, quando riduciamo il budget totale quindi il "Lifetime Budget", dobbiamo soddisfare la regola imposta dal sistema di mantenere il nuovo importo pari o superiore a quanto abbiamo speso fino a quel momento, più il 10% dell'importo speso negli ultimi due giorni.
Quindi se in un'ipotetica inserzione abbiamo speso trecentocinquanta euro in totale, e negli ultimi due giorni sono stati spesi cento euro di tale importo, il nuovo budget dovrebbe essere almeno di trecentosessanta euro, con l'accorgimento di cercare di non ridurre il budget verso la fine della giornata, perché il sistema potrebbe non avere abbastanza tempo per applicare nuove impostazioni entro le ore ventiquattro.

Se invece dovessimo ridurre il budget giornaliero quindi il "Daily Budget" ad esempio da trecento euro a centocinquanta euro alle ore diciotto, il sistema potrebbe aver già speso più del nuovo budget giornaliero di centocinquanta euro, e comunque non disporrebbe del tempo necessario per autoregolarsi, il che causerà un rallentamento nella consegna dell'inserzione.

Se proprio dovessimo cambiare il budget, facciamolo all'inizio della giornata, la modifica al budget non è significativa per la fase di apprendimento quindi non resetterà la nostra inserzione, tuttavia dipenderà dall'entità della modifica, quindi non esageriamo con i tagli o incrementi di budget.

Come abbiamo già visto invece cambiare la strategia di offerta resetterà la nostra inserzione alla fase di apprendimento, specialmente se da una ottimizzazione del budget della campagna (CBO) passiamo a strategie di ottimizzazione diverse per ogni set di annunci all'interno della stessa Campagna.

Abbiamo già accennato in precedenza l'ottimizzazione del budget della campagna o

"Campaign Budget Optimization" questo parametro ci consente di impostare un budget a livello campagna in modo da distribuire dinamicamente la spesa ai set di annunci "Ad Sets" con le migliori opportunità d'asta, il sistema assegnaerà e spenderà automaticamente il budget in tempo reale per gli Ad Sets più performanti all'interno della stessa campagna.

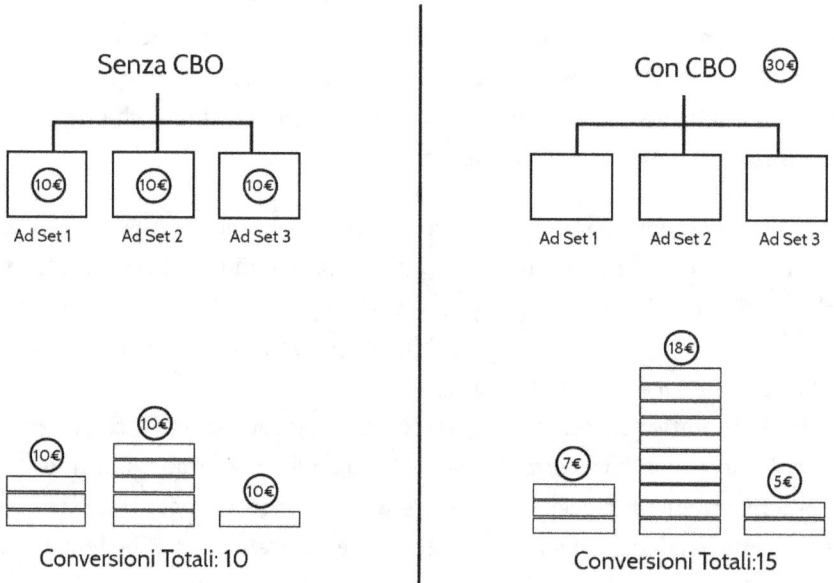

Nel caso non volessimo usare una ottimizzazione del budget della campagna, potremmo sempre scegliere di impostare budget individuali per ogni Ad Set, sceglieremo questa opzione nel caso desiderassimo un maggiore controllo sulla pubblicazione all'interno di Ad Sets specifici, questo può tornarci utile se abbiamo obiettivi di ottimizzazione e strategie di offerta diversi tra loro all'interno della stessa campagna, dato che la strategia di offerta è un settaggio che potremmo scegliere a livello "Ad Set", oppure se abbiamo grandi differenze nelle dimensioni del pubblico tra i diversi Ad Sets dato che anche il pubblico di destinazione è un parametro selezionabile sempre a questo livello durante il settaggio della campagna.

A questo punto cerchiamo di non confondere la pratica di una CBO alla stregua di un test per correlazione, in quanto le variabili in gioco tra gli Ad Sets facenti parte la campagna sono troppe per determinare che l'Ad Set più performante sia effettivamente la versione in assoluto migliore per il nostro cliente, parleremo dei test nel capitolo dedicato alla correlazione e causazione e come applicarle su Facebook.

LA CORRETTA STRATEGIA DI OFFERTA

Una volta compresi i concetti di budget, offerta e strategia di offerta, è bene comprendere anche alcune basi economiche aziendali, questo ci aiuterà a decidere meglio in che modo intraprendere una strategia pubblicitaria allineata agli obiettivi di business, consapevoli dell'esistenza di tali meccaniche anche sotto questo aspetto.
Il successo a lungo termine della nostra campagna sarà proporzionale alla sua redditività ed è importante non offrire all'interno dell'asta mai più di quanto valga un'azione per il nostro cliente.

Per guidare correttamente le nostre decisioni quando pubblichiamo una campagna incentrata sulle conversioni useremo sempre metriche come il ROI, acronimo di "Return on Investment" cioè il ritorno monetario sull'investimento che indica la redditività del capitale investito dal nostro cliente, imposteremo un'offerta in base a quanto valgono per lui le conversioni dopo aver calcolato il punto di pareggio in inglese "Break-Even Point" (BEP) o il ROI desiderato, per capire questi concetti dovremmo parlare di costi fissi e costi variabili.

Qualsiasi impresa ha costi fissi e costi variabili che insieme formano i costi complessivi, il break even point letteralmente break even "pareggio" e point "punto" dall'inglese, è il punto di pareggio in cui il fatturato ed i costi si compensano, quindi non vi è né utile né perdita per l'attività, è il momento in cui il fatturato complessivo meno i costi totali è uguale a zero basandoci sul numero di prodotto che questa ha venduto, o dovrà vendere, quindi quanti prodotti dovremmo riuscire a vendere tramite la nostra azione pubblicitaria per fare raggiungere al nostro cliente almeno il BEP, che verrà influenzato dai nostri servizi e costi pubblicitari, soprattutto nelle fasi di lancio.

I costi fissi sono quei costi che indipendentemente dalle variabili di produzione o vendita sono sempre presenti, come ad esempio gli stipendi dei dipendenti a tempo indeterminato o gli affitti, così come i nostri costi pubblicitari.

I costi variabili invece dipendono dalle variabili di produzione e vendita dei prodotti nella loro quantità, derivano dalla produzione, ad esempio dall'energia impiegata per la produzione o dal trasporto del prodotto.

Questi sono proporzionali quando aumentano in proporzione al volume di produzione o vendite, oppure progressivi se aumentano di più rispetto alle vendite ad esempio a causa di una maggiore produzione o costo di manutenzione, i costi variabili possono anche essere digressivi quando aumentano di meno rispetto alle vendite, questo può succedere ad esempio quando un nostro cliente si vede applicato degli sconti dai suoi fornitori comprando più materia prima per la lavorazione o imballaggio.

Se dividiamo i costi variabili totali di una linea di prodotti per la quantità di unità prodotte o vendute, si ottengono i costi variabili per ogni unità, questo è importante perchè in questo modo sappiamo che il prezzo del prodotto in vendita dal nostro cliente dovrebbe ammontare almeno al pari dei costi variabili per unità, in breve troviamo il prezzo minimo con cui il cliente dovrebbe vendere il suo prodotto per coprire i costi variabili per unità.

Per la copertura dei costi fissi, guardiamo al "margine di contribuzione" questo è l'importo in denaro che ci rimane dalla sottrazione del costo variabile per ogni unità moltiplicato per il numero di unità, al ricavo delle vendite, quindi maggiore è questo margine maggiori sono i costi fissi coperti, si parla di "utile operativo" infatti, solo quando al margine di contribuzione sottraiamo i costi fissi, quindi il vero e proprio guadagno con cui calcolare il ROI in totale.

Ora che sappiamo come si calcola il prezzo minimo a cui dovrebbe essere venduto un prodotto sappiamo anche quanto vale una conversione per il nostro cliente ed i limiti pubblicitari massimi nell'offerta d'asta per ogni conversione.

Per calcolare il Break Even Point adesso dobbiamo prima fare due considerazioni;
I costi totali saranno uguali ai costi variabili per pezzo moltiplicati per il numero di prodotti, sommati ai costi fissi, ed il profitto sarà uguale al prezzo di vendita del singolo prodotto moltiplicato per il numero di prodotti venduti, trovare il Break even Point vuol dire trovare il numero di unità da dover vendere per fare in modo che la differenza tra il guadagno ed i costi totali sia uguale a 0.

Il numero di prodotti da dover vendere per raggiungere il "BEP" si trova dividendo i costi fissi per la differenza tra il prezzo del singolo prodotto ed i costi variabili per prodotto, facciamo un esempio;
Un nostro cliente ha appena lanciato un e-commerce di orologi digitali per lo sport con funzioni quali cardiofrequenzimetro e calcolo dell'ossigenazione del sangue, il primo mese sostiene costi fissi pari a 4500 euro tra cui la pubblicità online, ogni orologio viene venduto online al prezzo di 150 euro con costi di produzione, spedizione e imballaggio di 50 euro, dobbiamo calcolare il break even point da dover raggiungere e magari superare.

Innanzitutto sappiamo che il costo variabile per unità è di 50 euro, quindi il BEP verrà calcolato dividendo i costi fissi quindi 4500 euro per la differenza tra il prezzo di vendita dell'orologio di 150 euro al pezzo ed i costi variabili per unità che in questo caso ammontano a 50 euro, il BEP in questo caso ci restituisce il valore 45, questo è il numero minimo di unità da dover vendere il prossimo mese per raggiungere almeno il Break Even Point.

Questo è un calcolo esemplificativo che non tiene conto del tipo di attività del cliente, infatti il BEP non può essere definito solo da una singola linea di prodotti o da un prodotto unico in quanto un cliente reale avrà diverse linee di prodotto, prezzi e costi variabili dei suoi prodotti che hanno a loro volta importi differenti, il BEP consisterà quindi in un numero di unità differente per ogni linea di prodotto.

Immaginiamo che durante il primo mese di campagna pubblicitaria avessimo realizzato 140 vendite.
Calcoliamo il margine di contribuzione, quindi sottraiamo al profitto totale che è stato 21'000 euro il prodotto tra i costi variabili per unità (50 euro) e il numero di unità vendute (140 unità) che ammonta a 7000 euro, il calcolo ci restituisce un margine di contribuzione di 14'000 euro, il che ci permette di trovare l'utile netto sottraendogli i costi fissi di 4500 euro, che risulta essere di 9500 euro.

Il ROI è il rapporto tra l'utile netto e l'investimento totale, l'investimento totale in questo caso è la somma tra costi fissi ed i costi variabili, i costi variabili totali si calcolano con il prodotto tra il costo variabile unitario ed il numero di unità vendute, quindi 140 unità per 50 euro di costi variabili per ognuna, il ROI sarà in questo caso il rapporto tra 9500 euro e la somma di 4500 euro di costi fissi con 7000 euro di costi variabili, quindi 11500 euro.

Il rapporto tra l'utile netto e l'investimento totale sarà di 0,826 e moltiplicato per 100 lo esprimeremo in percentuale, avremo quindi un ROI dell' 82,6% se fosse stato del 100% avremmo raddoppiato l'investimento iniziale del nostro cliente.

All'inizio del capitolo abbiamo accennato come la corretta strategia di offerta dipenda dagli obiettivi, alcune aziende possono dare la priorità quindi ad un costo per azione, mentre altre possono dare la priorità a ottenere il massimo dalla spesa pubblicitaria e quindi aumentare il ROAS, quando dobbiamo decidere quale strategia di offerta utilizzare all'interno dell'asta, consideriamo gli obiettivi di business del cliente e come ottimizzare la spesa del suo budget.

La giusta strategia di offerta andrebbe scelta in primis chiedendoci se è necessario un controllo sui costi o meno e poi scegliere o no un'offerta ottimizzata sul valore di acquisto, dopodiché sceglieremo la strategia allineandola all'obiettivo del cliente.

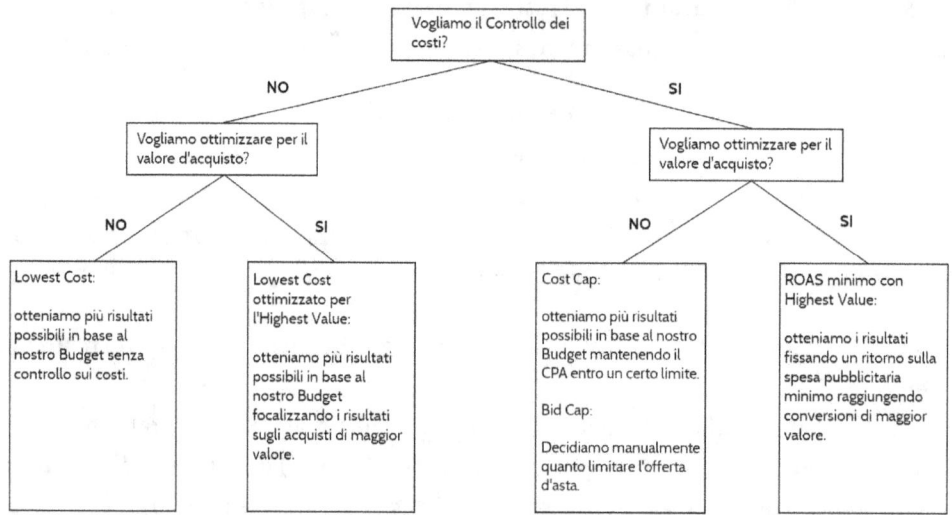

Quando non è necessario un controllo dei costi nè l'ottimizzazione per il valore di acquisto quindi l'obiettivo aziendale è quello di massimizzare il numero di risultati per un dato budget, la strategia di offerta giusta è il costo più basso "Lowest Cost" questa consente al sistema di ottimizzare automaticamente il processo di offerta in modo da ottenere il maggior numero di risultati possibili per un dato budget, questa è anche la strategia di offerta predefinita.

Se non è necessario un controllo dei costi ma vogliamo applicare l'ottimizzazione per il valore di acquisto e l'obiettivo aziendale è quello di massimizzare il valore di conversione la strategia di offerta giusta è il minor costo ottimizzato per il massimo valore "Lowest Cost Optimized for Highest Value" questa strategia infatti massimizza il valore delle conversioni della campagna oltre a ottenere il maggior numero di risultati, inoltre consentirà di ottenere il maggior numero di risultati di valore per un dato budget.

Se invece è necessario un controllo dei costi ma non l'ottimizzazione per il valore di vendita e l'obiettivo aziendale è quindi di controllare il costo dei risultati, la strategia di offerta giusta è il limite di costo "Cost Cap" questa strategia viene usata infatti quando non vogliamo pagare più di un determinato importo per ogni risultato, in questo modo l'importo non sarà neppure influenzato dalla concorrenza del mercato.

Se è necessario un controllo dei costi e vogliamo applicare l'ottimizzazione per il valore di acquisto quindi l'obiettivo aziendale è controllare il ROAS, la strategia di offerta giusta è il ROAS minimo "minimum ROAS" così facendo ci assicuriamo di raggiungere il pareggio sulla spesa pubblicitaria oppure ottenere un rendimento migliore, questo ci offre il controllo sul valore di acquisto che genera l'utente rispetto al budget.

Quando è necessario un controllo dei costi ma non l'ottimizzazione per il valore di vendita e l'obiettivo aziendale è limitare ogni offerta nell'asta perchè possediamo metriche aziendali che consentono di determinare il suo valore come l'esempio sull'e-commerce che abbiamo fatto in precedenza, la strategia di offerta giusta è il limite di offerta "Bid Cap" usiamo questa strategia infatti quando sappiamo esattamente quanto vale per il cliente ogni conversione, questo comunica al sistema quanto può offrire per noi nell'asta.

Ad Esempio :

Il nostro cliente dell'e-commerce che ci ha precedentemente contattato, vuole generare in primo luogo una certa consapevolezza detta "awareness" per la sua nuova linea di orologi raggiungendo una determinata segmentazione di mercato, il cliente aveva un determinato budget per il lancio e ci aveva comunicato di non avere il bisogno di controllare il costo per risultato ma voleva invece ottenere il maggior numero possibile di risultati all'inizio, non avendo bisogno di ottimizzare il valore dell'acquisto, in questo momento selezioneremo il costo più basso o "Lowest Cost", in quanto questa strategia di offerta otterrà il maggior numero di risultati per il budget.

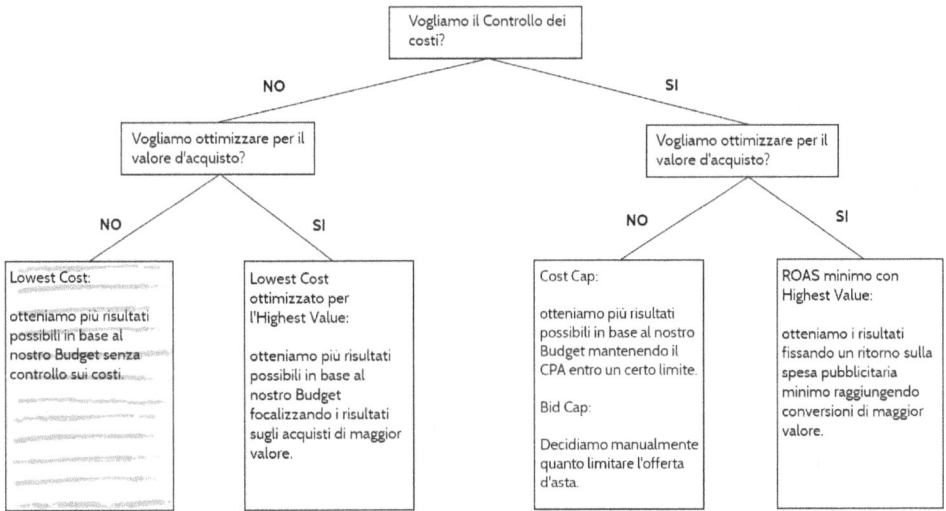

Il cliente successivamente ci comunica che vuole intraprendere anche una seconda campagna per la sua linea di orologi con l'inclusione di un sensore toracico di frequenza del battito cardiaco che funziona in modo complementare all'orologio che ha la funzione di cardiofrequenzimetro.

Ci comunica inoltre che vuole aumentare gli acquisti del pacchetto completo dei due prodotti insieme piuttosto che l'acquisto dei singoli prodotti separatamente, da parte nostra pianificheremo quindi una campagna incentrata sulle conversioni, in cui utilizzeremo gli annunci carosello per presentare tutti i prodotti insieme.

Il cliente ha un budget trimestrale messo da parte per la nuova campagna e ci comunica di non aver bisogno di controllare il costo per risultato ma vuole solo ottenere il maggior numero possibile di risultati, inoltre vuole ottimizzare il valore dell'acquisto e che più persone acquistino tutti i prodotti contemporaneamente.

Il cliente ha già settato un metodo di comunicazione dei dati sul valore di acquisto dei prodotti con il sistema, a questo punto abbiamo abbastanza dati per capire di dover intraprendere una strategia con minor costo ottimizzato per il massimo valore (Lowest Cost Optimized for Highest Value).

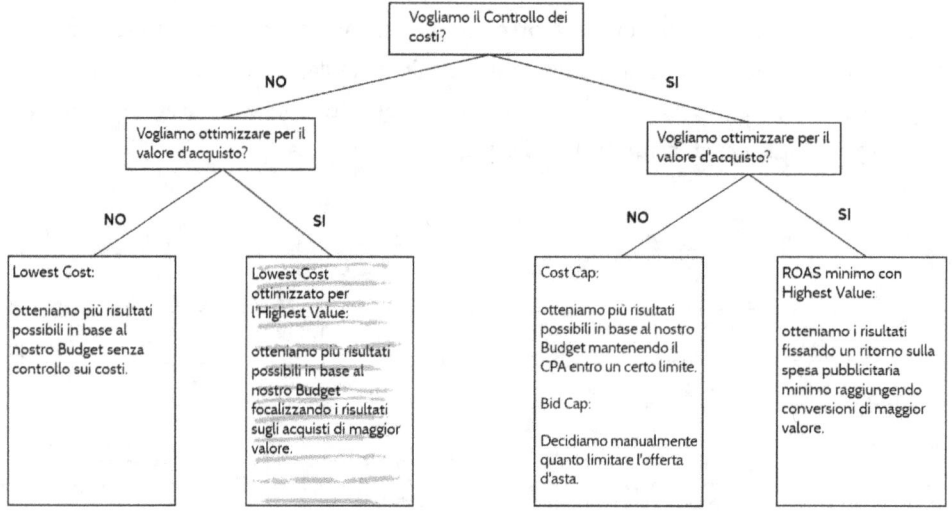

Infine come ultima richiesta, il cliente ci contatta per intraprendere un'ultima campagna sulla sua linea di orologi premium.

Dopo un anno di campagne pubblicitarie secondo le sue ricerche i suoi nuovi clienti che hanno acquistato la linea premium spendono in media 280 euro ogni anno, ciò corrisponde a un profitto di 85 euro per l'azienda, ci comunica inoltre che vorrebbe acquisire nuovi compratori ma non ha prefissato nessun budget, ma finché spende meno di 85 euro per acquisire un nuovo cliente, l'azienda realizza un profitto.

Dato che non vi è la volontà di controllare i costi ma solo il requisito di non spendere più di 85 euro per un nuovo cliente ed in assenza del bisogno di ottimizzare per il valore e sapendo che dalla sua ricerca i suoi futuri clienti spenderanno in media 285 euro all'anno, abbiamo tutti i dati per determinare come strategia di offerta il limite di offerta "Bid Cap" limitando l'offerta per la conversione per un valore inferiore ad 85 euro.

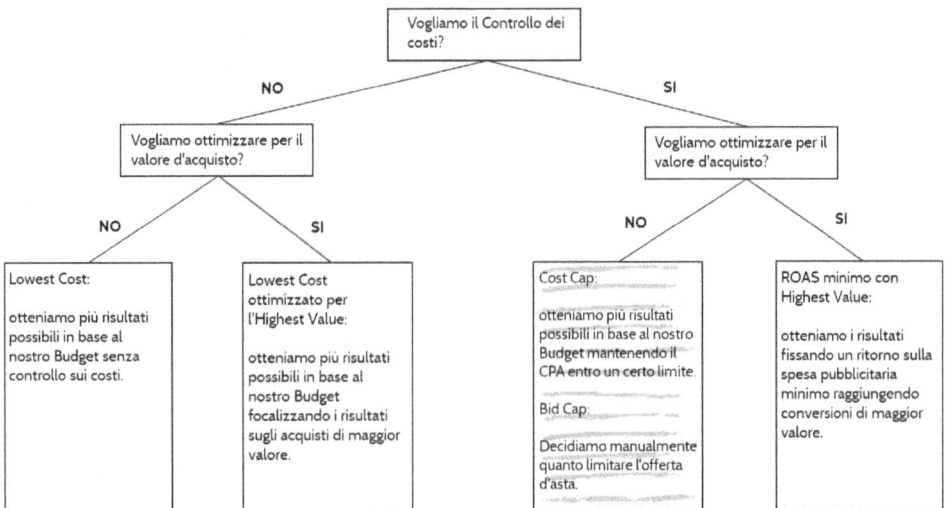

LE FONTI DEI DATI ED IL PERCORSO VERSO LA "CONVERSIONE"

Oggigiorno i consumatori interagiscono con le aziende in modi sempre più nuovi e su piattaforme sempre diverse o comunque in continua evoluzione, nonché su molteplici dispositivi ogni anno sempre più performanti e diversi tra loro.

Attualmente prima di acquistare, il consumatore naviga su più piattaforme e device, sia per svago che per informarsi, frequentando questi spazi potrebbe cercare sui maggiori provider di ricerca come ad esempio Google, una parola chiave di loro interesse, e di conseguenza visitare un sito appartenente ad un certo marchio, utilizzare un'app o anche guardare video, prima di fare click su un nostro annuncio all'interno dell'ecosistema di Facebook.

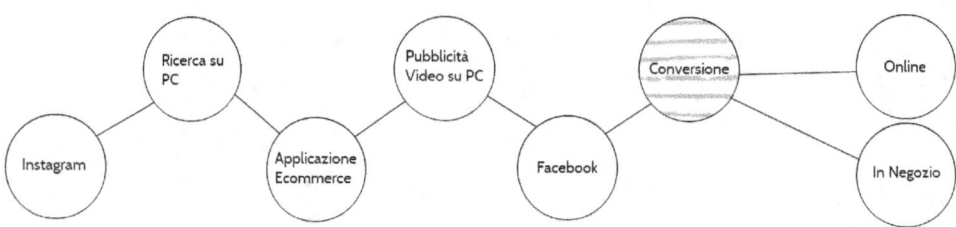

Il percorso del consumatore, in breve, comporta molte interazioni, ognuna di queste è chiamata "Evento", da parte nostra abbiamo diversi strumenti per vedere come i consumatori interagiscono su diversi dispositivi e piattaforme con il brand del nostro cliente, tramite le "fonti dei dati" nel gestore eventi chiamato "Events Manager" possiamo "mappare" automaticamente ogni evento e aiutare il sistema di machine learning a capire meglio ciò che interessa ad ogni persona diversa, e determinare i "punti di contatto" che ha il consumatore con una data attività.

Per raccogliere informazioni dalle interazioni con gli utenti, dobbiamo installare questi strumenti di origine dei dati e integrare i dati estrapolati da questi strumenti nelle nostre campagne pubblicitarie, possiamo utilizzarli sui siti web, app e persino nei negozi fisici dei nostri clienti, in breve tramite questi strumenti renderemo sempre più chiaro il comportamento dei consumatori.

I dati che gli utenti condividono con Facebook ci aiutano a mostrare annunci per prodotti e servizi in linea con gli interessi dei consumatori grazie anche al machine learning, che oltre a migliorare la loro esperienza, ci aiuta ad ottimizzare le nostre inserzioni, in linea generale il modo in cui le persone interagiscono con il business del nostro cliente determina quali strumenti di origine dei dati dovremmo utilizziamo tra tre fonti diverse; il Facebook Pixel per il web, l'SDK per le app mobile e le Conversioni Offline per i negozi fisici e liste di clienti.

Il pixel è un pezzo di codice che possiamo inserire nel sito web di un'azienda per capire in che modo le persone interagiscono con questa e quali azioni intraprendono gli utenti al suo interno, l'SDK invece è uno strumento di analisi che ci consente di acquisire e misurare le azioni che le persone intraprendono su una determinata applicazione mobile, le conversioni offline sono invece uno strumento di analisi che collega le informazioni sugli eventi offline del cliente, come ad esempio il semplice acquisto in negozio, al sistema Facebook sia in modo manuale che con l'aiuto di un software CRM acronimo di "Customer Relationship Management".

Quando un utente interagisce con un business su diversi canali, queste fonti dei dati tengono traccia delle azioni che questo intraprende al loro interno, le azioni sono chiamate eventi o "Events" e tramite questi capiamo l'intento di ogni singolo utente, quando questo visita un sito web e aggiunge un articolo al carrello e non effettua il checkout quindi non effettua l'acquisto, potremo sapere che quel dato utente, o meglio una categoria di utenti all'interno del sito web, ha aggiunto l'articolo al carrello, questo ci dice che hanno intenzione di effettuare un acquisto tramite l'evento di "aggiunta al carrello" settato come origine dei dati.

Possiamo identificare diversi tipi di eventi, gli eventi standard chiamati "Standard Events" ed eventi personalizzati detti "Custom Events", conversioni personalizzate ossia le "Custom Conversions" e Conversioni Offline semplicemente dette "Offline Conversions".

Gli eventi standard tramite il pixel e l'SDK di Facebook servono per osservare le azioni specifiche che le persone in genere intraprendono su siti Web e app, questi possono essere descritti come il linguaggio che il machine learning legge ed utilizza per comprendere quali eventi sono significativi per noi e di conseguenza usa per capire target, ottimizzazioni e le relative misurazioni.
Se l'evento che desideriamo monitorare non è disponibile come evento standard, possiamo personalizzare uno degli eventi standard con dei parametri, ogni tipo di evento standard ha i suoi parametri, se desideriamo monitorare in modo specifico le persone che cercano un determinato oggetto o categoria di oggetti nel sito web del nostro cliente, possiamo impostare un parametro, ossia informazioni aggiuntive come l'ID del suddetto prodotto, la sua categoria e tanto altro per monitorare questo evento standard, questo è

solo un esempio molto semplice delle potenzialità degli eventi, vedremo nei capitoli dedicati come utilizzare funzioni più avanzate.

Per quanto riguarda le conversioni personalizzate, queste non fanno parte del pixel ma sono un insieme di regole basate sull'URL e ci consentono di impostare una regola per tenere traccia delle persone che sono arrivate su una particolare pagina, che contiene una parola chiave nell'URL.

Le conversioni offline utilizzano invece "eventi offline" per raccogliere informazioni sui clienti con un CRM, un'API personalizzata o più semplicemente il caricamento manuale dei dati tramite foglio Excel, fogli Google o file CSV.

Utilizzando tutti questi strumenti in combinazione dove è possibile, potremo capire come le persone interagiscono con un determinato business in modo completo, per raggiungerle con annunci sempre più pertinenti e personalizzati.
La nostra strategia di marketing deve essere guidata dai dati, non da ipotesi o convinzioni ritenute assolute, dovremmo ragionare secondo il principio per cui ciò che funziona adesso, in questo momento, sia "statico" come se questo sia in qualche modo già obsoleto, e testare e riprovare le nostre tesi e strategie in un'ottica sempre nuova in funzione dei dati che estrapoleremo dal sistema.

Quando consideriamo i dati in fase decisionale, possedere le informazioni sulle interazioni tra gli utenti ed il business del cliente produce vantaggi veramente enormi, se poi li interpretiamo anche in modo corretto e li usiamo in modo intelligente miglioreremo la copertura dell'annuncio, la sua ottimizzazione e avremo abbastanza dati per la misurazione del nostro lavoro, aiutando il cliente a generare risultati di business reali tramite il sito web, la sua app, e nel suo negozio fisico.

Quando veniamo a conoscenza di una parte di pubblico del cliente che ci risulta la fascia più preziosa dei suoi acquirenti, proprio perchè sta comprando un determinato prodotto più costoso della media nel suo catalogo, sulla base dei dati raccolti tramite il sito web, incrociati con l'app mobile e le vendite in negozio, possiamo essere in grado di vedere come interagisce questa utenza specifica lungo il percorso di conversione rispetto agli acquirenti occasionali ed a questo punto potremmo segmentare questa utenza di alto valore, crearne una nuova in base a comportamenti simili a questi oppure alle altre persone che si sono già convertite (il già citato pubblico simile), potremo poi ottimizzare gli annunci con messaggi e offerte pertinenti in base a dove si trovano le persone nel funnel di conversione, e anche misurare più accuratamente il ROAS in base ad una visione più completa delle varie interazioni online e offline che le persone fanno con il marchio del cliente.

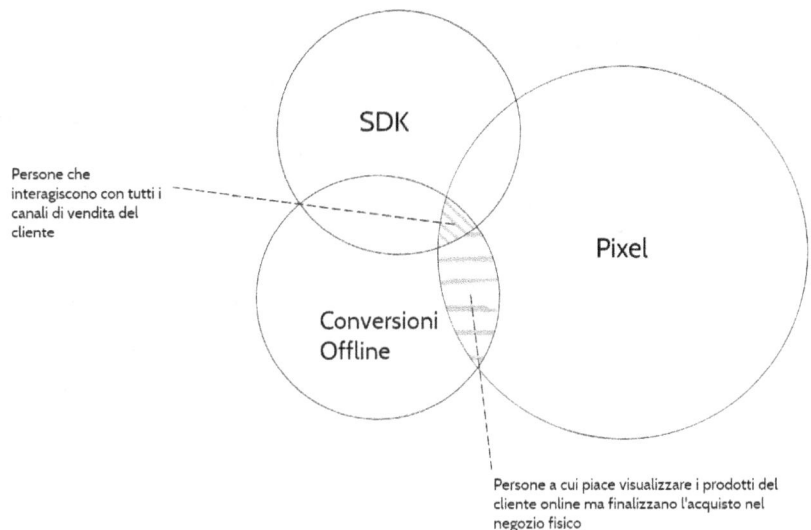

Utilizzeremo gli eventi anche per incoraggiare gli utenti ad intraprendere azioni sul sito web, app o in negozio fisico del cliente tramite l'ottimizzazione dell'obiettivo degli annunci per queste particolari azioni, da parte nostra tramite questi strumenti otterremo informazioni dettagliate su come i consumatori interagiscono con una certa azienda per poter formulare importanti considerazioni su come sfruttare questi dati per il targeting degli annunci futuri.

LE FONTI DEI DATI E TARGETING: L'OTTIMIZZAZIONE E MISURAZIONE

Abbiamo già discusso su come il machine learning ci permetta di personalizzare gli annunci per le diverse fasce di consumatori, e di come il sistema utilizza i valori di ciascuna fonte di dati per restituirci importanti segmentazioni di pubblico per raggiungere al momento giusto una determinata utenza.

Una volta che abbiamo installato le origini dati per il nostro cliente oppure ci viene comunicato che queste sono già presenti nei suoi canali di vendita, potremo sfruttare a pieno regime tutte le funzionalità messe a disposizione dal sistema per analizzare e fare targeting basati sulle interazioni avvenute, potremo successivamente ottimizzare ulteriormente la nostra azione pubblicitaria per obiettivi sempre più specifici, sapere come e quando i consumatori vedono le nostre inserzioni, nonché misurarne il successo in modo accurato, creare un pubblico personalizzato in base alle azioni che questo intraprende nei canali di vendita del nostro cliente e quindi raggiungerle con annunci sempre più pertinenti quando visitano l'intero ecosistema formato da Facebook, Instagram, Messenger e gli editori all'interno dell' Audience Network.

Se un nostro cliente ci chiedesse di coinvolgere gli utenti più in basso nel Funnel di conversione, potremmo creare un pubblico di persone che hanno abbandonato i loro carrelli e fornire loro annunci che promuovono esattamente i prodotti che hanno quasi acquistato, magari proponendogli anche un'offerta speciale, o ancora se ci chiedesse di pubblicizzare un nuovo prodotto a persone che hanno precedentemente acquistato creeremo un pubblico personalizzato di persone che hanno effettuato un acquisto di recente, quindi se hanno acquistato un determinato prodotto potremmo anche suggerire al nostro cliente di intraprendere una strategia di vendita di un altro prodotto analogo o complementare al precedente acquisto per questi utenti specifici attraverso una campagna da noi condotta, tutto ciò è possibile solo attraverso l'implementazione delle fonti dei dati che lavorano anche all'esterno dell'ecosistema di Facebook, usare le fonti dei dati insieme ad una strategia ben delineata vuol dire sfruttare a pieno regime le potenzialità del sistema.

Con i dati del pixel e dell'SDK, possiamo ottimizzare la pubblicazione degli annunci per restituirci risultati più specifici, se consideriamo eventi di alto valore per l'azienda come appunto le conversioni o le registrazioni completate ad un servizio specifico, unendole ad un pubblico target personalizzato ben definito, l'ottimizzazione della consegna dell'annuncio ci consentirà di raggiungere le persone che tendono a intraprendere l'azione che desideriamo questi intraprendano, su questo aspetto possiamo ottimizzare le campagne per otto distinti eventi di conversione a nostra scelta per ogni dominio web del cliente.

Mettendo in comunicazione le fonti dei dati con il sistema entrano in gioco anche la strategia del costo più basso ottimizzato per il massimo valore detta "Lowest Cost Optimized for Highest Value" e quella del ROAS minimo di cui abbiamo parlato nei capitoli precedenti, dove avevamo accennato che queste per essere selezionate avrebbero richiesto la comunicazione del sistema con le fonti dei dati, facendo ciò possiamo fare in modo che il nostro cliente possa generare più acquisti di un prodotto di alto valore, possiamo farlo selezionando l'obiettivo pubblicitario "Conversioni" per raggiungere le persone che per l'azienda in esame sono storicamente più propense a spendere più di altri in base alla registrazione delle azioni intraprese da questa fascia di consumatori nel sito web da parte del Pixel, oppure registrate dall'SDK o dai dati offline, quando pubblicheremo un annuncio avremo diverse ottimizzazioni tra cui scegliere, come già sappiamo queste variano in base all'obiettivo pubblicitario che andremo a selezionare tra le tre macro-categorie di consapevolezza, considerazione e conversione.

Dopo aver lanciato una campagna è fondamentale comprendere l'impatto dei nostri annunci, le fonti dei dati ci forniranno informazioni sulle azioni che i clienti stanno intraprendendo e hanno intrapreso dopo aver visto un annuncio, le fonti sono essenziali anche per la fase di report dei risultati e la misurazione, in conclusione possiamo dire che gli eventi hanno la triplice funzione di ottimizzazione della campagna pubblicitaria, fonte di creazione dei diversi pubblici e fonte dei dati per la misurazione delle performance.

CONSIDERAZIONI SULLA QUALITÀ DEI DATI

Abbiamo visto come ogni fonte di dati ha tutti i presupposti per essere un potente strumento nella strategia di marketing, il nostro ruolo consiste nell'accertare che i vari "punti di contatto" siano settati in modo razionale all'interno del processo di conversione (il funnel) ed utilizzare correttamente ogni fonte dei dati per fare raggiungere gli obiettivi aziendali prefissati ai nostri clienti.
Abbiamo già accennato come individuare certi aspetti fondamentali che caratterizzano l'attività economica di quest'ultimi, tuttavia dovremmo affrontare una vera e propria indagine in fase di colloquio con il fine di individuare i possibili punti di contatto da implementare nella nostra strategia complessiva.

In fase di preventivo dobbiamo ottenere informazioni sulle pratiche attuali dell'azienda per cui condurremo l'attività pubblicitaria, in primo luogo dovremmo capire il percorso dei loro utenti verso la conversione e soprattutto quali fonti dati abbiamo già a disposizione, o dovremmo utilizzare, per comprendere le azioni intraprese dalla loro utenza all'interno dei suoi medium pubblicitari sia digitali che tradizionali.

Per ogni evento all'interno del Funnel di conversione, sempre se il cliente ne abbia già almeno concettualmente costruito uno, dobbiamo identificare quali metriche dovremmo usare per comprendere il percorso di acquisto dei suoi utenti ed attribuire ad ogni punto di contatto una metrica, se l'azienda del cliente ha già implementato le fonti dei dati usiamo queste come guida, così potremo utilizzarle come basi per una strategia più efficace, oppure scoprirne i punti deboli, in assenza di fonti dei dati dovremmo risolvere il problema provvedendo direttamente alla costruzione di un Funnel di conversione personalizzato ed individuarne i punti di contatto chiamati "touchpoints", prima di condurre qualsiasi campagna pubblicitaria.

Più dati raccoglieremo più avremo una visione chiara delle prestazioni pubblicitarie, incrociandoli potremo trovare in maniera più accurata come gli utenti interagiscono con il brand del nostro cliente anche attraverso più canali.

Consideriamo che le normative sulla protezione dei dati si evolvono dinamicamente in molti paesi e le aziende devono adeguare di conseguenza le proprie pratiche di raccolta dati, il che richiede una certa capacità di adattamento da parte nostra, per mitigare questo fenomeno possiamo incorporare delle fonti di segnale più solide come delle soluzioni lato server, si prospetta in futuro che i browser Internet elimineranno gradualmente i cookie di terze parti, il che comprometterà il modo in cui potremo raccogliere informazioni sulle persone che visitano i siti web dei nostri clienti, ad esempio aziende come la Apple hanno iniziato a limitare l'accesso ai dati di monitoraggio degli annunci delle app, il che influisce sul modo in cui noi raccoglieremo informazioni da questa fonte di dati.

La crescente necessità della tutela della privacy prospetta uno scenario in cui anche altre realtà seguiranno questa politica, di conseguenza il sistema potrebbe avere meno dati a disposizione per mostrare contenuti affini agli interessi dei singoli utenti, tutto ciò infatti influirà direttamente sulla raccolta dei dati del Pixel e dell'SDK, in futuro le aziende dovranno adattarsi per diventare sempre più indipendenti dai browser, da parte nostra per fare fronte a questi cambiamenti potremmo installare le API di conversione nei siti web dei nostri clienti per prevenire potenziali problemi di pubblicità ed al contempo garantire la privacy degli utenti.

Installare le API di conversione o "API Conversions" online è facile da fare soprattutto se il provider del sito web del nostro cliente è nella lista partner di Facebook, altre soluzioni sono quelle di sfruttare l'ecosistema interno di Facebook come i servizi di messaggistica di Messenger e WhatsApp per sostenere esperienze personalizzate automatizzate e vendere direttamente i prodotti o servizi all'interno della piattaforma stessa tramite Facebook e Instagram, o ancora connettere le interazioni in negozio e altre interazioni offline per avere informazioni complete sul percorso di acquisto del cliente.

Affronteremo come verificare il dominio del nostro cliente nelle tre modalità possibili, il che è un requisito fondamentale in conseguenza a queste politiche, la misurazione dei dati tramite i cookie ha dei limiti e sempre più aziende o enti stanno cercando di bloccarli per passare ad una comunicazione lato server con le API, il che si prospetta essere il futuro per configurare le conversioni.

FONDAMENTI DELLA MISURAZIONE DEI RISULTATI

L'obiettivo della nostra azione pubblicitaria è raggiungere le persone giuste nel posto giusto per guidarle all'azione, una parte della pianificazione della strategia è anche capire i "Placements" in cui interagiscono gli utenti e l'impatto delle diverse strategie pubblicitarie in questi diversi posizionamenti.

Dovremmo misurare gli sforzi di marketing incrociando dati su diversi dispositivi e piattaforme andando oltre metriche come i semplici click o il coinvolgimento dei post detto "Engagement" come likes e condivisioni, che non ci daranno una giusta misurazione dei nostri sforzi pubblicitari se correlati ai risultati, almeno non in tutti i casi.

Se non usiamo un approccio olistico ma misuriamo invece le performance di annunci o campagne singolarmente, ci limitiamo nella comprensione dell'intero sforzo pubblicitario mandando in confusione il cliente in fase di rapporto dei risultati, quindi estrapoliamo quali variabili funzionano e concentriamoci sugli obiettivi e risultati aziendali, poi utilizziamo le informazioni in nostro possesso per adattare la strategia generale e guidare le campagne future, per avere una visione più chiara dovremmo distinguere tra "Dati", "Misurazione" e "Rapporti".
Quando un utente interagisce con i contenuti online, crea dati che possono essere di ogni tipo, oltre che le semplici informazioni demografiche, come età e sesso, questi dati ci forniscono informazioni sugli interessi degli utenti e sui loro comportamenti, la misurazione di questi dati invece è un processo "attivo" perchè creeremo la campagna in modo che si allinei agli obiettivi di business e decidendo le metriche chiave prima ancora che inizi la campagna stessa, queste sono decise in anticipo come abbiamo visto in precedenza.

I rapporti invece organizzano i dati in riepiloghi informativi come schemi o considerazioni scritte, per mostrare cosa è successo con le varie campagne che stiamo conducendo o abbiamo condotto, in gestione inserzioni o "Ad Manager" possiamo visualizzare diverse metriche o singoli tipi di dati, come copertura, impressioni o click sul sito, in modo da poter monitorare le prestazioni della campagna anche in tempo reale.
Ricordiamoci di misurare dati che hanno valore reale per il nostro cliente, dinuovo, non facciamo affidamento su metriche vane, come i likes o le condivisioni, perchè queste non riflettono il successo delle nostre campagne, l'obiettivo è raggiungere risultati reali per l'azienda, come vendite e acquisti oppure accrescere la consapevolezza del marchio ed il richiamo pubblicitario dell'annuncio, non è detto che i likes e le condivisioni portino a questi risultati, queste metriche sono dette "metriche proxy" perchè registrano un certo

traffico o interazioni che sono di rapida consultazione ma che da sole non hanno una relazione chiara con i veri risultati aziendali se non inserite in una strategia complessiva, che potrebbe essere ad esempio la segmentazione di un pubblico che ha effettuato questo tipo di "Engagement" con l'azienda perchè ritenuto importante in una determinata fase del funnel di conversione.

Come detto in precedenza, settiamo delle metriche chiare, i KPI devono essere rilevanti, se un nostro cliente vuole aumentare le vendite del 30% in un anno, oltre a preparare una campagna incentrata sulla conversione su Facebook e altri canali utilizzeremo il numero totale di vendite online cioè le conversioni come KPI principale, quindi come metrica. Potrebbe anche capitare durante questo anno esempio oppure in un certo periodo all'interno di questo di riscontrare che i click sugli annunci sono alti come anche le visualizzazioni ai video, e renderci conto che queste metriche non sono state determinanti perché non tutti coloro che hanno cliccato un annuncio o visto un video hanno poi concretizzato l'acquisto, quindi tali misurazioni in questo caso non confermerebbero se gli annunci hanno raggiunto il loro obiettivo, il KPI delle conversioni online effettive risulta la metrica migliore in questo caso per capire se abbiamo raggiunto il 30% di vendite in più, da incrociare con le vendite online dell'azienda nell'anno precedente.

Una volta che abbiamo settato i punti di contatto, settato dei parametri di misurazione per ogni punto, raccolto i dati ed infine visualizzato i rapporti, è compito nostro stilare delle considerazioni su queste basi riguardo l'andamento della campagna pubblicitaria sia durante che al termine della stessa, e comunicarle al cliente, queste dovrebbero spiegare come la nostra campagna ha raggiunto i risultati che abbiamo osservato, oltre che essere la guida su come potremmo migliorare le future strategie, o elementi che compongono l'inserzione stessa.

I rapporti visibili nell'Ads Manager ci danno un resoconto dei nostri annunci, il che ci permette di valutare i risultati delle nostre campagne come ad esempio quante persone hanno visto o risposto all'annuncio ed i costi per ottenere tali risultati, se abbiamo integrato il Pixel nel sito del nostro cliente, o l'API di conversione, vedremo anche i risultati delle conversioni in questo senso il che è fondamentale per giustificare l'azione pubblicitaria.

Possiamo mettere a confronto le diverse campagne e verificare la loro efficacia in termini di costi, inoltre identificare alcune opportunità di miglioramento anche nel bel mezzo della campagna stessa, questo ci consente se necessario di cambiare rotta, ad esempio, potremmo scoprire che tra tutte le campagne in atto incentrate sulle conversioni che stanno utilizzando un certo formato hanno un costo per risultato molto più basso rispetto alle precedenti campagne di conversione che utilizzavano un formato diverso, in questo caso sappiamo come comportarci in futuro.

Un elemento che oltre a chiarire come funziona la registrazione ci permette di comprendere la salvaguardia della Privacy è l'UID, potrebbe capitare che un cliente ci chieda come Facebook faccia a raccogliere dati sugli utenti su più piattaforme e dispositivi anche al di fuori del suo ecosistema, ed allo stesso tempo garantire la loro privacy quando visitano ad esempio anche un sito web esterno.
Facebook crea degli identificatori utente detti "UID", questo è un numero unico che il sistema assegna a ciascun account utente, mentre una persona ha effettuato l'accesso, il sistema associa quell'UID a tutte le azioni che intraprende, indipendentemente dal browser o dal dispositivo, memorizzando informazioni come interessi, comportamenti e dati demografici, è grazie agli UID che il sistema riconosce le azioni correlate a una singola persona.

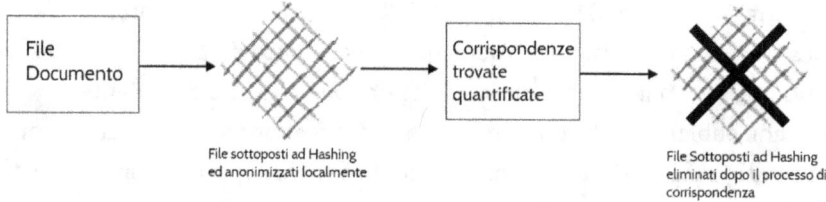

File sottoposti ad Hashing ed anonimizzati localmente

File Sottoposti ad Hashing eliminati dopo il processo di corrispondenza

Gli UID consistono in una sequenza alfanumerica al cui interno non sono memorizzate informazioni di identificazione personale, il sistema poi utilizza l'hashing dei dati anche per darci le corrispondenze sulle conversioni, questo vuol dire che un algoritmo traduce i dati originali in dati con "hash" ossia dati crittografati riconoscibili solo dalla sua corrispettiva chiave di hashing, composta da un altro algoritmo che ripristina i dati nella loro forma originale, se il nostro cliente è preoccupato per la privacy dei suoi utenti facciamo notare che questa è una misura di sicurezza aggiuntiva per mantenere intatta la privacy, inoltre Facebook non condivide mai informazioni dal suo sito web con i concorrenti o terze parti.

LA MISURAZIONE: CORRELAZIONE E CAUSAZIONE

Nella misurazione delle performance Facebook ci offre diverse soluzioni, di base gratuite, che possiamo trovare nella sezione "esperimenti", questi si dividono in due categorie; i test per correlazione cioè i test "A/B" e quelli per causazione formati da gruppi di controllo e gruppi di test, come l'indagine sul marchio chiamato "Brand Lift Survey" detto anche "Brand Lift Test".

Dopo aver lanciato una campagna, al suo termine dovremmo avere una prova esplicita che ci dica se abbiamo veramente incrementato la percezione del marchio del cliente, oppure se è stato proprio merito della nostra campagna pubblicitaria aver incrementato questa percezione oppure no, il cliente d'altra parte si chiederà se vale la pena investire ancora in pubblicità online, quello di cui dovremo rispondere è anche di quanto è aumentata questa percezione in numeri, se il cliente ha avuto il 20% in più di vendite il mese scorso dobbiamo essere in grado di capire anche se questo incremento è stato portato dalle campagne che abbiamo realizzato noi magari uno o due mesi prima, o da altri fattori.

Chiediamoci sempre noi stessi per primi se vale la pena investire soldi in una determinata campagna, non solo grandi business se lo chiederanno prima di noi ma anche medie e piccole imprese, ed a maggior ragione piccole realtà territoriali.

Per rispondere a queste domande oltre che interpretare i rapporti, abbiamo l'opportunità di effettuare anche diversi test per capire in che misura le nostre campagne sono efficienti ed individuare a quali campagne fornire più liquidità oppure quali fermare, i test per correlazione e per causazione al primo impatto potrebbero sembrare uguali, ed è essenziale comprenderli in quanto questi sono due concetti base anche della ricerca scientifica.

Parliamo di correlazione quando vogliamo vedere la relazione tra due variabili, ma questa comunque non ci fornisce una spiegazione causa effetto, o meglio, l'esistenza di una correlazione non stabilisce che esiste una relazione causale tra le due variabili, quindi una affermazione che enfatizza la correlazione tra due variabili non implica automaticamente che una causi l'altra.
La correlazione tra due variabili deve avere un nesso logico, in caso contrario la correlazione si dice "spuria", per evitare questo tipo di errori basta in molti casi il semplice buon senso, in altri invece provoca in modo subdolo un errore di giudizio nelle nostre decisioni, ad esempio quando tra le due variabili che abbiamo correlato vi è anche una terza variabile che nasconde il vero nesso di causalità con una delle prime due, in ogni caso

la correlazione non può essere paragonata ad una causazione perchè una variabile non causa l'altra quindi non vi è nesso causale, la correlazione è solo un primo passo verso la causazione.

Ad esempio, potremmo affermare che durante un incendio più questo stia causando vittime, più pompieri sarebbero coinvolti nell'estinguerlo, la correlazione tra il numero di vittime ed il numero di pompieri che stiamo osservando all'opera risulta logica, ma è ugualmente assurdo affermare che se avessimo il potere di decidere quanti pompieri impiegare durante un incendio, il numero di vittime diminuirebbe al diminuire dei pompieri impiegati, meno pompieri non causano meno vittime, inoltre meno vittime non richiederebbero meno pompieri, la correlazione in questo caso non tiene conto di una terza variabile che è la dimensione dell'incendio stesso, il vero motivo per cui stiamo osservando un determinato numero di pompieri.

Per capire cos'è la causazione invece, possiamo affermare per assurdo che se potessimo tornare indietro nel tempo per cambiare una sola piccola cosa nella linea del tempo, una sola variabile, per poi metterla a paragone con la linea temporale effettiva che stiamo vivendo, allora potremmo osservare cosa è successo a causa del cambiamento attuato, ed attribuire a quel cambiamento gli effetti sulla linea temporale presente, infatti uno degli obiettivi principali degli esperimenti scientifici è quello di controllare le variabili nel miglior modo possibile, ed è la stessa cosa con la nostra azione pubblicitaria.

Tramite la correlazione utilizzando un test A/B quindi, cerchiamo il livello di correlazione tra le variabili che andremo a selezionare ma questa non ci dirà la causa-effetto, questo è il concetto chiave.

Di solito quando parliamo di correlazione parliamo di un valore che spazia da -1 a 1 che misura la sua "forza", una correlazione positiva avrà come valore 1 che si traduce in una correlazione tra i due valori valida al 100% in senso positivo, mentre il valore -1 si traduce in una correlazione tra i due valori valida al 100% nel senso opposto, il valore 0 indica invece che non vi è nessuna correlazione tra i due valori in esame.

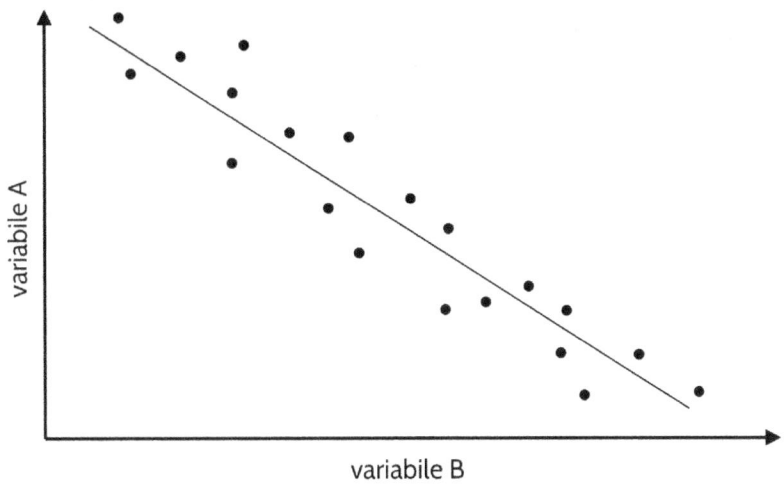

Guardando il grafico notiamo come due variabili che potrebbero essere ad esempio "A" il CPC cioè il costo per click, e "B" l'engagement rappresentino una correlazione forte e negativa, questo perchè all'aumentare dell'engagement di un post diminuisce il CPC cioè il costo per click, quindi più persone cliccheranno sulla nostra campagna meno costerà un risultato, siamo in presenza di una correlazione negativa e forte, per "negativa" non significa che le variabili non siano correlate ma che lo sono in senso opposto cioè all'aumentare di una diminuisce l'altra, forte perchè i valori si avvicinano alla linea essendo correlati, nel nostro esempio tra CPC ed Engagement i punti sul grafico seguirebbero esattamente la linea perchè correlati in maniera diretta.

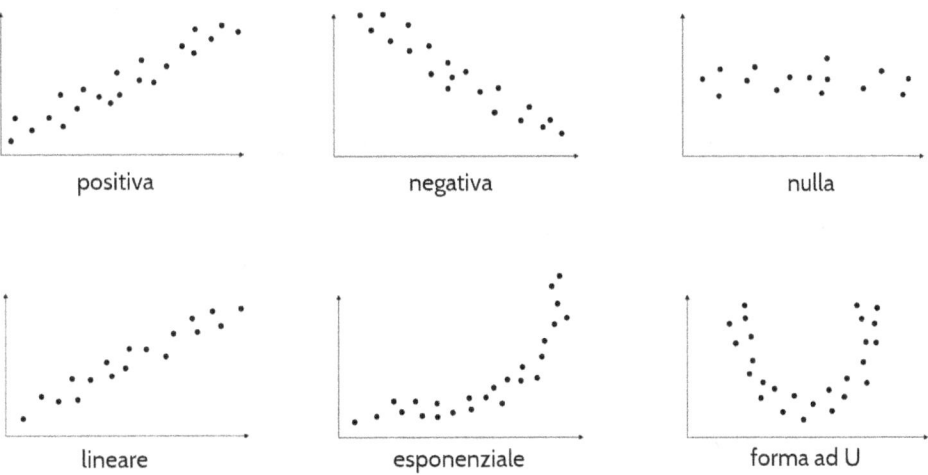

Una correlazione pari a 0 quindi "nessuna correlazione" verrà rappresentata nel grafico come dei punti sparsi perchè non vi è nessuna correlazione tra le due variabili, la correlazione è debole, lo scopo nel nostro lavoro tramite questo strumento è quello di capire in che misura due variabili sono correlate per agire di conseguenza.

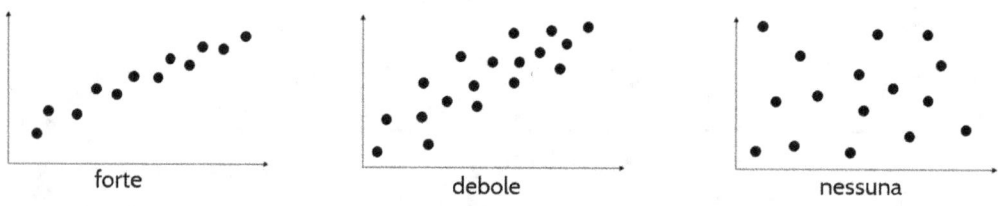

Ai fini pubblicitari eseguiremo un Test A/B quando vogliamo cercare di determinare come variabili diverse di una nostra inserzione performano in relazione ad un'altra, cambiando un pubblico o cambiando la parte creativa cercando di capire ad esempio se una immagine performa meglio di un video, determiniamo quindi gli effetti di un cambiamento all'interno della campagna tra due versioni, un concetto chiave del Test A/B è che stiamo mostrando il nostro annuncio a due distinti gruppi di test in cui ognuno vede la propria versione.

Ad Esempio, se il nostro cliente ci comunica la volontà di testare annunci con una parte creativa diversa per ogni versione utilizzeremo il test A/B confrontando le prestazioni di due versioni creative diverse dello stesso prodotto indirizzati verso un pubblico diviso in due gruppi non sovrapposti, siccome tutti gli altri elementi dell'annuncio sono rimasti gli stessi, siamo in grado di identificare quale tipo di creativa ha funzionato meglio.

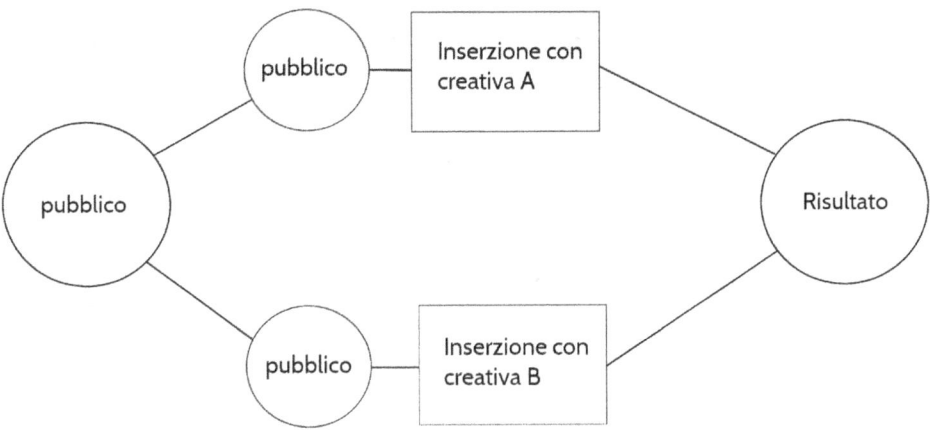

Tuttavia non possiamo affermare che il pubblico ha più consapevolezza del marchio del nostro cliente o no grazie alla versione pubblicitaria migliore che ci indica il sistema tramite un test A/B, per affermare questo abbiamo invece bisogno di un gruppo che vede il nostro annuncio detto "gruppo di test" e un gruppo che invece non lo vede detto "gruppo di controllo", un gruppo di controllo è un gruppo casuale di persone a cui il sistema non mostra il nostro annuncio.

In breve quello che cerchiamo di capire veramente con il test A/B è trovare la versione migliore del nostro annuncio solo tra due versioni, quella che performa meglio cambiando una variabile alla volta.

Utilizziamo un test per causazione invece per misurare il vero impatto del nostro annuncio, il sistema confronta quindi i risultati del gruppo di test che lo può vedere, con il gruppo di controllo che non lo può vedere e qualsiasi differenza osservata viene chiamata "aumento" o "Lift" che riflette il nostro risultato, con il test di indagine sul marchio chiamato "Brand Lift" o "Brand Survey Lift" possiamo veramente capire se il nostro annuncio ha fatto la differenza anche solo per il fatto di averlo mostrato, proprio grazie all'utilizzo dei due gruppi.

L'indagine sul marchio, per l'appunto ci consente di utilizzare un sondaggio per misurare l'effetto incrementale che la nostra pubblicità ha sulla consapevolezza del marchio, sulla percezione o sul ricordo del Brand del nostro cliente, dopo aver diviso i due gruppi infatti sonderemo il pubblico con domande condivise che possiamo scegliere e personalizzare in base agli obiettivi aziendali, dopodichè il gruppo di test che è esposto al messaggio pubblicitario e il gruppo di controllo che non lo è vengono interrogati e viene analizzata la differenza nelle risposte tra i due gruppi per vedere il vero impatto che ha avuto l'annuncio.

Finita la fase di test riceveremo tre metriche tra cui un numero stimato di utenti che riflette l'incremento stimato delle persone che si sono ricordate di aver visto l'annuncio, il costo incrementale per persona che riflette gli utenti che si sono ricordati di aver visto il nostro annuncio in base al nostro budget e l'incremento del punto percentuale ossia la differenza nella percentuale di persone che ricordano di aver visto l'annuncio nel gruppo esposto rispetto a quelle nel gruppo di controllo, tutte queste metriche saranno disponibili anche per sondare anche l'associazione dei messaggi pubblicitari o la preferenza rispetto ad altri prodotti, servizi o competitors e l'intenzione di acquisto.

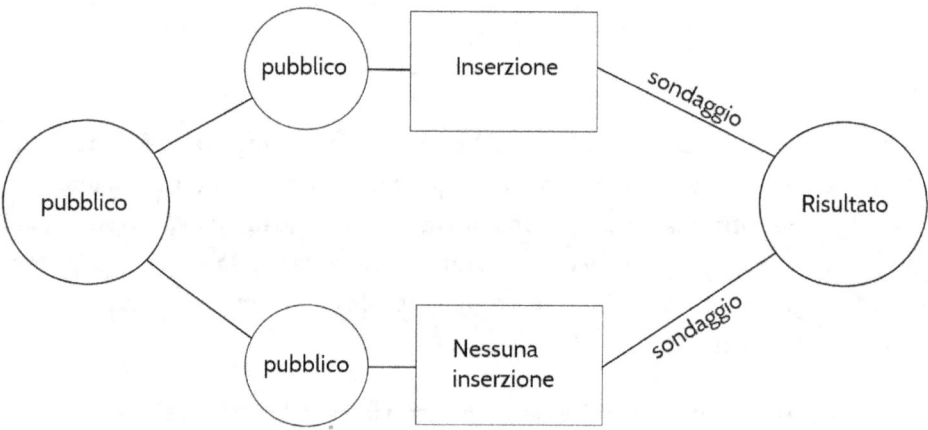

IL MARKETING MIX MODEL E PARTNERS

Se i nostri clienti seguono già una strategia pubblicitaria online potrebbero avere anche altri canali su cui stanno proponendo i loro prodotti o servizi, inoltre per raggiungere i loro obiettivi di marketing le campagne pubblicitarie potrebbero essere eseguite anche su piattaforme non online e potrebbe accadere di dover misurare l'azione pubblicitaria anche su canali offline come televisione, radio o stampa, in questo caso facciamo riferimento al "marketing mix modeling", chiamato anche "MMM" o "media mix modeling", questo consiste in un'analisi statistica basata sui dati che quantifica l'impatto incrementale delle vendite e il ROI delle attività varie di marketing.

Il marketing mix modeling è una soluzione per la misurazione olistica delle vendite che avvengono su più canali, sia online che offline, usa i dati storici per quantificare l'impatto sulle vendite considerando un ampio insieme di variabili, avremo un modello che ci aiuta a capire cosa ha influenzato le vendite passate e potremo prevedere cosa potrebbe accadere in seguito, ad esempio ci consentirebbe di capire qual'è stato il ROI della pubblicità televisiva per l'anno precedente, oppure ci darebbe la misurazione del rendimento tra la pubblicità online rispetto a quella offline, in questo modo possiamo prendere decisioni informate sugli investimenti tra i diversi media.

Per determinare l'impatto delle diverse variabili sulle vendite vengono utilizzati i dati storici, la costruzione del modello inizia identificando tutte le diverse variabili che possono avere un effetto, prendendo in considerazione sia variabili che riguardano il marketing come la pubblicità offline, le sponsorships ed i canali online, e altre che non lo riguardano come la stagionalità, inflazione e concorrenza.

Viene realizzato un modello utilizzando l'econometria ossia un'analisi basata su ipotesi attraverso l'uso di metodi matematici e statistici per quantificare l'impatto dei fattori rilevanti su un particolare KPI, questi includono entrate o unità di vendita, transazioni, traffico in negozio, visite web e metriche riguardanti il marchio, come la considerazione.

Grazie a questo modello potremo avere approfondimenti sull'allocazione del budget, e capire qual'è il budget pubblicitario ottimale, la migliore distribuzione tra i diversi canali, dove dovremmo investire il prossimo budget pubblicitario oppure come dovremmo distribuire l'investimento pubblicitario nel corso dell'anno.

Il marketing mix modeling ci aiuta a guidare le decisioni strategiche anche oltre le questioni di marketing, da questo tipo di rapporti possiamo capire quanto e se il nostro cliente potrebbe aumentare i prezzi, se le promozioni aiutano ad aumentare il valore incrementale dell'azienda oppure capire se gli obiettivi riguardo i risultati sono ragionevoli o meno.

Ad esempio tramite uno studio di marketing mix modelling potremmo scoprire che il 40% del budget di marketing totale del nostro cliente che è stato investito in TV nell'anno precedente ha contribuito solo per il 15% alle conversioni osservate, su questa base potremmo ad esempio consigliare di trasferire parte del budget televisivo alla pubblicità online per il prossimo anno.

Un esempio pratico, se settassimo come KPI le unità vendute e volessimo stimare quante sarebbero le unità di vendita al cambiare di tre variabili, il prezzo, il TVR ossia i punti di valutazione TV e le impressioni su Facebook, verrebbe costruito un modello di marketing mix simile a quello mostrato sulla base dei dati raccolti nell'anno precedente, in cui i coefficienti nell'equazione riflettono ogni variabile per il KPI preso inizialmente in esame, ad esempio:

Unità di vendita = 12'000 - (3000*Prezzo) + (1000*TVR) + (4.000*Impressioni FB(mm)

Ricordiamoci che (m) nel linguaggio finanziario corrisponde a "mille" come il CPM sta per a "costo per mille", "mm" corrisponde ad un milione ossia "1000 · 1000" (m · m) anche se in ambito internazionale si potrebbe usare anche la lettera "m" per indicare i milioni.

Ora che abbiamo questo modello di marketing mix sulla base di dodicimila unità vendute in un dato arco di tempo, sappiamo che se i prezzi aumentassero di un euro, le unità di vendita potrebbero diminuire di tremila unità, se il TVR aumentasse di un punto, le unità di vendita aumenterebbero di mille e un milione di impressioni in più su Facebook corrisponderebbero a quattromila vendite in più, questo è un modello esemplificativo, in realtà saranno presenti più variabili ad influenzare un KPI specifico.

Per fornirci questo tipo di dati Facebook collabora con un diverso numero di partner MMM consultabili nella pagina dedicata ai partner nella misurazione, è pratica comune per una azienda che questa assuma una terza parte per costruire il proprio modello di marketing mix iniziale nel caso usasse anche canali offline piuttosto che crearlo all'interno dell'azienda stessa, per poi farlo condurre da un team interno oppure da un'agenzia, i partner vengono chiamati in causa quando il cliente desiderasse anche informazioni diverse da quelle che il sistema ci può fornire, dato che il sistema tiene traccia delle conversioni online e non include le conversioni che avvengono offline nel senso proprio cioè fuori dall'ecosistema di internet, in questi casi, contatteremo un partner di attribuzione di terze parti.

Tuttavia se il nostro cliente non sta usando canali offline come la TV o la stampa, e ci dovessimo occupare noi dello sviluppo di un modello di marketing online, i risultati sarebbero più fedeli, pratici e attuabili perché saremmo noi stessi a misurare, pianificare ed acquistare i media per conto del cliente, nonché a costruire un Funnel di conversione a misura di azienda e determinare i vari touchpoint al suo interno.

D'altra parte ad alcuni clienti potrebbero sorgere dubbi, in quanto oltre che a pianificare una strategia di marketing e acquistare i media per loro conto, riporteremo anche il nostro successo, nonostante ciò di cui abbiamo parlato in materia di report dei risultati nei capitoli precedenti ed alla luce del fatto che a fine anno il nostro obiettivo sarà quello di aumentare il numero di vendite per il nostro cliente per poi riportarle con dati difficilmente equivocabili, consideriamo che molte aziende potrebbero preferire lavorare anche con una parte indipendente.

L'ACCESSO ALLE RISORSE DEL CLIENTE ED I RUOLI NEL BUSINESS MANAGER

Durante la nostra attività giungeremo al punto di gestire più clienti ed ancora più "assets", condurremo le loro pagine e campagne nel "business manager" cioè la piattaforma centrale con cui potremo curare le loro attività di marketing e risorse pubblicitarie, al suo interno tracceremo anche le prestazioni di più pagine e account, inoltre lo strumento ci consentirà di collaborare con un team composto da una moltitudine di persone.

Gli account pubblicitari, le pagine, i vari pubblici, l'insieme di eventi ed i cataloghi dei prodotti, così come le origine dei dati, ossia tutte le risorse del cliente di cui abbiamo parlato nei capitoli precedenti vengono gestite all'interno di questo strumento, in questo modo possiamo svolgere la nostra attività con le risorse pubblicitarie aziendali, ma la proprietà di queste risorse rimarrà dei clienti stessi, usando il business manager il cliente può detenere il controllo definitivo delle sue risorse con la libertà e flessibilità di cambiare agenzia per la conduzione delle sue campagne pubblicitarie, nel caso in futuro ne abbia bisogno.

Per gestire queste risorse possiamo o aspettare che quest'ultimo configuri il suo business manager, crei le risorse e poi ci conceda l'accesso come partner pubblicitario a queste, oppure richiedere dal canto nostro l'autorizzazione per gestirle, questa è la soluzione più usata dalle agenzie in quanto ci permette di avere sotto controllo tutte le risorse ovvero gli "assets" per più clienti in un unico posto.

Se il nostro futuro cliente non ha un business manager, mettiamo in preventivo la sua creazione, questo ha dei vantaggi che riguardano il controllo per i motivi sopra citati, la "privacy" perchè il team che lavora per un business non deve per forza essere amico su facebook o instagram e quindi conoscersi preventivamente oppure condividere informazioni personali per lavorare insieme, e vantaggi che riguardano la sicurezza perché l'amministratore del business manager può usare una autenticazione a due fattori, il che è vantaggioso nel caso di acquisto della pubblicità o nel settaggio dei limiti di spesa dell'account pubblicitario così come la concessione di autorizzazioni per il team all'interno dello strumento.

Individuiamo anche vantaggi che riguardano l'efficienza perché creando un business manager avremo una visione completa delle performance di tutti gli asset aziendali, inoltre senza un business manager non è possibile utilizzare le "custom audiences" quindi i pubblici personalizzati in quanto mancherebbero le risorse come il Pixel, l'SDK, e gli API di conversione per creare questa tipologia di pubblico, che per la maggior parte dei casi risulta quello che porta più valore per l'azienda.

Infine le risorse pubblicitarie sono legate al business manager e non ad una singola persona, il che riduce i rischi di perdere ogni asset se questa o quella persona che gestivano una determinata risorsa non lavora più per l'attività del cliente, tramite il business manager dunque creiamo una identità pubblicitaria aziendale, spieghiamo sempre al cliente i vantaggi del business manager in quanto al primo impatto gestire questo aspetto del sistema pubblicitario potrebbe sembrare un'operazione più complessa di quella che è realmente.

Il business manager andrebbe utilizzato inoltre se più di una persona lavora al marketing o comunque se più di una persona gestisce l'attuale presenza aziendale su facebook o instagram, ed al contempo il cliente desidera mantenere la proprietà di tutte le pagine, gli account pubblicitari e le risorse.

Per creare un business manager dobbiamo fare il login su facebook, il sistema usa il profilo personale per verificarlo e per fare in modo anche che non sia necessaria un'altra password, l'account deve essere quello del titolare, andiamo poi nella pagina "business.facebook.com" e clicchiamo su "crea account" e dopo aver completato i campi richiesti, possiamo aggiungervi all'interno le pagine, gli account pubblicitari e le persone o partners nel nostro caso.
L'avere una pagina è un requisito per usare il Business Manager, potremo da qui aggiungere una pagina che già gestisce il cliente e che ha creato in precedenza, richiedere l'autorizzazione per gestire una pagina che appartiene a qualcun altro o creare una nuova pagina direttamente da qui.

In secondo luogo possiamo aggiungere un account pubblicitario chiamato "Ad account" questo è l'identità con cui il cliente imposta le campagne pubblicitarie, paga per gli annunci e visualizza il rendimento della campagna, viene utilizzato il solito Ad account per tutte le campagne pubblicitarie sull'intero ecosistema di facebook, se stiamo creando un account pubblicitario per conto del cliente facciamo attenzione ai dati che inseriamo perchè questo una volta creato non può essere cancellato.
Infine aggiungiamo le persone che devono lavorare sulla Pagina o sull'account pubblicitario, o comunque ogni risorsa disponibile, ogni persona riceve quindi un invito a unirsi al business manager tramite una email, in base al ruolo che questa ricopre nell'azienda, non stiamo parlando di partners come agenzie pubblicitarie ma di dipendenti dell'azienda.

Il sistema infatti ha gerarchie di ruoli per gli account pubblicitari, le pagine e per lo stesso business manager, dobbiamo infatti distinguere due scenari, il primo riguarda i ruoli per le persone che lavorano all'interno dell'azienda e il secondo se le persone lavorano al di fuori dell'azienda, questo ci farà capire anche il nostro posto nella gerarchia, nel caso stessimo lavorando direttamente per l'azienda come dipendenti o per una agenzia pubblicitaria per un cliente sempre da dipendenti oppure se siamo ricopriamo il ruolo di agenzia pubblicitaria partner.

Nel primo scenario, se il business Manager appartiene all'azienda, possono essere aggiunte persone al suo interno ed essere assegnate a ciascuna persona i privilegi di dipendente o "employee" e amministratore o "admin" questi riflettono il grado di controllo, questo è il caso in cui fossimo dipendenti strettamente solo dell'azienda in oggetto e ci occupassimo del marketing esclusivamente alle sue dipendenze.

Per quanto riguarda il livello "employee" questo riflette il livello base dei privilegi, il titolare dell'azienda o comunque l'amministratore del business manager (l'admin) assegnerà a ciascun dipendente un ruolo per ogni risorsa su cui questo deve lavorare, il livello di admin verrà assegnato automaticamente dal sistema a chiunque configuri il business manager per la prima volta, questo dovrebbe essere il titolare in quanto può anche decidere i nuovi ruoli in quanto amministratore, e almeno anche un'altra persona per fungere da backup quando la prima non fosse disponibile, ergo il referente affidabile a cui comunicheremo i cambiamenti all'azione pubblicitaria, di cui parlavamo nei capitoli precedenti durante la fase di colloquio con il cliente.

Se invece il cliente si sta affidando a noi come professionisti esterni o agenzia pubblicitaria esterna, il cliente ci aggiungerà al suo business manager ed alle sue risorse come partner commerciali o ne chiederemo l'accesso da parte nostra, questo oppure un amministratore delegato ci concederà l'accesso alle sue risorse singolarmente, dopo aver deciso quale risorsa affidarci ci permetterà un determinato grado di controllo su di questa.

Da parte nostra se abbiamo dei dipendenti nella nostra agenzia pubblicitaria, in quanto amministratori di un certo asset dell'azienda del cliente, assegneremo a nostra volta i ruoli alla risorsa in base ai nostri dipendenti come riteniamo opportuno, quindi se avessimo alle dipendenze un manager della comunità ovvero un "community manager" che lavorerà con noi per la gestione della comunità della pagina del cliente, dopo aver chiesto o comunque ottenuto l'asset della pagina da moderare, assegneremo direttamente noi in quanto amministratori della risorsa del cliente il community manager come "moderatore" della pagina, i vari ruoli sintetizzano le risorse con cui una certa persona dovrà operare ed i suoi privilegi al suo interno, fatta questa differenza sostanziale a livello di business manager parliamo adesso delle gerarchie di ruoli per gli account pubblicitari e le pagine.

Per quanto riguarda gli account pubblicitari abbiamo tre ruoli;
Amministratore o "Admin" per chi ha responsabilità a livello di gestione per le campagne

pubblicitarie, ha il potere di creare e modificare annunci, visualizzare rapporti, modificare metodi di pagamento e assegnare ruoli all'account pubblicitario.
Inserzionista o "advertiser" per le persone responsabili delle campagne pubblicitarie, ha il potere di creare annunci, modificare annunci e visualizzare rapporti, infine abbiamo l'analista o "Analyst" per le persone che monitorano le prestazioni delle campagne, ha il potere di visualizzare annunci e rapporti.

Per quanto riguarda le pagine invece abbiamo cinque ruoli;
Amministratore o Admin per le persone che hanno responsabilità a livello dirigenziale nella presenza del marchio sulle piattaforme social, questo ruolo ha il potere di modificare la Pagina, rispondere ed eliminare commenti sulla Pagina, inviare messaggi e pubblicare contenuti come Pagina, creare e modificare annunci, visualizzare approfondimenti e assegnare ruoli alla Pagina.
L'editor è il ruolo per le persone che gestiscono i contenuti del brand sulle piattaforme social, ha il potere di modificare la pagina, rispondere ed eliminare commenti, inviare messaggi e pubblicare contenuti come pagina, creare annunci con l'identità della pagina, modificare annunci e visualizzare approfondimenti.

L'Editor è diverso dal ruolo del moderatore, quest'ultimo è affidato alle persone responsabili del servizio clienti sulle piattaforme social con il potere di rispondere ed eliminare commenti sulla pagina, inviare messaggi come pagina, creare annunci, modificare annunci e visualizzare approfondimenti.
L'inserzionista o "advertiser" è il ruolo affidato alle le persone responsabili delle campagne pubblicitarie che lavorano all'interno dell'azienda, con il potere di creare annunci, modificare annunci e visualizzare i rapporti, diverso dal ruolo dell'analista o "Analyst" adatto alle persone che monitorano solamente i rapporti delle campagne pubblicitarie.

Ricordiamoci che se il nostro cliente ha più sedi in diversi paesi non dovrebbe avere come asset una pagina comune ma una "Global Brand Page" che ha al suo interno più "location", una per ogni paese in cui l'azienda opera, questo permette di avere più aree geografiche sotto controllo e garantisce una localizzazione delle inserzioni per ogni paese, se ci dovesse capitare di gestire la pubblicità per un'azienda che opera internazionalmente quindi non creiamo più pagine per ogni paese, se invece il cliente possiede un'attività con più sedi in franchising nello stesso paese apriremo una pagina e vi creeremo all'interno più sedi, in questo modo potremo garantire maggiore visibilità per le singole sedi, usare le funzioni di "localizzazione" nelle inserzioni ed avere una gestione semplificata.

Il business manager ci consente anche di monitorare il budget e scegliere il metodo di pagamento, in qualità di inserzionisti potremo pubblicare campagne pubblicitarie pagate dai nostri clienti e come abbiamo visto nei capitoli precedenti prima di lanciare una campagna pubblicitaria dobbiamo impostare il budget a livello campagna oppure a livello Ad Set, impostando poi un budget giornaliero "Daily Budget" oppure un budget per tutta durata della campagna "Lifetime Budget" avendo la possibilità di scegliere anche una CBO.

Il sistema addebita l'intero importo del budget della campagna al termine della sua impostazione e dopo aver confermato il relativo acquisto, nel senso che se impostiamo un budget giornaliero di 30 euro e la campagna viene pubblicata per cinque giorni, pagheremo 150 euro alla conferma di acquisto della campagna, in alternativa abbiamo la possibilità di chiedere una "linea di credito" in questo modo anziché pagare appena dopo la configurazione della campagna, possiamo far ricevere al nostro cliente una fattura mensile, per fare ciò però dovrebbe sostenere una spesa pubblicitaria mensile minima, quando il cliente sarà idoneo riceverà una notifica nel business manager ed una volta ricevuta l'approvazione comparirà come metodo di pagamento al suo interno.

All'interno di questo strumento principale che è il business manager possiamo anche settare un limite di spesa dell'account, che consiste in un limite complessivo alla quantità di denaro che l'account pubblicitario di facebook può spendere nella totalità delle campagne pubblicitarie che il cliente sta sostenendo e che da parte nostra stiamo gestendo, questa opzione è fondamentale in quanto senza un limite impostato potrebbe accadere di vedere più budget speso del previsto, questo può succedere per vari motivi, impostare un limite di spesa dell'account assicura di non spendere più di quanto si è concordato con il cliente per gli annunci in modo sicuro e nella totalità delle campagne che condurremo, ad esempio settando un limite di spesa alla campagna singola o usando un "lifetime budget" di mille euro le campagne o set di annunci si fermeranno una volta raggiunta la somma di mille euro, mentre se usiamo un budget giornaliero di 100 euro le cose potrebbero andare diversamente, perché in alcuni giorni potrebbero essere spesi fino a centoventicinque euro (la regola del 25%) e altre volte meno, inoltre non verrà speso più di sette volte il budget giornaliero in una settimana di calendario da domenica a sabato (la regola dei sette giorni).

Fare questa precisazione nell'uso del budget può sembrare confusionario, in realtà dobbiamo ricordarci che useremo il budget giornaliero se volessimo ottenere risultati giornalieri quindi spendere il budget ogni giorno senza un limite impostato o un limite impostato con molto margine, in quanto impostare un limite al gruppo di inserzioni potrebbe inficiare la consegna dell'inserzione, il nostro limite in questo caso sta nella regola del 25% e dei sette giorni.

Se in un account pubblicitario inoltre abbiamo due campagne distinte, in cui nella prima abbiamo un set di annunci con un lifetime budget composto da due inserzioni e nella seconda campagna un tipo di acquisto con il daily budget con inserzione singola, settando nell'account pubblicitario un limite di spesa di mille euro, le campagne si fermeranno una volta raggiunta la somma totale tra le due di mille euro, sommando la spesa del set di annunci al suo interno e le loro singole inserzioni chiamate "Ads".

Quindi settiamo un limite all'Ad account in linea con le campagne in atto oppure ci ritroveremo o con problemi di "delivery" cioè la consegna dell'inserzione per budget esaurito in anticipo magari per una o per concorrenza troppo onerosa o per settaggi impostati non correttamente, potrebbe accadere in questo caso che una inserzione spenda l'intero budget totale dell'account pubblicitario non lasciando liquidità alle altre, molto dipende anche dal tipo di acquisto che abbiamo settato.

I metodi di pagamento per quanto riguarda l'Italia sono carte di credito o carte di debito PayPal o addebito diretto tramite l'online banking, bisogna considerare anche la fatturazione dei costi pubblicitari per il cliente, per risolvere le questioni a riguardo è fondamentale avvalersi di un commercialista esperto in questo ambito, quindi se stiamo configurando per la prima volta il business manager per conto suo, la scelta di indicare o no se la pubblicità acquistata ha il fine di promuovere una azienda in fase di configurazione dovrà essere fatta in relazione al suo regime fiscale.

In ogni caso possiamo visionare le fatture per i costi pubblicitari in gestione inserzioni nella sezione fatturazione, qui trovare l'ID transazione della campagna per cui il cliente ha pagato e scaricare la ricevuta in PDF.

Nelle pagine precedenti abbiamo rivelato quegli ingranaggi nascosti che compongono il sistema di facebook concludendo una panoramica sulle basi teoriche del "media buying" tuttavia per avere una solida base sul percorso decisionale che dalla fase di consapevolezza porta alla fase di conversione dobbiamo avere chiaro anche il processo di creazione dell'inserzione pubblicitaria, identificare i passaggi nel processo di creazione dell'annuncio nell'Ads Manager e delineare le azioni specifiche per crearlo, nei capitoli seguenti approfondiremo in pratica concetti già affrontati e ne introdurremo di nuovi.

PREMESSA ALLA CAMPAGNA PUBBLICITARIA

Comprendere il processo di creazione degli annunci è indispensabile, la teoria ci fornisce le basi sul funzionamento del sistema e dei suoi "meccanismi" con cui poi passeremo alla vera e propria azione pubblicitaria.

Secondo Karl Popper, filosofo ed epistemologo padre del razionalismo critico nel libro "La società aperta e i suoi nemici" la pratica *"non è il nemico della conoscenza teorica ma il suo più valido incentivo. Benché una certa dose di disinteresse si addica allo scienziato, ci sono molti esempi che dimostrano che non è sempre importante per uno scienziato essere così disinteressato. Ma è importante per lui restare in contatto con la realtà, con la pratica, perché coloro che la trascurano ne pagano il fio cadendo nello scolasticismo."*

R., Popper Karl. La società aperta e i suoi nemici – Volume unico (p.824). Armando Editore.

Ed è questo l'approccio che dovremmo usare per quanto riguarda la strategia di marketing nella sua interezza, tuttavia senza possedere i presupposti teorici sul funzionamento del sistema pubblicitario di facebook, intraprendere qualsiasi azione al suo interno ci farà solamente che andare fuori rotta.

Comprendere la struttura della campagna, la sua natura gerarchica, ed il modo in cui dovremo dare "in pasto" i dati all'Ad Manager è fondamentale.
I dati che inseriamo durante la creazione della campagna sono il linguaggio con cui stiamo comunicando al sistema il nostro obiettivo di business e le varie ottimizzazioni, le varie opzioni nei vari livelli della campagna sono il modo con cui il sistema comprende come consegnare l'azione pubblicitaria, dobbiamo capire innanzitutto cosa questi significano e in base agli obiettivi che ci siamo posti proporli al sistema, in modo che la nostra intenzione sia allineata con il linguaggio delle inserzioni e la loro struttura, dobbiamo fare in modo che l'intenzione combaci all'azione tramite il sistema senza fraintendimenti.

L'Ads Manager è lo strumento di gestione degli annunci utilizzato per creare campagne nell'intero ecosistema di facebook composto da facebook, Instagram, messenger e Audience Network, al suo interno possiamo creare una nuova campagna e selezionare un obiettivo, lo strumento ci guiderà quindi attraverso le opzioni di configurazione della campagna in modo dinamico, inoltre possiamo sempre monitorare le prestazioni della campagna attuale e se necessario, aggiornare il budget, il pubblico o la creativa durante il suo svolgimento, sempre facendo attenzione ai casi in cui è sconsigliato farlo e di cui abbiamo parlato nei capitoli precedenti.

Nel caso fosse necessario possiamo anche mettere in pausa, copiare o riavviare la campagna stessa, lo strumento ci permette anche di visualizzare al suo interno i rapporti sul rendimento della campagna e comprenderne i risultati, decifrarli per capire cosa ha funzionato bene e cosa meno e usare queste informazioni per ottimizzare la nostra prossima campagna, in fase di colloquio con il cliente potremmo anche spiegare che in questo modo risulterebbero molte più opzioni di ottimizzazione di quelle che avrebbe lanciando singoli annunci tramite la pagina con il "Boost al Post" in quanto potremmo impostare un obiettivo, utilizzare opzioni avanzate di targeting e selezionare da una vasta gamma di opzioni di posizionamento.

Le campagne sono strutturate in una gerarchia di tre livelli e per ogni livello possiamo impostare parametri diversi, vedremo una campagna contenere più gruppi di inserzioni chiamati "Ad Sets" i quali possono contenere più inserzioni chiamate "Ads", le scelte che faremo in un certo livello influiranno sulle opzioni disponibili nel livello successivo, ad esempio nei capitoli precedenti avevamo un'ipotesi di obiettivo di visualizzazioni video che non permetteva la raccolta di dati attraverso un form per la generazione di contatti per i campioni gratuiti, era stato usato poi un obiettivo diverso per permettere la raccolta dati tramite un form ma comunque con una creativa video scegliendo l'obiettivo di "Lead Generation".

Nei capitoli successivi daremo un'occhiata a quello che succede ad ogni livello, ti consiglio mentre leggi ogni descrizione di vedere in tempo reale le stesse funzionalità di cui stiamo parlando nello strumento di gestione inserzioni o "Ad Manager" digitando nel tuo browser web il sito "facebook.com/adsmanager", un ulteriore consiglio è quello di scegliere la lingua inglese nelle impostazioni della lingua nel tuo profilo, in modo da sviluppare una certa confidenza con lo strumento ed i suoi termini anche in prospettiva di contesti lavorativi internazionali.

LA CAMPAGNA:

Quando vogliamo creare una inserzione dobbiamo passare prima per il livello campagna, è qui che faremo una scelta riguardo l'obiettivo allineata agli obiettivi di business scegliendo tra obiettivi di Awareness cioè "notorietà", Consideration ossia "considerazione" e Conversion cioè di "conversione", le scelte guideranno la configurazione successiva dell'intera campagna pubblicitaria.

In sintesi a livello campagna troviamo i seguenti settaggi:

- **Nome**
- **Special Ads si/no**
- **Obiettivo Campagna**
- **Buying Type**
- **Daily o Lifetime Budget**
- **A/B Test**
- **Campaign Budget Optimization (CBO)**

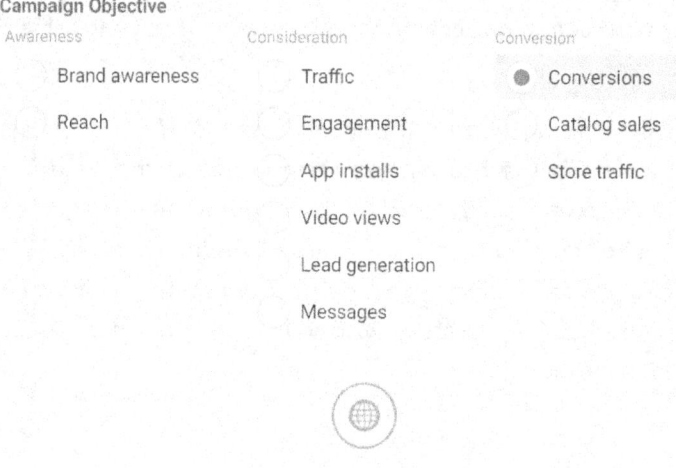

Le special ads

Una volta scelto l'obiettivo selezioniamo poi se la nostra Campagna fa parte delle "Special Ads" cioè se fa parte delle inserzioni speciali, queste sono un tipo di inserzioni che includono annunci su questioni sociali, elezioni o questioni politiche, opportunità di credito, opportunità d'impiego, il settore immobiliare o servizio correlato, se la nostra campagna fa parte di una di queste categorie dovremo dichiararlo cliccando su "categorie di annunci speciali" all'inizio del processo di creazione Campagna, se invece non farà parte di una delle suddette categorie procederemo normalmente.

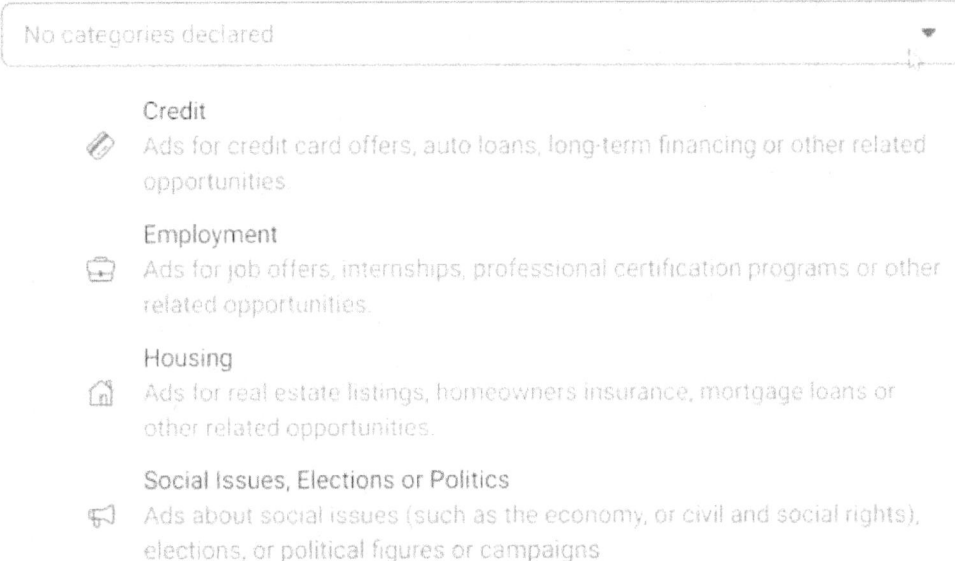

Per quanto riguarda i "Social Issues, Election or Politics" cioè le questioni sociali, elezioni o politiche, stiamo parlando di annunci realizzati per conto di una carica pubblica, un personaggio politico, un partito politico o per sostenitori per un'elezione a carica pubblica per uno di questi soggetti, come qualsiasi iniziativa elettorale come i referendum, in breve si tratta di annunci regolamentati come pubblicità politica.

Le questioni sociali invece sono argomenti delicati riguardanti oggetto di dibattito e che hanno il potere di influenzare l'esito di un'elezione o che sono legati alla legislazione esistente, come ad esempio argomenti sulla salute ed i diritti civili e sociali, questo tipo di annunci hanno come obiettivo quello di influenzare l'opinione pubblica attraverso discussioni, dibattiti o pratiche di difesa a favore o contro questi argomenti.

Gli annunci sul "Credit" cioè riguardo le opportunità di credito si ricollegano a offerte di carte di credito come anche a servizi di prestito e finanziamenti a lungo termine.

Gli annunci sull'Employment riguardano le opportunità di lavoro e includono offerte di lavoro a tempo determinato o non, come anche stage o programmi di certificazione professionale, così come annunci che mostrano in dettaglio i vantaggi che un'azienda può fornire, indipendentemente da un'offerta di lavoro specifica.

Per gli annunci riguardo l'Housing cioè sull'immobiliare, parliamo di annunci che promuovono o si collegano direttamente ad un'opportunità abitativa o ad un servizio correlato, come la vendita o l'affitto di una casa o di un appartamento, oppure di annunci su assicurazioni per i proprietari di case, assicurazioni sui mutui, prestiti ipotecari, riparazioni abitative oppure servizi di valutazione.

Scegliere la giusta categoria è fondamentale per allinearsi alle policy di facebook ed evitare che la nostra campagna venga rifiutata, cosa che potrebbe succedere se non rispettassimo le normative pubblicitarie e gli standard della community di facebook.

Una differenza sostanziale tra le inserzioni classiche e quelle delle categorie speciali è che con queste ultime dovremo usare una opzione di targeting del pubblico particolare, andando nell'Ads Manager nella sezione pubblico o "Audiences" e nel pulsante crea pubblico o "Create Audience" potremo selezionare il pubblico per le ads speciali:

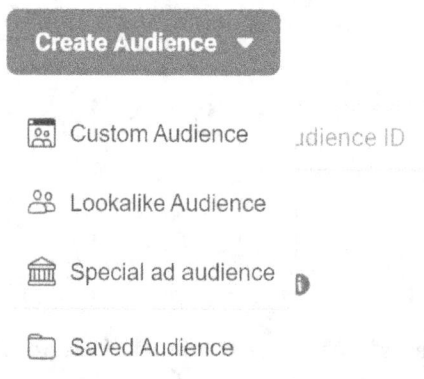

Questo tipo di pubblico prenderà come fonte un pubblico salvato in precedenza ma solamente nelle sue caratteristiche di comportamento comuni individuate dal sistema, sarà a tutti gli effetti una lookalike audience di questa, quindi un pubblico simile ma modificato per rispettare le restrizioni di selezione del pubblico e le normative pubblicitarie associate alla categoria speciale che abbiamo scelto per la campagna, lo creeremo scegliendo una similarità con il nostro pubblico di origine dall'1% al 10%, parleremo del pubblico simile nel capitolo dedicato a livello Ad Set cioè il livello del "gruppo di inserzioni" dove potremo in questo caso anche visualizzare in alto a destra i requisiti per quanto riguarda l'inserzione per la categoria scelta nel caso avessimo ancora dei dubbi.

Il tipo di acquisto, limite di spesa e chiarimenti sul valore totale dell'inserzione

Abbiamo parlato dei metodi di acquisto delle campagne cioè i "Buying Types" nei capitoli precedenti, sappiamo che potremo scegliere tra un acquisto con asta "Auction Buying" un acquisto con copertura e frequenza "Reach and Frequency Buying" e TRP "Target Rating Point", dopo aver scelto se la nostra campagna farà parte delle special ads o no selezioniamo un metodo di acquisto tra Auction e Reach and Frequency, ricordandoci che per il secondo dovremmo per prima cosa essere abilitati e poi avere come target almeno 200'000 persone nel pubblico a cui ci rivolgiamo, inoltre gli obiettivi selezionabili con questo metodo di acquisto sono di meno rispetto all'acquisto con l'asta.

Campaign Details

Buying Type
Auction

Campaign Objective
Conversions

Hide Options ▲

Campaign Spending Limit · Optional

✓ Add Campaign Spending Limit

No Limit Set

€0.00 Total Spent

La maggior parte delle campagne pubblicitarie utilizza l'Auction Buying perchè è disponibile per tutti gli inserzionisti e per tutti gli obiettivi, le opzioni di posizionamento e i formati della parte creativa sono maggiori, possiamo anche programmare la pubblicazione degli annunci in determinate ore del giorno o in determinati giorni della settimana a seconda di come scegliamo di impostare la spesa del budget tra il Lifetime Budget e Daily Budget.

Qui possiamo anche settare un Limite al Budget della campagna in **Campaign Spending Limit**, ricordandoci che se abbiamo più di una campagna e impostiamo un limite per esempio di duecento euro ad una campagna il limite vale solo per la campagna scelta, quindi se un cliente non vuole superare i questa cifra di spesa mensile per le Ads, ma abbiamo più campagne dovremmo settare un limite a livello account.

Sappiamo dai capitoli precedenti che in un'asta, il costo per annuncio varia perché competiamo con altri inserzionisti per assicurarci un certo posizionamento, il sistema poi identifica l'annuncio con il rendimento più elevato nel nostro gruppo di inserzioni con caratteristiche simili e pubblica quell'annuncio più frequentemente di altri.

Teniamo a mente che durante la creazione dell'annuncio stiamo comunicando al sistema a chi vogliamo mostrare la nostra "Ad" definendo un pubblico di destinazione che decideremo a livello Ad Set, il destinatario può rientrare in più segmenti di pubblico di destinazione ad esempio, ci stiamo rivolgendo a donne a cui piace sciare, mentre un altro inserzionista si rivolge a tutti gli sciatori che vivono in Piemonte e Liguria, in questo caso, il destinatario che rappresenta una sciatrice che vive in Piemonte o Liguria potrebbe rientrare nel nostro target e nel target dell'altro inserzionista, si verifica quindi una competizione in cui vincerà l'annuncio che ha il più alto punteggio soddisfacendo i tre fattori principali di **Bid** cioè "Offerta" le **Estimated Action Rates** cioè i "Tassi di azione stimati" e la **Ad Quality** ossia la "Qualità dell'annuncio".

Insieme, i 3 valori misurano la pertinenza dell'annuncio tramite la formula:

Bid x Estimated Action Rates + Ad Quality = Ad Value

Possiamo usare la "Ad relevance Diagnostics" degli annunci per stabilire se gli annunci pubblicati erano pertinenti al pubblico che abbiamo raggiunto, usare l'Ad relevance Diagnostics vuol dire selezionare le metriche di Quality Ranking, Engagement Rate Ranking e Conversion Rate Ranking nella personalizzazione delle colonne dell'Ad Manager, che approfondiremo successivamente come interpretare in fase di report:

3 COLUMNS

✓ Quality Ranking
✓ Engagement Rate Ranking
✓ Conversion Rate Ranking

Una volta selezionate avremo tre "ranking" cioè punteggi, che in ordine dal più basso al più alto sono: sotto la media "below average" nella media "average" o sopra la media "above average".

Ovviamente se le metriche risultano sopra o nella media la nostra inserzione non ha problemi, anzi sta performando bene, diverso è se ha un punteggio sotto la media in una o più delle tre metriche, a seconda dei casi avremo una mancanza in una qualche area della nostra inserzione, da qui si aprono diversi scenari:

Se abbiamo un Quality Ranking ed un Engagement Rate Ranking nella media o sopra la media ed un Conversion Rate Ranking sotto la media vuol dire che la nostra inserzione non sta producendo conversioni, quindi dovremmo migliorare il pulsante Call to Action cioè l'invito all'azione oppure stiamo sbagliando il pubblico target e dovremo sceglierne uno più in basso al funnel di conversione, se stiamo notando tassi di conversione inferiori rispetto a quelli che di solito il cliente aveva dobbiamo agire a cambiare questi aspetti dell'inserzione.

Se ci risulta un Quality Ranking ed un Conversion Rate Ranking nella media o sopra la media ed un Engagement Rate Ranking sotto la media vuol dire che la nostra inserzione non sta generando interesse nel pubblico, dovremmo renderlo più coinvolgente e interessante, oppure scegliere un pubblico più propenso a interagire, interroghiamoci su questi due aspetti per capire dove stiamo sbagliando.

Quando abbiamo un Engagement Rate Ranking ed un Conversion Rate Ranking nella media o sopra la media ed un Quality Ranking sotto la media vuol dire che il sistema sta percependo l'annuncio come di bassa qualità, in questo caso dovremmo migliore la qualità della creativa oppure garantire al pubblico che l'inserzione o le pagine di destinazione ossia le "landing page" siano pertinenti e utili per loro, oppure dovremmo scegliere come target un pubblico più propenso a percepire la nostra inserzione come di alta qualità, ad esempio evitando "clickbait" e settando aspettative giuste per l'utente, le inserzioni dovrebbero essere realizzate per convertire, non per collezionare click.

Potrebbe accadere anche di avere due metriche su tre sotto la media, in questo caso guardiamo alle considerazioni precedenti, evitando di direzionare l'utente verso landing page con Pop-Ups o banner inutili perchè oltre che rallentare il sito a cui viene destinato l'utente lo disincentiva all'azione, se curiamo anche il sito del cliente eliminiamo i banner pubblicitari nelle pagine sensibili, se non eliminiamoli del tutto, l'obiettivo è la vendita del prodotto o servizio non collezionare visite.
La qualità della parte creativa potrebbe fare la differenza soprattutto in tema di richiamo al messaggio pubblicitario, l'evocazione di un certo stato emotivo legato al "vissuto" da parte dell'utente potrebbe anche contribuire alla realizzazione di un gioiello creativo senza tempo, così possiamo vedere ad esempio registi del calibro di Spike Lee proporre vere e proprie lezioni di comunicazione, ricordiamo lo spot tv di "Telecom Italia" in cui il Mahatma Gandhi comunicava il messaggio di pace noto come "One World" che riecheggiava non solo a Nuova Delhi dove è stato pronunciato nel 1947, ma globalmente passando dai maxi schermi di Times Square a quelli della Red Square di Mosca grazie alle moderne tecnologie di comunicazione, il tutto immerso in un mondo lacerato dalla seconda guerra mondiale, lo spot ci lasciava con l'interrogativo "Se avesse potuto comunicare così, oggi che mondo sarebbe?" teniamo dunque sempre un occhio di riguardo soprattutto alla parte creativa che stiamo usando o dovremo usare, cercando sempre un contenuto originale, ed evitando soluzioni sterili.

Il test A/B

Chiarito il significato del punteggio totale della nostra inserzione, torniamo alla schermata dell'Ads Manager a livello campagna, qui possiamo scegliere se fare un **A/B Test**, come sappiamo questo ci consente di modificare delle variabili, a livello "Ad Set" e "Ad" per determinare quale strategia funziona meglio tra due versioni e migliorare di conseguenza le campagne future, è detto anche un test a correlazione di valori, la ratio è quella di trovare quei piccoli cambiamenti che portano a risultati migliori al minor costo per risultato possibile o quella di selezionare una metrica differente per cui determinare la versione vincitrice.

Le variabili si inseriranno dopo aver creato una prima campagna che sarà la versione A e dopo aver selezionato in questa schermata l'opzione "A/B Test":

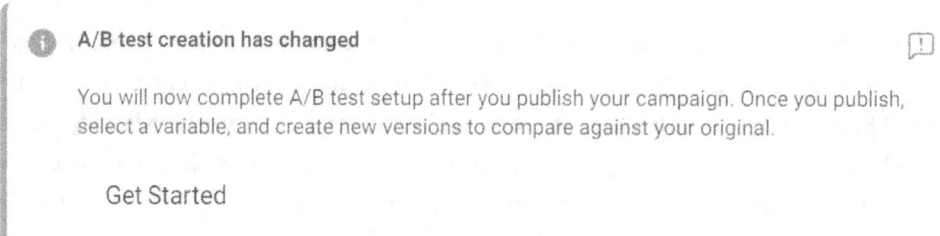

Possiamo creare un test A/B anche negli "Experiments" raggiungibile nella sezione dedicata dell'Ads Manager, o duplicando una campagna già esistente selezionando la variabile che vogliamo testare.

Dopo aver cliccato sul pulsante per la pubblicazione campagna, mentre questa sarà in fase di approvazione creeremo le variabili per una seconda campagna che sarà la versione B direttamente alla fine, lo faremo in una schermata a parte selezionando la variabile interessata:

Create A/B Test

> Finish setting up your A/B test by creating a variant or selecting another campaign to compare against the original

Create a Variant   Compare Existing Campaigns

Choose the variable you want to test.

Campaign

New Campaign

Variable

Select a variable to test

Continue to Experiments

Ad esempio, potremmo verificare se una strategia usando un pubblico personalizzato supererà una strategia usando un pubblico basato sugli interessi, con un A/B test possiamo confrontare rapidamente entrambe le strategie per vedere quale funziona meglio, le variabili che possiamo confrontare riguardano ad esempio le immagini, testiamo diverse immagini nella parte creativa, i video testando video differenti tra loro, oppure il testo dell'annuncio cioè il suo "Copywriting" testando versioni differenti del testo dell'annuncio mantenendo invariati l'immagine, il pubblico ed i placements.

Possiamo ad esempio testare due versioni dell'annucio con caratteristiche di età e sesso, creando segmenti di pubblico con interessi simili, ma gruppi di età o sesso diversi per confrontare le prestazioni dell'annuncio in base alla fascia demografica.

Abbiamo la possibilità di testare una custom audience, facendo il confronto di un pubblico personalizzato salvato con altri tipi di pubblico per vedere quanto sono efficaci gli annunci nel raggiungere vari dati demografici, infine possiamo usare variabili personalizzate se volessimo confrontare due strategie complesse tra loro in base a certe metriche come ad esempio, allo stesso costo per risultato ovvero "cost per result" (CPR) o stesso aumento del costo per conversione chiamato "Cost per Conversion Lift", in ognuno di questi scenari il sistema userà il budget settato per suddividere equamente e in modo casuale l'esposizione tra ciascuna versione della creativa o pubblico come anche il placement selezionato.

Useremo un A/B test quando vogliamo misurare come performano diverse modifiche all'inserzione o dobbiamo confrontare rapidamente due strategie, dovremmo utilizzarlo per apprendere nuove strategie piuttosto che eseguire test, andrebbe evitata la pratica di attivare e disattivare manualmente gli Ad Sets o le campagne perchè questo non sostituisce un test per correlazione ed oltre che a portarci a conclusioni inaffidabili, ci porterà anche al reset della fase di apprendimento.

Questo tipo di test infatti garantisce che i nostri segmenti di pubblico siano equamente suddivisi e statisticamente comparabili, mentre test manuali possono portare anche a segmenti di pubblico sovrapposti, una condizione chiamata "Overlapping" del pubblico che rende inefficiente qualsiasi considerazione, ne parleremo nel momento in cui dovremo scegliere un target trattandosi di pubblico e quindi una variabile a livello Ad Set. Ricordiamoci anche che questo tipo di test non misura l'efficacia della nostra attività pubblicitaria perchè essendo un test per correlazione misura solo una performance rispetto ad un'altra, per misurare l'effettiva efficacia serve un test che misura la causalità.

Il test vincente tra i due sarà quello ad esempio, con il costo per risultato minore rispetto all'evento per cui abbiamo ottimizzato, il sistema simula i possibili risultati decine di migliaia di volte per determinare quante volte avrebbe vinto l'inserzione con il risultato vincente, il risultato quindi è una percentuale di confidenza che riceveremo tramite mail o potremo visualizzare nell'Ads Manager, più è alta più abbiamo la possibilità di avere risultati simili se il test verrà ripetuto, quindi più è alta questa percentuale maggiore è il peso del test, solitamente risulta chiara la decisione di adottare una strategia tra due variabili se questa ha un "confidence level" maggiore del 75%, nel caso il livello sia inferiore al 65% vuol dire che le variabili che abbiamo messo in gioco hanno performato in modo simile, queste percentuali riguardano un test tra due versioni in quanto possiamo anche testare fino a cinque set di annunci tra loro, il consiglio è sempre quello di testare sempre una variabile alla volta, le due versioni degli Ad Sets o Ad che andiamo a correlare dovranno essere uguali eccetto per una sola variabile.

Facciamoci le domande giuste prima di lanciare un test A/B cercando di mirare sempre al minor costo per risultato nelle nostre ipotesi, riguardo il pubblico invece questo dovrebbe essere abbastanza ampio da essere rilevante per il test, "l'overlapping" si verificherà anche se questo pubblico lo stiamo usando anche per un'altra campagna nello stesso Ad account, per quanto riguarda il tempo di conduzione del test per avere risultati rilevanti, anche se abbiamo la possibilità di lanciarlo da uno a trenta giorni consideriamo un minimo di sette giorni rilevante per il sistema, guardiamo anche alla difficoltà dell'obiettivo ed al tempo di conversione da parte dell'utente, alcune aziende possono avere prodotti che richiedono più tempo di altri per la conversione.

L'ottimizzazione del budget della campagna

Sempre a livello Campagna scegliamo se usare la **Campaign Budget Optimization** cioè la ottimizzazione del budget della campagna o **CBO**:

Campaign Budget Optimization   On
Campaign budget optimization will distribute your budget across ad sets to
get more results depending on your delivery optimization choices and bid
strategy. You can control spending on each ad set. Learn More

Campaign Budget

Daily Budget   €20.00   EUR

Actual amount spent daily may vary.

Campaign Bid Strategy
Lowest cost

Hide Options ▲

Ad Scheduling
Run ads all the time

La **CBO** si utilizza per distribuire automaticamente il budget tra i gruppi di inserzioni o "Ad Sets" nel caso ne avessimo più di uno, questa ci consente di impostare un budget principale a livello campagna che verrà distribuito continuamente in tempo reale a quegli Ad Sets che stanno performando meglio nel momento in cui la campagna è attiva.

Nel caso non avessimo attivato la CBO in creazione campagna, potremo comunque modificare la campagna esistente per attivare la CBO con un tempo limite di 2 ore tra modifica e modifica, quindi non dobbiamo necessariamente selezionarla solo in fase di creazione campagna.

Per attivarla dopo aver selezionato la spunta CBO dovremo scegliere un **Lifetime Budget** o **Daily Budget** e dopo una **Bid Strategy** o strategia di offerta, temi che abbiamo già affrontato a livello teorico e che vedremo in pratica affrontandoli nei capitoli successivi essendo una variabile a livello Ad Set.

Per utilizzare la **CBO**, la campagna deve avere lo stesso tipo di budget per tutti gli Ad Sets facenti parte di questa scegliendo tra Lifetime o Daily budget e inoltre la stessa Bid Strategy, il tipo di pubblicazione degli annunci deve essere impostato su **Standard Delivery** cioè "consegna strandard" per tutti gli Ad Sets, successivamente parleremo anche della differenza tra Standard e Accelerated Delivery.

Se la strategia di offerta o "Bid Strategy" è impostata su Lowest Cost cioè il costo più basso, dovremo anche usare lo stesso evento di **Optimization** ovvero "ottimizzazione" della pubblicazione per tuttigli Ad Sets, dobbiamo considerare anche il fatto che potremo in seguito decidere se impostare un limite di spesa in ogni Ad set oppure no.

Alla luce di queste considerazioni useremo il lowest cost unita alla CBO quando non abbiamo un'idea del valore che ha raggiungere un determinato pubblico, ricordandoci anche che se non settiamo un limite di spesa a livello Ad set con questa strategia di acquisto e abbiamo il presupposto di raggiungere degli obiettivi di copertura o risultati tra due pubblici con una CBO, questa potrebbe spendere tutto il budget solo su un solo Ad Set proprio perchè la ratio della CBO è spendere il budget nell'Ad Set che sta consegnandoci i migliori risultati in tempo reale.

Se invece usiamo limiti di budget troppo stringenti per gli Ad Set facenti parte la campagna potremmo avere problemi di ottimizzazione limitandone la possibilità di performare quanto dovrebbe rispetto ad un altro, quindi potremmo avere risultati falsati tra gli Ad Set, ricordiamoci che ogni singola campagna usando la CBO può averne fino a 200, quindi se abbiamo requisiti di budget settiamone uno a livello campagna conforme alla nostra strategia che non sia né troppo basso né troppo alto.

Abbiamo visto tutte le opzioni per il livello Campagna, affronteremo meglio alcuni concetti successivamente per non creare confusione in questo momento in cui l'obiettivo è capire quali opzioni abbiamo a disposizione in questo livello.

In conclusione le opzioni disponibili a Livello Campagna sono:

- Nome
- Special Ads si/no
- Obiettivo Campagna
- Buying Type
- Daily o Lifetime Budget
- A/B Test
- Campaign Budget Optimization (CBO)

I GRUPPI DI INSERZIONI: GLI "AD SETS":

Un gruppo di inserzioni o "Ad Set" è letteralmente un Set di "Ads" all'interno di una campagna che condividono con quest'ultima i settaggi visti in precedenza e con la **Ad** (livello inferiore dell'Ad Set che vedremo successivamente) lo stesso pubblico, posizionamento, budget e pianificazione.

Il livello che ci consentirà di variare poi la loro parte creativa si deciderà a livello **Ad** con annunci diversi che hanno come target le stesse persone e utilizzano lo stesso budget e gli stessi parametri della campagna e del set di annunci, questa struttura ci consente di offrire una varietà di annunci allo stesso pubblico ed evitare la possibilità che i questi possano competere tra di loro all'interno dell'asta.

I settaggi che possiamo trovare a livello Ad Set sono:

- **Nome**
- **Event Location**
- **Dynamic Creative**
- **Offer**
- **Budget & Schedule**
- **Audience**
- **Placements**
- **Brand Safety**
- **Optimization & Delivery**
- **Cost Control**
- **Attribution Setting**
- **When You Get Charged**
- **Delivery Type**

Nome

Anche se potrebbe sembrare banale, è meglio assegnare un nome alle campagne o Ad Sets che abbia un senso con le caratteristiche che queste hanno al loro interno, in modo che questo possano esserci riconoscibile a prima vista nell'Ads Manager, usando anche una sorta di codice personale.

Supponiamo di condurre più campagne per lo stesso cliente, ma dovessimo ad un certo punto configurarne una nuova il cui obiettivo è da noi riconosciuto come un "Brand Awareness", il nome campagna sarà ad esempio "Brand Awareness 16/01-16/03" e quello di un Ad Set al suo interno "25KM18/35-IG-LC" in questo modo sapremo a colpo d'occhio che la campagna è per il brand awareness entro un certo periodo di tempo, e l'Ad Set al suo interno è rivolto ad un pubblico dai 18 ai 35 anni in un raggio di 25 Km dal negozio fisico del nostro cliente con placement su Instagram (IG) e una strategia di controllo dei costi impostata su Lowest Cost.

La "event location"

Questo settaggio indica il luogo dove si svolge l'azione da parte dell'utente, o meglio dove consideriamo una azione valida da parte di questo, in termini di luogo o identità con il quale una azione viene contata come valida, in base all'obiettivo scelto a livello campagna avremo diverse possibilità, ad esempio per gli obiettivi Reach cioè di "copertura", Brand Awareness ossia "notorietà del Brand", Engagement e Video View la "Event Location" è indicata a livello **Ad** selezionando anche la pagina Facebook legata al cliente, mentre per l'obiettivo Traffic scegliamo come "Event Location" dove vogliamo indirizzare il traffico e in seguito inseriremo maggiori dettagli sulla destinazione tra un Sito Web, un'App, Messenger, o Whatsapp infine per l'obiettivo App Installs la "Event Location" sarà l'URL dell'App sullo store di riferimento tra Google Play, iTunes, iTunes for iPad, Windows Store, Facebook Canvas, Amazon Appstore, Instant Games e Oculus App Store.

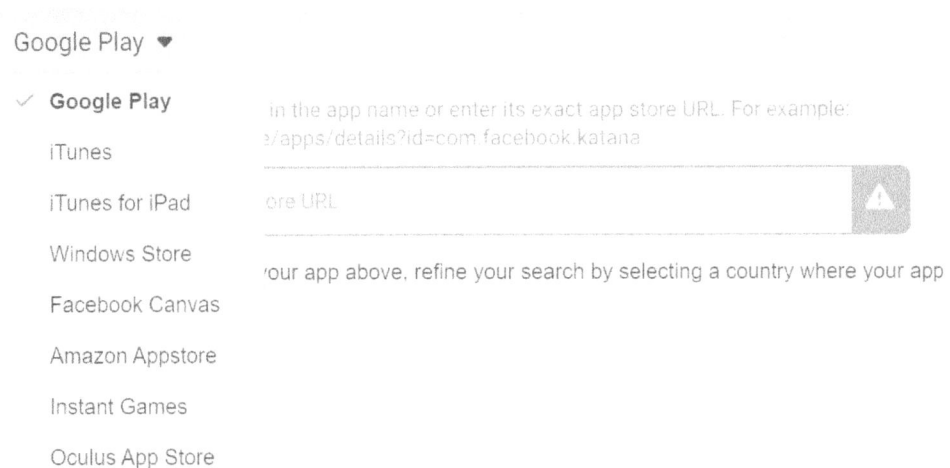

Inoltre se torniamo a livello campagna dopo aver scelto l'obiettivo "App Installs" troveremo le opzioni di "Automated App Ads" o "App Ads", queste ottimizzeranno la consegna in modo da usare gli annunci automatici per app e richiedono meno input da parte nostra durante la creazione della campagna, semplificano le opzioni del pubblico e ottimizzano il processo di gestione della parte creativa, gli annunci automatici per app supportano anche le Dynamic Ads che per via della loro complessità affronteremo in modo dettagliato nel capitolo conclusivo della guida, in breve le Dynamic Ads ci consentono di creare un modello di annuncio che utilizza automaticamente immagini e dettagli dal catalogo del cliente.

Per l'obiettivo Lead Generation ergo generazione di contatti la "Event Location" può essere un Instant Forms, una Automated Chat, o una Call, quindi un form da compilare, una chat automatica o la chiamata da parte dell'utente ad un numero che forniremo nell'inserzione.

Lead method
How do you want to connect with people?

- Instant Forms
  Let people submit a form to become leads.

  Automated Chat
  Let people message your business to become leads.
  Calls
  Let people call your business to become leads.

Per l'obiettivo Messages la "Event Location" dipende soprattutto dal tipo di inserzione relativa ai messaggi, ne abbiamo due tipi che sono il "Click to message" o lo "Sponsored Message":

Destination
Set up your message ad and where you want people to message you.

Ad Type ⓘ

Choose the type of ad you want to run. Ads that click to message start new conversations. Sponsored messages reengage existing connections.

| Click to Message ▼ |

- Click to Message

  Sponsored Message

ad based on where a conversation is more likely to happen.

✓ Messenger

  Instagram Direct

Nei "Click to Message" letteralmente "clicca per inviare un messaggio", gli annunci direzionano le persone ad una conversazione dopo il click, questi ci possono aiutare a rag-

giungere l'utenza tramite chat in Messenger e Instagram Direct, possiamo settare anche delle risposte automatiche che sono disponibili però solamente su Messenger.
Selezionando lo "Sponsored Message" potremo inviare un messaggio sponsorizzato alle chat esistenti in modo da coinvolgere nuovamente le persone con cui il cliente è già connesso, consideriamo che anche questi sono disponibili solo su Messenger.

In entrambi i casi un passo fondamentale è quello di selezionare poi la pagina Facebook del cliente da usare come identità del messaggio.

Per quanto riguarda l'obiettivo Conversion la "Event Location" è più dinamica e complessa, se selezioniamo come luogo "Website" avremo bisogno di installare un Pixel di facebook, mentre se selezioniamo come luogo "App" avremo bisogno di un SDK, tramite questo obiettivo avremo la possibilità di selezionare anche Messenger o Whatsapp come destinazione del traffico.

Conversion See updates

Conversion Event Location

● Website

  App

  Messenger
  Send people from ads into Messenger conversations with your business. Your ad will be shown to people more likely to open Messenger.

  WhatsApp
  Send people from ads into WhatsApp conversations with your business, then track conversion events, such as website visits and app activity.

Per selezionare le prime due opzioni quindi abbiamo bisogno prima di ogni altra cosa di un Pixel installato sul sito del cliente o un Facebook SDK se si tratta di un'app e poi degli eventi di conversione già settati nella sezione "Events Manager" nel Business Manager.

Web
Connect your website to share activity that occurs online, including view content, add to cart and purchases.

App
Connect your app to share activity that occurs in your app, including installs, purchases.

Una volta che avremo il Pixel installato e settato vedremo una schermata simile a questa, a questo punto potremo far considerare valida per il sistema un'azione specifica intrapresa dagli utenti all'interno del pubblico a cui destiniamo l'annuncio:

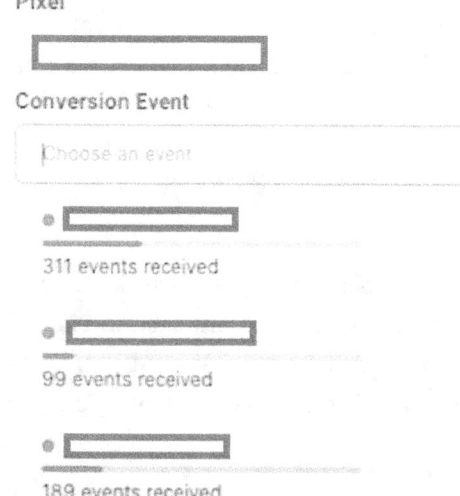

Per l'obiettivo Catalog Sales la "Event Location" è il Catalogo stesso, questo è un contenitore che racchiude le informazioni sugli articoli che pubblicizzeremo su Facebook e Instagram, se il cliente non ha già creato un catalogo potremmo farlo noi per diversi tipi di inventario, come inventari di prodotti per gli e-commerce, stanze per gli hotel, voli, destinazioni per le vacanze, elenchi di case o veicoli, possiamo creare e gestire i cataloghi nel Commerce Manager.

La vendita a catalogo unita alle Dynamic Ads offre tutto il potenziale che il sistema di consegna pubblicitario di facebook può offrire, parleremo di tutte le funzionalità che hanno il Pixel, SDK ed i cataloghi nei capitoli dedicati in primo luogo per l'importanza che ricoprono questi strumenti e in secondo luogo per via della grande mole di informazioni da affrontare per comprenderli a dovere.

Infine tornando agli obiettivi selezionabili, per l'obiettivo Store Traffic la "Event Location" è lo "Store" quindi il negozio fisico stesso, si seleziona prima la pagina di riferimento del cliente e poi il negozio registrato in precedenza nella sezione "Store Locations".

L'ottimizzazione della parte creativa: la "dynamic creative"

La selezione della Dynamic Creative permette al sistema di generare automaticamente versioni diverse della parte creativa del nostro annuncio in modo dinamico, o meglio in base agli interessi ed ai comportamenti del pubblico.

In pratica forniremo diversi elementi creativi non nel loro insieme ma nelle loro singole caratteristiche che compongono la parte creativa stessa, il sistema poi li combina per creare una serie di annunci, questa opzione si rivela un'ottima scelta se il nostro cliente ci fornisce molte risorse creative tra video, immagini e copywriting e vorremmo usarle tutte per fare in modo che una larga fetta di pubblico anche diversa tra loro trovi appetibile le diverse varianti che verranno automaticamente create in base ai loro gusti e la loro propensione a cliccare calcolata dal machine learning.

Possiamo scegliere le risorse creative che hanno più senso insieme se combinate e sceglierne fino a trenta, diamo sempre priorità alla qualità rispetto alla quantità, è meglio combinare due risorse forti piuttosto che diverse risorse su cui non siamo proprio convinti che funzionino tra loro, se il cliente non ci fornisce molte risorse di immagini e video, possiamo anche solo combinare diversi copywriting, possiamo anche scegliere diversi pulsanti per la Call to Action cioè cosa vogliamo che facciano le persone dopo aver visto l'annuncio e scoprire quali sono più efficaci in base alla loro parte creativa.

Questa opzione combinata con il Pixel ci permette di avere una automazione ancora più efficace se lo combiniamo con la Dynamic Creative, così facendo possiamo anche monitorare i risultati delle inserzioni e capire chi sta visitando il sito web del cliente e tramite quale creativa.
Le opzioni di posizionamento degli annunci chiamati "Placements" potrebbero non essere disponibili per gli annunci con la Dynamic Creative, questo vuol dire che non potremo selezionare esattamente tra tutti i placements dell'ecosistema facebook, instagram e audience network, che hanno a loro volta posizionamenti propri, ad esempio Instagram ha a sua volta come placement le "storie" o la sezione "cerca", inoltre gli annunci con la creativa dinamica non supportano la Dynamic Language Optimization (DLO) cioè l'ottimizzazione dinamica della lingua che ci permetterebbe la traduzione automatica del testo dell'inserzione in altre lingue, inoltre non potremo eseguire una personalizzazione ulteriore a livello **Ad**.

Ricordiamoci che la Dynamic Creative, è uno strumento di ottimizzazione ideale quando non siamo sicuri di quale parte creativa possa funzionare bene con un certo pubblico target ed il cliente ci fornisce un'ampia gamma di materiale da poter utilizzare nelle inserzioni, in fase di report potremo visualizzare solo il rendimento aggregato di tutte le varianti, infine non confondiamo questa opzione come un test di correlazione della parte creativa, approfondiremo la fase creativa in seguito quando parleremo del livello **Ad**, l'ultimo livello della campagna pubblicitaria in cui potremo scegliere ogni aspetto su questo tema.

Lo strumento delle offerte

Questa opzione la troviamo solo per gli obiettivi Traffic, Conversion o Store Traffic, ma è una funzionalità molto importante che merita di essere inserita tra i parametri standard dell'Ad Set, ricordiamoci sempre di selezionare la pagina facebook del cliente come identità.

Come abbiamo già visto l'obiettivo Traffic ci consente di scegliere dove vogliamo indirizzare il traffico, verso il sito web del cliente o il Messenger, l'obiettivo Conversion ci consente di promuovere un'azione specifica in un sito web utilizzando un pixel, e l'obiettivo Store Traffic ci consente di aumentare le vendite in negozio, con quest'ultimo obiettivo possiamo creare un'offerta che le persone possono salvare e riscattare nel negozio fisico dei nostri clienti.

Le offerte sono semplicemente sconti che possiamo applicare tramite i loro canali in questo ecosistema e condividere con la loro utenza, per incoraggiarla a fare acquisti anche nel loro sito web oltre che nel negozio fisico, oppure in entrambi i luoghi. Quando un utente vede l'offerta questo può salvarla, mettere mi piace o commentare, a questo punto nel momento in cui salva l'offerta questa verrà visualizzata nel suo segnalibro "Offerte" nella colonna laterale di destra su facebook, per poterla utilizzare in seguito.

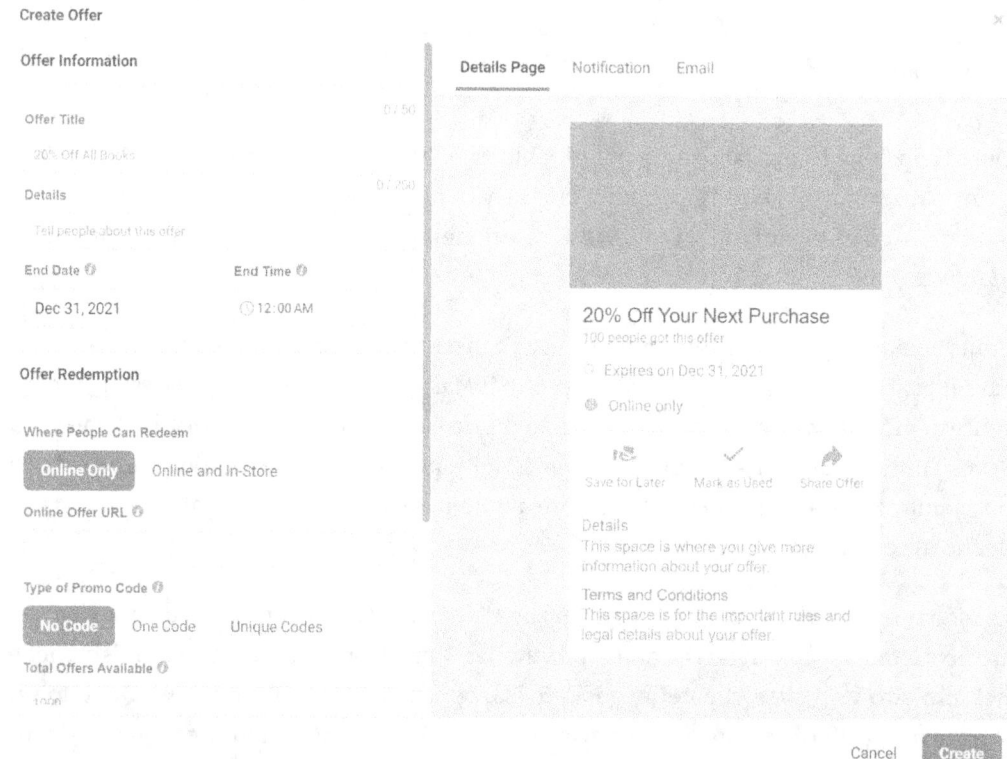

Quando un utente salva l'offerta riceverà un promemoria su facebook fino a 3 volte, a seconda delle preferenze di notifica che abbiamo settato durante la creazione dell'inserzione.

Per quanto riguarda invece gli annunci di offerte online, gli utenti che salvano l'offerta riceveranno notifiche su Facebook che ricorderanno loro di utilizzarla quando cambiano dispositivo, ad esempio da un telefono a un computer, e di nuovo, prima della scadenza dell'offerta.

Invece per gli annunci con offerte nel negozio fisico, gli utenti potranno semplicemente mostrare l'offerta riscattata dal loro telefono nel negozio del cliente, inoltre riceveranno un promemoria su facebook prima che questa scada, se desiderano stamparla per mostrarla in formato cartaceo riceveranno anche un'e-mail con i dettagli dell'offerta, nel caso da parte loro fosse anche attivata la condivisione della posizione, riceveranno un promemoria per utilizzare l'offerta quando si troveranno nelle vicinanze del negozio.

Anche se non c'è uno sconto minimo o un valore richiesto per creare un'offerta, risulta poco utile utilizzare questa opzione se non comunichiamo degli sconti sostanziali, le persone saranno più invogliate ad usufruire di offerte che comprendono articoli gratuiti o con sconti almeno del 20% rispetto a sconti di valore inferiore o offerte prive di articoli regalo.

Anche qui come sempre la parte creativa è importante, in linea generale e non solo per quanto riguarda le offerte, le foto di persone che utilizzano un prodotto spesso hanno un rendimento migliore delle foto di un prodotto isolato, evitiamo di mostrare solo il logo dell'azienda nelle inserzioni per il nostro cliente tenendo presente che nella maggior parte dei placements su facebook verrà mostrata anche l'immagine del profilo della sua Pagina accanto all'offerta che di solito riflette il logo di per sé, anche impostare una data di scadenza ragionevole è importante, la durata ideale di un'offerta è di sette giorni.

La gestione del budget e la programmazione del messaggio pubblicitario

Abbiamo già visto come impostare il budget a livello Campagna, qui invece decidiamo il Budget per il singolo Ad Set in modo da distribuirne manualmente la spesa all'interno dei limiti che abbiamo impostato in campagna, utilizziamo questa opzione a meno che non avessimo settato a livello campagna una Campaign Budget Optimization (CBO).

Ricordiamoci che per ogni Ad Account base ergo account pubblicitario possiamo avere fino a cinquemila Campagne, cinquemila Ad Sets, ed ogni Ad Set può avere fino a cinquanta Ads.

Budget & Schedule

Budget ⓘ

| Daily Budget | ▼ | €20.00 | EUR |

Actual amount spent daily may vary. ⓘ

Schedule ⓘ

Start Date

Jan 1, 2021   🕐 5:30 PM
              Rome Time

End · Optional

✓ Set an end date

mm/dd/yyyy   🕐 h:m
             Rome Time

In questa sezione decidiamo anche lo "Schedule" cioè l'arco di tempo in cui vogliamo che le nostre Ads compaiano agli utenti, scegliendo una data e ora di inizio, e una data e ora di fine sempre se vogliamo terminare questo Ad set in un dato momento, se lasciamo libero questo campo il nostro Ad Set invece andrà avanti fino a quando il budget dell'account o della campagna non ha raggiunto il limite impostato o comunque finchè non verrà fermato manualmente da noi.

Oltre al quantitativo di Budget possiamo scegliere se questo debba essere speso come **Daily Budget** cioè budget giornaliero o **Lifetime Budget**, quindi se vogliamo che questo sia speso uniformemente entro la fine del giorno e in maniera distribuita equamente o semplicemente speso entro la fine della durata dell'Ad Set.

Queste due scelte sono cruciali in quanto comunichiamo al sistema in che modo allocare il budget del nostro cliente nel meccanismo d'asta di Facebook, e come abbiamo già accennato, una strategia è molto diversa dall'altra sulla base di più fattori.

Se impostiamo un Daily Budget, stiamo comunicando al sistema l'importo medio che desideriamo spendere ogni giorno, in questo modo il sistema spenderà all'incirca il valore del nostro budget giornaliero per l'ottimizzazione che abbiamo settato, tuttavia come già accennato in precedenza potrebbero esserci alcuni giorni in cui sono disponibili migliori opportunità d'asta, in quei giorni, ricordiamoci la regola del 25%, possiamo impostare un budget giornaliero sia per la campagna complessiva con la CBO che per i singoli Ad Sets.

Se impostiamo il budget giornaliero a dieci euro ad esempio, il sistema potrebbe allocare fino a dodici euro e cinquanta in un determinato giorno, ma gli addebiti verranno calcolati in media su una settimana di calendario da domenica a sabato, questo vuol dire che per ogni settimana che termina sabato a mezzanotte, non spenderemo più di sette volte il nostro budget giornaliero, ricordiamoci la regola dei sette giorni, quindi settando il budget giornaliero a dieci euro, non supereremo i settanta euro in una settimana di calendario, tuttavia in alcuni di quei giorni potremmo spendere fino a dodici euro e cinquanta e alcuni giorni potremmo spendere meno di dieci euro.

Ricordiamoci le considerazioni fatte nei capitoli iniziali, se per il cliente è importante spendere all'incirca lo stesso importo ogni giorno per ottenere risultati giornalieri, ad esempio vuole basarsi sulle impressioni giornaliere della nostra Ad, il Daily Budget è la scelta giusta, mentre se utilizziamo il Daily Budget per un Ad Set senza data di fine, il budget verrà speso secondo la regola dei sette giorni.

Nel caso utilizzassimo invece un budget giornaliero di dieci euro e l'Ad Set avesse una data di inizio a metà settimana, ad esempio da mezzanotte di mercoledì, non spenderemo più di quaranta euro per il resto della settimana di calendario, ossia dieci euro moltiplicato per i quattro giorni rimanenti alla mezzanotte di sabato, se iniziassimo a pubblicare l'Ad Set a metà giornata invece, il sistema ripartirebbe il budget in modo da spenderlo durante il resto della giornata, ad esempio se impostassimo un budget giornaliero di duecento euro e iniziassimo a pubblicare l'Ad Set a mezzogiorno, il sistema punterebbe a spendere cento euro per il resto della giornata perché la giornata è finita a metà (rimangono 12 ore su 24), quindi dividerebbe i duecento euro per due e in questo caso la regola del 25% non si applicherebbe.

Se invece modificassimo il budget a metà giornata, il sistema ripartirebbe proporzionalmente il nuovo budget e lo spenderebbe durante il resto di questa, nel caso lo aumentassimo da cento euro a duecento euro a mezzogiorno, il sistema spenderebbe comunque cento euro per il resto della giornata, questo perché la giornata è finita a metà, quindi dividiamo i duecento euro per due, se invece riducessimo il budget da cento euro a cinquanta euro a mezzogiorno, il sistema spenderebbe venticinque euro per il resto della giornata, sempre perché la giornata è finita per metà.

Teniamo presente che queste proporzioni di spesa sono ciò a cui mira il sistema ma non sono garantite, l'unica garanzia che abbiamo è che non spenderemo più del 25% del budget giornaliero settato per il nostro Ad Set in quel giorno.

Alcuni consigli sono quelli di fare attenzione quando riduciamo il budget verso la fine della giornata questo perché il sistema potrebbe non avere abbastanza tempo per applicare nuove impostazioni, se ad esempio riducessimo il Daily Budget da duecento euro a cento euro alle cinque del pomeriggio anziché a mezzogiorno, il sistema potrebbe aver già speso oltre il nuovo budget giornaliero di cento euro oppure potrebbe non avere abbastanza tempo per regolarsi e rallentare la consegna dell'Ad Set, comunque per il resto della settimana vedremo applicata la regola dei sette giorni indipendentemente da quanto verrebbe speso il giorno della modifica, quindi nel caso impostassimo un budget giornaliero di cinquanta euro a mezzogiorno di mercoledì, non spenderemmo più di centosettantacinque euro tra mezzogiorno di mercoledì e sabato cioè cinquanta euro moltiplicato per tre giorni e mezzo alla mezzanotte di sabato.

Sempre riguardo al Daily Budget dobbiamo considerare che in base all'obiettivo che sceglieremo esistono dei Budget minimi su base giornaliera, gli eventi di ottimizzazione potrebbero richiedere più budget di altri proprio a seconda della loro difficoltà nel restituirci un risultato, nel caso ottimizzassimo per la "conversione" potremmo dover allocare più budget rispetto a se decidessimo di ottimizzare per le visualizzazioni della pagina di destinazione chiamata "Landing Page", una buona regola generale è che il Daily Budget dovrebbe essere almeno dieci volte superiore il costo medio dell'evento di ottimizzazione visualizzabile nei report. Se non possiamo aumentare il budget, potremmo sempre ottimizzare l'inserzione per un evento più "facile" ed "economico" da realizzare.
Nel caso utilizzassimo la strategia di offerta "Bid Cap" di cui abbiamo parlato nel capitolo sulla giusta strategia di offerta, il budget giornaliero deve essere almeno cinque volte l'importo del limite di costo, quindi se impostassimo un "Cap" ovvero un "limite" di costo di cinque euro, il Daily Budget dovrebbe essere di almeno venticinque euro.

Per Quanto riguarda la scelta del **Lifetime Budget** invece, stiamo comunicando al sistema quanto siamo disposti a spendere per l'intero periodo di esecuzione della Campagna o in questo caso dell'Ad Set, possiamo impostare un Lifetime Budget per la campagna complessiva usando anche il CBO a livello campagna.

Selezioneremo questa opzione come accennato nei capitoli iniziali, se il cliente non vuole superare una certa quantità di spesa complessiva, è una strategia che andrebbe scelta nel caso in cui il cliente ci richiede una certa flessibilità sulla spesa giornaliera per determinati annunci o se la riteniamo una strategia adatta per i suoi obiettivi.

Se utilizziamo anche la Standard Delivery cioè la pubblicazione standard dell'inserzione, il sistema spenderà il budget in modo uniforme per tutta la durata della campagna o dell'Ad Set, a questo punto sembrerebbe simile alla strategia di Daily Budget, nulla di più sbagliato, perché per ottenere i migliori risultati questo potrebbe spendere di più nei giorni in cui sono disponibili migliori opportunità e meno nei giorni in cui sono disponibili meno opportunità, quindi se abbiamo obiettivi di spesa specifici per ogni giorno in cui viene eseguita la campagna o l'Ad Set, è meglio usare un Daily Budget.

Il Lifetime Budget è una scelta flessibile sia in termini di spesa che di "Schedule" cioè programmazione, perché al contrario del Daily Budget questo ci permette anche di decidere in modo dettagliato anche orari diversi durante i diversi giorni della settimana in cui mostrare la nostra inserzione agli utenti, anche in questo sta la flessibilità della Auction Buying rispetto alla Reach and Frequency Buying di cui abbiamo parlato nei capitoli iniziali.

Dopo aver scelto gli orari in dettaglio, gli utenti quindi vedranno il nostro annuncio in base al loro fuso orario, ad esempio se volessimo mostrare un annuncio dalle otto del mattino alle cinque del pomeriggio, questo verrebbe mostrato solo alle persone in questa fascia di orario nell'ora locale dell'area geografica dove sceglieremo di mostrare la nostra

Ad.

Dobbiamo tenere presente che, se un cliente volesse spendere ad esempio cento euro di Lifetime Budget per una Campagna di dieci giorni con la standard delivery, il sistema cercherebbe di spendere il budget equamente durante l'arco della sua intera durata, ma in base alle opportunità d'asta ed i nostri settaggi potrebbe anche accadere di esaurire l'intero budget ad esempio durante il settimo giorno, o prima, oppure di non riuscire a spenderlo interamente affatto, e quindi potremmo vederci il budget o esaurito prima del tempo, o avere in corso d'opera una "under delivery" cioè una bassa consegna della nostra inserzione al pubblico.

Questo potrebbe accadere sì anche con la strategia del Daily Budget, ma l'importante è tenere a mente che la flessibilità nella partecipazione all'asta con il Lifetime Budget potrebbe anche esaurire il budget a priori e avere come nell'esempio precedente, tre giorni su dieci in cui la nostra inserzione risulterebbe inattiva a causa di budget esaurito per le molte opportunità di partecipazione all'asta trovate dal sistema oppure molto costose.

In precedenza abbiamo visto come modificare l'importo del Daily Budget per le inserzioni in corso, quando invece vogliamo ridurre il Lifetime Budget dovremo mantenere di regola il nuovo importo pari o superiore all'importo della spesa corrente, più il dieci percento dell'importo speso negli ultimi due giorni, perciò nel caso avessimo impostato un lifetime budget di mille euro di cui sono stati già spesi trecentocinquanta euro sino a quel momento e notassimo che di questo importo sono stati spesi cento euro nelle ultime trentasei ore, il nuovo budget minimo che potremmo impostare sarà la somma di trecentocinquanta euro più il dieci percento di cento euro quindi almeno trecentosessanta euro.

Il pubblico

Parliamo adesso degli utenti, il targeting del pubblico a cui mostrare i nostri annunci, i pubblici vengono categorizzati in **Core Audience**, **Custom Audience**, e **Lookalike Audience**, ne abbiamo parlato nel capitolo sui controlli dell'inserzionista, esistono due approcci che possiamo adottare per creare un pubblico di destinazione sempre in base alla nostra strategia, un approccio "Specific" cioè specifico e un approccio "Broad" cioè ampio.

Audience
Define who you want to see your ads. Learn More

Create New Audience   Use Saved Audience ▼

Custom Audiences   Create New ▼

Q Search existing audiences

Exclude

Locations

Location:
- Italy

Age
18 - 65+

Gender
All genders

Detailed Targeting

Detailed Targeting Expansion:
- On

Languages
All languages

Show More Options ▼

L'approccio che sceglieremo dipenderà dagli obiettivi che dovremo realizzare e dalle risorse che avremo a disposizione, ricordiamoci che questo parametro è disponibile nella sezione "Pubblico" durante la creazione dell'Ad Set e ci consente di perfezionare il gruppo di persone a cui mostreremo la nostra inserzione.

Per quanto riguarda il targeting specifico o **Detailed Targeting** useremo un insieme di parametri più rigoroso con cui lavorare mentre selezioniamo il pubblico migliore a cui mostrare l'annuncio, possiamo farlo aggiungendo informazioni come dati demografici, interessi e comportamenti, ma anche opzioni di targeting dettagliate che possono essere basate su "le persone che cliccano un annuncio", le "persone che interagiscono con una pagina", le "attività che le persone intraprendono su Facebook" relative a cose come l'utilizzo del dispositivo e le preferenze di viaggio, i "dati demografici come età, sesso e posizione", "il dispositivo mobile che usano e la velocità della loro connessione di rete", questo tipo di approccio viene chiamato "**Detailed Targeting**".

Detailed Targeting
Include people who match ⓘ

    Q Add demographics, interests or behaviors   Suggestions Browse

    Exclude

Detailed Targeting Expansion ⓘ
  ✓   Reach people beyond your detailed targeting selections when it's likely to improve
      performance.

Siamo sempre a livello Ad Set, inseriremo le nostre preferenze sul pubblico prima per località, età, sesso e lingua, e poi applicheremo dei parametri più dettagliati riguardo ai suoi interessi o comportamenti.

Utilizziamo la casella di testo predefinita per inserire almeno una parola o un termine per trovare suggerimenti oppure selezioniamo "Browse" (sfoglia) per cercare le opzioni.

    Q Add demographics, interests or behaviors   Suggestions (Browse)

    ▸ Demographics   ⓘ

    ▸ Interests   ⓘ

    ▸ Behaviors   ⓘ

Ricordiamoci che i dettagli selezionati non si escludono a vicenda quindi se aggiungiamo tre interessi (ad esempio, film, libri e TV), il sistema includerà nel pubblico le persone che corrispondono alla località, all'età, al sesso e lingua che abbiamo selezionato ed anche agli interessi "film" o "libri" o "tv" quindi li sommerà.

Dopo aver aggiunto gli interessi se abbiamo la necessità di essere più precisi a riguardo selezioneremo "Narrow Audience" ossia "Restringi il pubblico".

Detailed Targeting

Include people who match ⓘ

Interests > Additional Interests

Movies

TV

Interests > Entertainment > Reading

Books

🔍 Add demographics, interests or behaviors   Suggestions   Browse

Narrow Audience

Questo dirà al sistema di focalizzare la composizione del nostro pubblico su persone che devono corrispondere ad almeno una delle qualità precedentemente identificate e ai dettagli aggiuntivi che abbiamo selezionato, se inizialmente scegliamo di includere persone interessate a "film" o "libri" o "TV" e successivamente aggiungiamo l'interesse "yoga" in "Narrow Audience" a questo punto ci rivolgeremo alle persone che devono corrispondere in primis all'interesse "yoga" e poi " film", "libri" o "TV".

Per restringere ulteriormente il pubblico potremo anche escludere determinati utenti che corrispondono a certi dati demografici, interessi o comportamenti: lasceremo vuota la casella di testo predefinita e selezioneremo "Exclude People" cioè "Escludi persone", nella nuova casella di testo inseriremo poi gli interessi che vorremmo escludere dal nostro pubblico target.

Exclude people who match ⓘ

🔍 Add demographics, interests or behaviors   Browse

Bisogna avere chiaro che se aggiungiamo criteri ai campi "Includi persone" o "Escludi persone", il pubblico includerà o escluderà le persone che soddisfano almeno uno dei criteri, non tutti.

Supponiamo di includere persone che "sono viaggiatori frequenti","sono interessati alla cucina" e "sono laureati", una persona a cui piace cucinare ma non viaggia spesso e/o non è laureata a questo punto sarebbe tra il pubblico.

Quindi l'aggiunta di interessi nella finestra del "Detailed targeting" funziona con la regola dell' "e/o", cioè includerà in questo caso tutte le caratteristiche che abbiamo inserito nel target ma non abbiamo la certezza di targettizzare una persona che soddisfa più regole in combinazione tra loro ossia nel nostro esempio una persona laureata e interessata alla cucina e che viaggia frequentemente.

Potrebbe essere utile pensare a questa aggiunta di interessi come un targeting "o" poiché il pubblico sarebbe composto da persone che viaggiano spesso o a cui piace cucinare o che sono laureati.

Se vogliamo includere o escludere solo le persone che soddisfano tutti i nostri criteri, dobbiamo utilizzare le azioni di "Narrow Audience" cioè il restringimento del pubblico, ad esempio facendo riferimento agli interessi presi in considerazione in precedenza per prima cosa includiamo i viaggiatori frequenti poi cliccando su "Narrow Audience" cioè restringi il pubblico includiamo le persone interessate alla cucina quindi l'interesse "cooking", clicchiamo poi su "narrow further" cioè "restringi ulteriormente" e includiamo i laureati, in inglese i "college grad", questo pubblico includerà solo persone che viaggiano spesso e sono interessate alla cucina e sono anche laureate.

Detailed Targeting
Include people who match 🛈

Behaviors > Travel

Frequent Travelers

🔍 Add demographics, interests or behaviors   Suggestions Browse

and must also match 🛈   ✕

Interests > Additional Interests

Cooking

🔍 Add demographics, interests or behaviors   Suggestions Browse

Narrow Further

Una cosa molto importante da ricordare quando usiamo la restrizione del pubblico è che non dovremo renderlo troppo specifico perché a quel punto potremmo avere a un pubblico troppo piccolo per risultare efficace in termini di consegna dell'inserzione, causando tra l'altro una "Under Delivery" cioè una bassa consegna dell'Ad ed anche costi maggiori, se non comunque poche opportunità d'asta da poter raggiungere, inoltre ricordiamoci che all'interno di qualsiasi pubblico di destinazione che creeremo, il sistema cercherà automaticamente di trovare le persone che potrebbero farci ottenere il risultato per cui gli abbiamo comunicato di ottimizzare l'annuncio durante la creazione dell'Ad Set.

A questo punto se stai seguendo la creazione dell'annuncio nell'Ad Manager, avrai notato la spunta "Detailed Targeting Expansion" questo è disponibile per tutti gli obiettivi tranne che per "Reach" e "Brand Awareness" e non può essere usato per le Special Ads di cui abbiamo parlato in precedenza, inoltre il "Detailed Targeting Expansion" è specifica per il "Detailed Targeting" e non si applica alle semplici opzioni di targeting per località, età o sesso da sole.

Questa opzione di espansione del targeting aiuta il sistema a migliorare il rendimento della campagna consentendogli di raggiungere un gruppo più ampio di persone rispetto a quelle che abbiamo già definito nella sezione di "Detailed Targeting", la useremo quando desideriamo mostrare l'annuncio anche ad altre persone che secondo il sistema potrebbero farci ottenere risultati migliori e/o più economici oltre a quelle già contenute nel pubblico che abbiamo settato in precedenza. In ogni caso il sistema attua l'espansione solo quando pensa di poterci restituire quei risultati migliori, questo apporta aggiornamenti dinamici per riflettere dove sta riscontrando un rendimento migliore, se osserva un rendimento migliore al di fuori del pubblico da noi definito espande ulteriormente il pubblico per includere questo tipo di opportunità aggiuntive.

Per le conversioni e le campagne per l'installazione di app, questa impostazione è predefinita, per annullarla basta deselezionare la casella accanto all'opzione "Detailed Targeting Expansion", invece per tutti gli altri obiettivi, l'espansione del targeting dettagliato è disattivata per impostazione predefinita e abbiamo la facoltà di attivarla manualmente.

Sempre riguardo l'approccio di targeting "Specific" possiamo prendere in considerazione altri due pubblici ben definiti che sono le **Custom Audience**, e le **Lookalike Audience**, per adesso abbiamo usato un approccio specifico sulle **Core Audience** ossia tutte quelle persone che condividono interessi, comportamenti e abitudini naturalmente dentro l'ecosistema di Facebook.

Una **Custom Audience** o pubblico personalizzato come già accennato, è un'opzione di targeting degli annunci che ci consente di considerare il pubblico esistente dei nostri clienti tra le persone che sono nell'ecosistema di Facebook, per crearlo potremo utilizzare fonti come elenchi di clienti, traffico dei siti Web o app, oppure l'engagement su Facebook, in questo modo creeremo un pubblico personalizzato di persone che già conoscono l'attività del cliente.

Possiamo creare fino a cinquecento segmenti di pubblico personalizzato per ogni Ad Account, per creare un pubblico personalizzato possiamo farlo anche qui nella sezione Audience durante la creazione dell'Ad Set, oppure nella sezione Audience del Business Manager, la prima apparirà così:

Audience
Define who you want to see your ads. Learn More

Create New Audience   Use Saved Audience ▼

Custom Audiences   Create New ▼

🔍 Search existing audiences
                                                          Custom Audience
                                                          Reach people who've already interacted with your
Exclude   business.

                                                          Lookalike Audience
Locations   Reach new people on Facebook who are similar to your
                                                          most valuable audiences.
Location:

Se siamo nella sezione Audience del Business Manager invece:

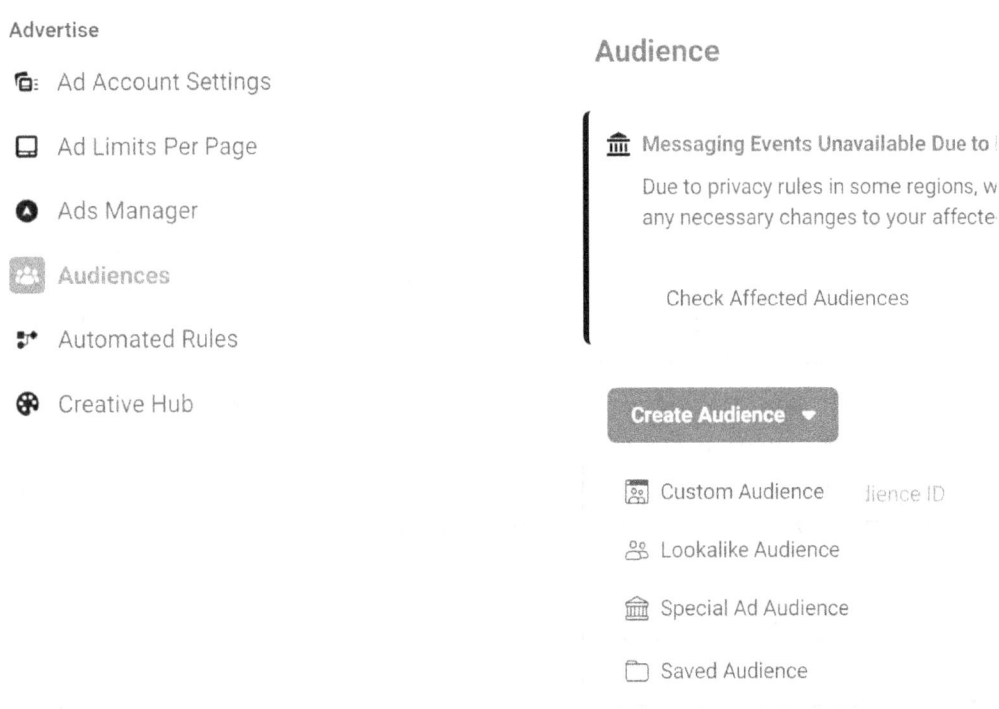

Indipendentemente dal modo in cui costruiremo la nostra Custom Audience dovremo selezionare la sua fonte dei dati per la creazione, quindi cliccando su "Custom Audience" durante la sua creazione comparirà questa schermata:

Choose a Custom Audience Source
Connect with people who have already shown an interest in your business or product.

Your Sources

- Website
- App activity
- Customer list
- Offline activity

Facebook Sources

- Video
- Lead form
- Instant Experience
- Shopping
- Instagram account
- Events
- Facebook Page
- On-Facebook Listings

Da qui come accennato in precedenza possiamo creare un segmento di pubblico dalle fonti del cliente quali il sito Web, la sua attività app, una lista clienti o le attività Offline di cui parleremo più avanti, d'altra parte abbiamo le fonti di Facebook, si tratta del pubblico che ha interagito con i suoi video, account Instagram, form per la generazione di contatti, eventi, che ha interagito con una Instant Experience, con la Pagina Facebook oppure con la sezione Shopping e le On-Facebook Listings per quanto riguarda le interazioni sul Marketplace di facebook nel caso il cliente ne abbia settato uno.

Il pubblico personalizzato dal sito **Web** del cliente è un'opzione di targeting che abbina le persone che visitano il sito Web con le persone su Facebook tramite l'ID unico dell'utente, lo possiamo creare utilizzando il **Pixel** di Facebook.
La sua struttura è composta da un codice base che dovremo inserire in ogni pagina del sito web del nostro cliente in cui vogliamo registrare determinati eventi o interazioni, e un codice personalizzato per registrare eventi personalizzati, grazie a questo potremo poi creare un annuncio da mostrare a quel preciso pubblico che ha intrapreso una determinata azione (ricordiamo la sua triplice funzione).

Esempi di interazioni includono l'aggiunta di un articolo al carrello o l'acquisto, il pixel riceve queste azioni, o meglio "eventi" che potremo poi visualizzare sulla pagina del pixel di Facebook in "Gestione eventi" chiamato "Events Manager" da qui saremo in grado di vedere le azioni che intraprendono gli utenti.

Quindi da un evento, potremo creare poi una Custom Audience dal sito web del nostro cliente, per qualsiasi tipo di visitatori che desideriamo raggiungere con annunci mirati, ad esempio possiamo eseguire una campagna per raggiungere le persone che hanno visitato la pagina di un certo prodotto ma che non hanno completato l'acquisto, con la finalità di incoraggiarli a tornare sul sito web per farlo, o possiamo ad esempio, creare un pubblico di tutti coloro che hanno visitato il sito web negli ultimi trenta giorni.

Il pubblico personalizzato proveniente da eventi **App** ci servirà per indirizzare gli annunci a gruppi specifici di persone che hanno intrapreso una certa azione all'interno dell'app del cliente, lo facciamo utilizzando l'SDK di Facebook, in questo modo trasferiremo dati dall'app al sistema, e utilizzeremo tali dati per specificare chi desideriamo includere nel pubblico personalizzato, esattamente come per il Pixel.

Quando selezioniamo l'obiettivo Traffico o Conversione per eseguire una campagna relativa ad una azione specifica all'interno dell'applicazione, i nostri annunci potrebbero ovviamente avere un rendimento migliore se creassimo un pubblico personalizzato delle persone che hanno già installato l'app, per prima cosa l'applicazione dovrebbe essere registrata, quindi il cliente avrà bisogno di un account Facebook, un account sviluppatore Facebook e una pagina Facebook per l'applicazione, in secondo luogo bisognerebbe configurare l'SDK e registrare gli eventi dell'applicazione più importanti per il cliente, questi possono essere consultati sul sito Facebook per sviluppatori "Facebook for Developers".

Per raggiungere gli utenti che eseguono azioni specifiche al suo interno, bisogna poi impostare gli eventi dell'app per ogni piattaforma in cui è disponibile l'applicazione, abbiamo 14 eventi predefiniti come "aggiunto al carrello" in un'app commerciale o "livello raggiunto" in un gioco ma potremo anche impostare degli eventi personalizzati, se non siamo in grado di settare degli eventi in-app per il nostro cliente dovremmo chiedere aiuto ad uno sviluppatore.

Per quanto riguarda la creazione di un pubblico da una **Customer List** caricheremo una lista dei clienti sulla piattaforma tramite un file, ricordiamoci che in ogni caso i dati dei clienti prima di essere caricati sulla piattaforma subiscono un processo di "Hashing" locale nel browser che stiamo utilizzando, questo anonimizza ogni informazione degli utenti, una volta finito questo processo il sistema ci restituirà le corrispondenze tra i Dati caricati e gli ID degli utenti che usano l'ecosistema Facebook sottoforma di pubblico per poi cancellare i dati.
Tramite queste corrispondenze potremo quindi o creare un pubblico come stiamo facendo in questo momento oppure trovare in fase di report quante conversioni o comunque risultati di una campagna sono stati generati da questo particolare pubblico.
Dovremmo preparare in anticipo la lista clienti per creare un pubblico personalizzato, dato che forniremo al sistema le loro informazioni che poi verranno abbinate ai loro ID, queste informazioni su un elenco di clienti sono divise in "identificatori" (come e-mail,

numero di telefono, indirizzo) e il sistema li utilizza per trovare all'interno dell'ecosistema il pubblico che desideriamo raggiungere con i nostri annunci.

L'elenco clienti può essere un file CSV o TXT che include questi identificatori, per ottenere i migliori tassi di corrispondenza dovremo utilizzare il maggior numero possibile di identificatori nell'interfaccia seguendo le linee guida per la formattazione, Facebook ci fornisce di un modello di file di base che potremo scaricare per aiutare il sistema a mappare più facilmente gli identificatori o "Identifiers".

La lista può anche essere importata anche da software per l'email marketing, se pensiamo che questa sia una pratica data, secondo la DMA la "Data & Marketing Association" nel suo rapporto "Marketer Email Tracker" del 2019 ogni dollaro speso in email marketing ha fornito un ritorno sull'investimento pubblicitario di quarantadue dollari, consideriamo quindi le potenzialità dell'elenco clienti anche unito all'Email Marketing.

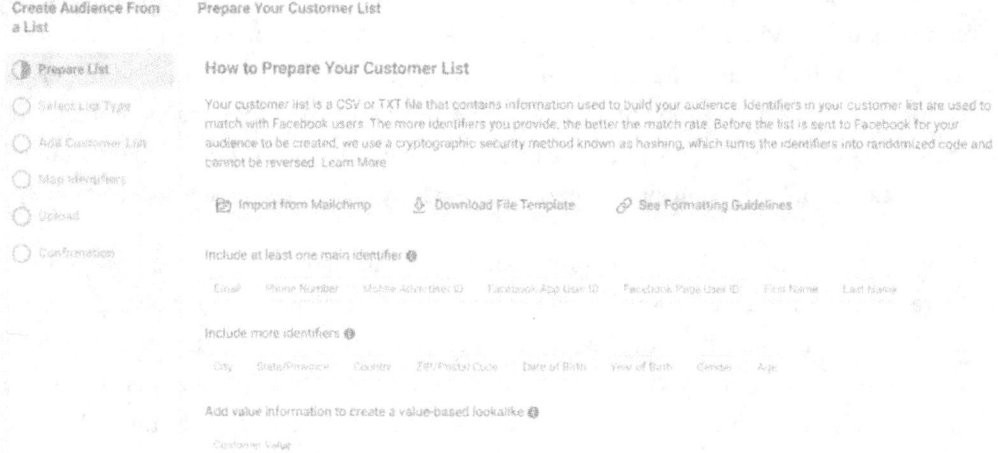

In "Select List Type" durante la creazione della customer list, il sistema ci chiederà anche se l'elenco ha una colonna che indichi il "Customer Value" cioè il valore espresso in scala che ha l'utente per il business in termini di spesa e frequenza della spesa.

Dopo aver caricato la lista clienti, diamo un nome alla nostra Audience e se necessario aggiungiamo una descrizione per ricordarci di che pubblico stiamo parlando, a questo punto dovremo far corrispondere le nostre "colonne" ovvero gli identificatori nel nostro file clienti agli identificatori nella sezione "Map Identifiers" facendo si che combacino nel modo in cui il sistema dovrebbe correttamente identificarli, perchè questo potrebbe trovare anche degli errori di formattazione da dover correggere, in "Action Needed" troviamo i campi che dovremmo mappare o che vogliamo mappare a seconda del caso che questi siano utili all'identificazione oppure no, questa correzione potrebbe accadere più spesso nel caso avessimo caricato una Customer List automaticamente senza averla preparata in precedenza.

Infine procederemo all'Upload, se abbiamo creato la Audience direttamente a livello Ad Set come stiamo facendo adesso questa verrà salvata e usata, altrimenti potremo creare questa Custom Audience nella sezione "Audiences" del Business Manager, qui troveremo una finestra in cui potremo lanciare un'inserzione con il pubblico appena creato, oppure creare una Lookalike Audience di questo particolare pubblico personalizzato.

Ricordiamoci che prima che il sistema utilizzi l'elenco caricato per il processo di corrispondenza, le informazioni nell'elenco dei clienti vengono sottoposte a hashing e non saranno identificabili a livello individuale, questo è un metodo di sicurezza crittografico che trasforma i nostri identificatori in un codice randomizzato, l'operazione potrebbe richiedere più tempo in funzione alle dimensioni dell'elenco.

Per quanto riguarda invece l'**Offline Activity** usiamo un target di persone "reali" cioè sempre da un elenco clienti che però hanno intrapreso acquisti nei negozi fisici oppure ordini telefonici così come prenotazioni, in linea generale quando creiamo un pubblico personalizzato in base alle informazioni che gli utenti hanno condiviso con il nostro cliente, includiamone il più possibile per ottenere le migliori percentuali di corrispondenza come abbiamo fatto per la **Customer List**, queste informazioni o appunto "identificatori" una volta raccolte, per quanto riguarda le attività Offline andranno formattate manualmente in un file CSV il quale esempio è reperibile online, per poi caricarlo nel sistema.

A prescindere dall'uso che faremo di questi particolari pubblici personalizzati utilizzando questo tipo di file, nel caso utilizzassimo più tipi di identificatore al suo interno, assicuriamoci che le informazioni siano organizzate in colonne separate evitando di usare una singola colonna per i nomi completi, usiamo invece una colonna per i nomi, ed una per i cognomi, se includiamo nell'elenco anche i numeri di telefono, includiamo sempre il prefisso internazionale, anche se tutti i numeri provengono ad esempio da clienti italiani (+39) quando utilizziamo un paese nell'elenco, includiamo anche questo nella sua colonna dedicata anche se i clienti sono tutti italiani (IT) questo tipo di separazione per ciascun identificatore nella propria colonna garantisce maggiore compatibilità con gli identificatori del sistema prima che le informazioni vengano sottoposte ad Hashing.

Se nel processo di creazione della Custom Audience tramite l'Offline Activity notiamo una finestra che recita "No Offline Event Sets avaiable" ovvero "nessun set di eventi offline disponibile", è normale.

Questo accade perchè per prima cosa dovremmo creare un "Offline Events Set" cioè un set di eventi offline da usare per la sua creazione, dopo aver creato il set di eventi Offline potremo anche quantificare le conversioni nel negozio del cliente in fase di Report, oppure considerare questa utenza per annunci futuri, così come creare pubblici simili a questa particolare clientela.

Per creare un set di eventi offline, dovremo andare nell'Event Manager ovvero lo strumento di Gestione Eventi, in Data Sources cioè Fonte Dati, cliccare su aggiungi e selezionare "Offline".

Daremo poi un nome ed una descrizione al nostro Offline Event Set, collegheremo l'Ad Account a cui farà riferimento ed infine abiliteremo l'opzione "Automatic Tracking", a questo punto avremo creato il set di eventi, prima di poter creare un pubblico da questa fonte dovremo affrontare due fasi distinte, in primis creeremo un file per gli eventi offline avvenuti in negozio e poi da questo il pubblico, clicchiamo sul set di eventi appena

creato e selezioniamo "Upload Offline Event", ci ritroveremo davanti a questa schermata:

Offline
Connect your offline information to send activity that occurs in stores or anywhere that is not on the web.

Qui faremo l'upload di un file simile a quello di cui abbiamo parlato in precedenza per le customer list che includerà i dettagli delle persone che hanno interagito con il negozio fisico del nostro cliente, a questo punto il sistema ci chiederà di allineare i dati in maniera simile all'upload della customer list in modo che le colonne cioè "identificatori" vengano riconosciute dal sistema prestando particolare attenzione ad integrare l'identificatore dell'orario in cui è avvenuta la conversione offline nel negozio del cliente, una delle colonne all'interno del file avrà il nome dell'evento di conversione "event_name" che non sarà il nome che avremo dato al set di eventi ma il nome dell'evento di conversione standard o personalizzato di facebook, come ad esempio "purchase" se si tratta di acquisto in negozio.

Ora che abbiamo fatto l'upload dell'evento offline possiamo sia usarlo come fonte per creare questa Custom Audience Offline sia usare come target del nostro Ad Set il pubblico che ha interagito offline con il nostro cliente tramite un annuncio che ha come origine dei dati il suddetto Set di Eventi Offline, quindi selezioniamo "Create Custom Audience" e dove prima vedevamo "No Offline Event Sets available" adesso selezioneremo il nostro set di eventi offline appena creato, avendo sulla base dell'esempio citato in precedenza, l'accortezza di selezionare l'evento "purchase", una volta cliccato su crea potremo usare questo pubblico nelle nostre campagne o crearne uno simile a cui direzionare i nostri annunci.

Durante la conduzione della campagna, potremmo anche caricare i dati delle interazione nelle sedi del negozio fisico del cliente tramite l'API delle conversioni offline detto anche "API lato server" o usare le integrazioni dei partner, dopo il caricamento dei dati che in questo caso tramite API avverrà in modo automatico rispetto al precedente che avveniva tramite un nostro upload manuale di un file .CSV, potremo anche vedere il numero di conversioni offline attribuite alle persone che hanno visto o fatto clic sulle nostre inserzioni, ne potremo misurare il ritorno sulla spesa pubblicitaria offline cioè il "ROAS" e raggiungere le persone offline per mostrargli inserzioni sempre più personalizzate in base alle azioni che queste eseguono nei negozi fisici del cliente.
Come tempo limite per questo report offline abbiamo novanta giorni da una "impression" per caricare tali dati, cioè da una impressione generata dal nostro annuncio, questo vuol dire che abbiamo novanta giorni per caricare le azioni in negozio, se non caricheremo alcun dato entro i novanta giorni dalla sua creazione la tempistica per il caricamento di tali dati si ridurrebbe a trentacinque giorni, dopodiché torneremo ad avere un limite di novanta giorni per caricarli ed attribuire i risultati in questo arco di tempo.

Se il cliente non dispone di un API delle conversioni offline o le integrazioni dei partner, il che è molto probabile per quanto riguarda le piccole attività, il consiglio è quello di raccogliere i dati ogni giorno, con questo tipo di clientela potremmo come già accennato creare anche una **Lookalike Audience** per fornire le inserzioni a persone simili all'utenza offline del nostro cliente, magari categorizzata anche per il suo Lifetime Value, ad esempio.

Dopo questa parentesi sulle Custom Audience, torniamo alla fonte dei dati, le "Data Sources" nella selezione della Audience per determinare il target delle nostre Ads, siamo qui:

Choose a Custom Audience Source
Connect with people who have already shown an interest in your business or product.

Your Sources

- Website
- App activity
- Customer list
- Offline activity

Facebook Sources

- Video
- Lead form
- Instant Experience
- Shopping
- Instagram account
- Events
- Facebook Page
- On-Facebook Listings

Abbiamo capito come selezionare un pubblico da fonti che possono essere il sito Web del cliente, l'attività degli utenti, la sua lista clienti e le sue attività Offline che avvengono nei negozi Fisici, dobbiamo ancora affrontare come rivolgerci ad un pubblico che ha interagito con le sue fonti su Facebook, le "Facebook Sources".

Il pubblico personalizzato che ha come fonte le "Facebook Sources" è detto "**Engagement Custom Audience**" questo è un pubblico personalizzato composto da persone che hanno interagito con i contenuti del cliente attraverso i placements "interni" di Facebook esclusi siti web esterni o app, per "Interagire" ci riferiamo alle azioni che le persone possono intraprendere mentre sono sulla piattaforma, come visualizzare video, seguire una pagina o aprire un modulo per la generazione di contatti in un annuncio, questi segmenti di pubblico personalizzati creati da queste fonti comunicano al sistema di mostrare i nostri annunci alle persone che hanno eseguito queste particolari azioni, questo tipo di pubblico può anche essere usato come fonte per una **Lookalike Audience** cioè un pubblico simile.

Ricordiamoci che i segmenti di pubblico personalizzati per interazione su Facebook sono diversi dai segmenti di pubblico personalizzati generati dal Pixel all'interno del sito web, nonostante entrambi tengano conto delle azioni, il pubblico personalizzato per "engagement" utilizza le azioni intraprese all'interno dell'ecosistema di Facebook, mentre il pubblico personalizzato dal sito web utilizza le azioni intraprese monitorate da un pixel tramite gli eventi che dovremmo settare in precedenza all'esterno del suo ecosistema.

Quando creiamo un Engagement Custom Audience, comunicheremo al sistema anche di quanti giorni desideriamo che questo torni indietro per raccogliere quella data utenza che ha eseguito una certa azione al suo interno, ciò significa che se indicassimo al sistema di guardare indietro di trenta giorni e qualcuno avesse fatto una interazione ventinove giorni prima, quella persona verrebbe inclusa nel nostro pubblico, chiunque faccia una certa azione entro il periodo di tempo che abbiamo scelto verrà aggiunto al pubblico da engagement, ciò significa che questo viene costantemente aggiornato, quindi non è necessario modificare o creare una nuova Engagement Custom Audience a meno che non desiderassimo modificare il periodo di tempo o il tipo di coinvolgimento da usare come target dei nostri annunci.

Dopo aver capito come funziona la fonte dei dati nei due tipi di Custom Audience provenienti da diverse fonti del cliente è ora di parlare di Lookalike Audience cioè del "pubblico simile", dopo averlo creato il sistema ci permetterà di utilizzare il pubblico personalizzato a sua volta come fonte per la creazione di una **Lookalike Audience**, questa consiste in una segmentazione di pubblico a cui indirizzeremo le nostre inserzioni, che è simile, o meglio "assomiglia" alle persone che attualmente stanno interagendo in un certo modo con il nostro cliente, condividendo con queste certe caratteristiche.
Quando creiamo un pubblico simile, scegliamo quindi un pubblico di origine come una custom audience creata con informazioni estratte dal pixel, app mobile oppure da informazioni estratte dai fan della Pagina quindi un pubblico da engagement custom audience, il sistema poi identifica le qualità comuni delle persone al suo interno come le informazioni demografiche o gli interessi, e costruisce un pubblico di persone che sono affini ai primi.

Possiamo scegliere il livello di somiglianza di una lookalike audience durante il processo di creazione tramite una percentuale che va dall'1% al 10%, al diminuire della percentuale diminuirà il numero degli utenti del nuovo pubblico, ma questa nuova segmentazione corrisponderà di più al pubblico di origine, all'aumentare della percentuale aumenteremo il numero degli utenti facenti parte del pubblico simile, ma al contempo ridurremo il livello di somiglianza con questo, un buon consiglio è quello di utilizzare un valore percentuale basso in fase di conversione o comunque per strategie di "direct response marketing" ed un valore percentuale alto in fase di brand awareness o comunque per azioni di "brand marketing".

Durante la sua creazione è molto importante anche considerare la qualità della fonte dei dati, se un pubblico di origine è composto da persone che portano più valore per il cliente anziché da tutti i suoi clienti ciò potrebbe portare a risultati migliori se volessimo aumentare il valore della spesa medio nel suo negozio, utilizziamo anche un pubblico relativamente ampio, una buona pratica è usare almeno un pubblico di origine composto da mille a cinquantamila persone ricordandoci che questo tipo di pubblico includerà solo persone del paese o dei paesi selezionati durante la creazione e la fonte dovrà contenere come requisito fondamentale almeno cento persone di un singolo paese per consentire al sistema di utilizzarlo come base per un pubblico simile. Come limite potremo creare fino a cinquecento segmenti di pubblico simile da un singolo pubblico di origine, inoltre potremo utilizzare più segmenti di questo pubblico contemporaneamente per un singolo Ad Set.

Per creare una **Lookalike Audience** dovremmo avere il ruolo di amministratore "Administrator" o inserzionista "Advertiser" nell'account pubblicitario ovvero "Ad Account" del cliente, inoltre assicuriamoci di essere un amministratore della pagina o del pixel da cui lo stiamo creando, della pagina se la fonte è una custom engagement audience, del Pixel perchè sennò non potremo creare nessun pubblico dalla fonte web tramite gli eventi, facciamo attenzione ai ruoli e ai privilegi di accesso alle risorse nel business manager di cui abbiamo parlato nel capitolo "L'accesso alle risorse del cliente" oppure potremmo incorrere in problemi di autorizzazione durante questa fase così come in altre.

Creeremo una Lookalike Audience direttamente dalla creazione dell'Ad Set come stiamo facendo in questo momento o nella sezione "Audiences" del Business Manager come abbiamo visto in precedenza per le Custom Audience, a questo punto selezioniamo la fonte dei dati:

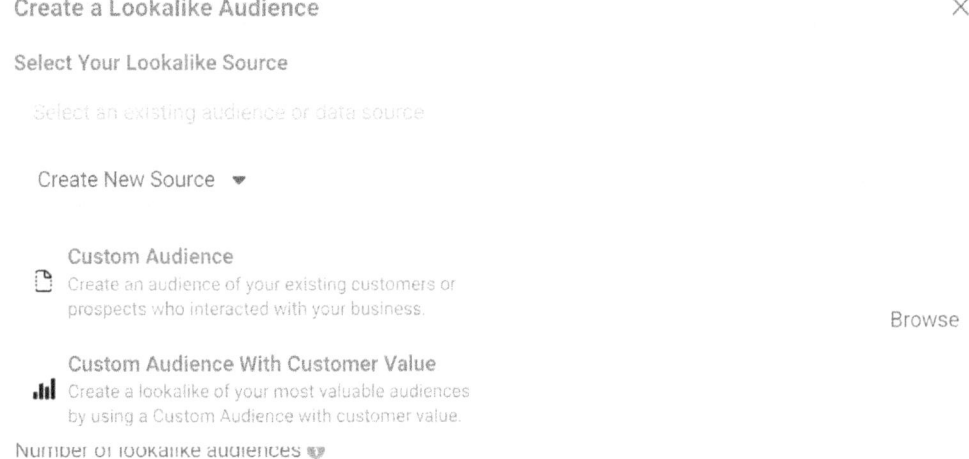

Qui potremmo selezionare una Custom Audience oppure una Custom Audience con una Customer Value, quest'ultimo è un tipo di dato richiesto solo per la creazione di segmenti di pubblico simili basati sul valore e indica una rappresentazione dell'utile netto attribuibile a un determinato cliente per tutta la durata della relazione con questo, da selezionare per aumentare il valore della spesa media minima nei negozi dei nostri clienti come consigliato in precedenza.

Per farlo possiamo utilizzare come fonte per la nostra Lookalike Audience con Customer Value un elenco che esprima un valore totale dell'utente, ad esempio possiamo aggiungere una colonna "Customer Lifetime Value" (il valore totale per l'appunto) in un file CSV o TXT che caricheremo per creare questo pubblico basato sul "valore", proprio come abbiamo fatto in precedenza per la lista clienti, il pubblico creato sarà quindi composto dalle persone più simili agli utenti di maggior valore per i nostri clienti, a questo punto cliccando su "Custom Audience With Customer Value", caricheremo il file origine dei dati:

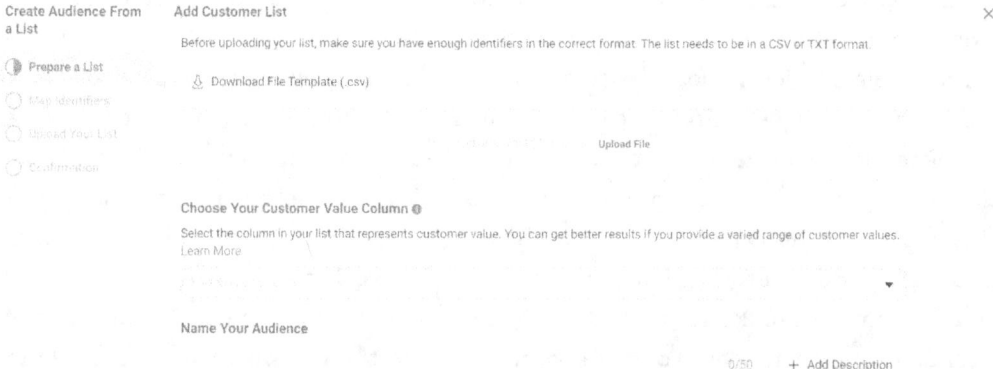

Oppure potremmo utilizzare un pixel, un SDK o un catalogo selezionando le "Nostre Fonti" nel menù, e scegliere il pixel come fonte basata sul "valore" da utilizzare per creare automaticamente la Lookalike Audience.

Choose a Custom Audience Source

Connect with people who have already shown an interest in your business or product.

Your Sources

- Website
- Customer list
- App activity
- Offline activity

Facebook Sources

- Video
- Instagram account
- Lead form
- Events
- Instant Experience
- Facebook Page
- Shopping
- On-Facebook Listings

Se invece volessimo omettere il Lifetime Value selezioneremo semplicemente "Custom Audience" e poi la fonte desiderata senza indicare questo particolare dato nella configurazione, per poi selezionare la percentuale di somiglianza del pubblico che desideriamo generare in base alla nostra custom audience di origine, in una percentuale che va dall' 1% al 10%.

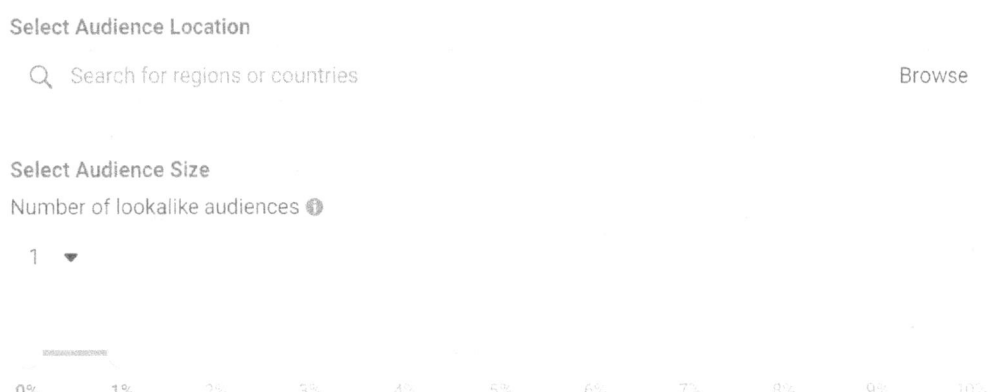

Un normale pubblico simile che non tiene conto del Lifetime Value del cliente, può trovare solo persone simili a tutti i clienti in base ai dati forniti dalla fonte che è la custom audience, una volta creato il pubblico cliccando su "Crea" potrebbero essere necessarie dalle sei alle ventiquattro ore per poterlo utilizzare, successivamente questa lookalike audience si aggiornerà continuamente da ogni tre a sette giorni nel caso lo stessimo continuando ad usare come target dei nostri annunci, questo vuol dire che potremmo mantenere un Ad Set sempre attivo (sempre che il raggiungimento degli obiettivi ce lo richieda) perchè questo pubblico sarà sempre aggiornato in base alla sua fonte, per vedere l'ultima volta che questo pubblico è stato aggiornato possiamo visitare nella sezione "Audiences" nell'Ad Manager e nella colonna "Availability" troveremo l'ultima data di aggiornamento di questo pubblico.

Abbiamo parlato dell'approccio "Specific" cioè specifico che possiamo adottare per creare un pubblico di destinazione, per quanto riguarda invece l'approccio "Broad" cioè ampio, ci affideremo principalmente al sistema di pubblicazione per trovare le persone migliori a cui mostrare l'annuncio, nessuno dei due tipi di targeting è intrinsecamente uno superiore all'altro anzi, nella strategia complessiva integreremo elementi di entrambi, l'approccio che sceglieremo dipenderà da ciò che stiamo cercando di realizzare e dalle risorse che abbiamo a disposizione, se il cliente non ha idea della sua segmentazione di pubblico ideale per le sue campagne o non ha una lista clienti definita saremo noi che dovremo rispondere a questa domanda e quindi inizialmente dovremo rivolgerci ad un pubblico più ampio, fare una pratica di "prospecting" cioè di "prospezione" dell'utenza, che consiste nell'indagine al fine scoprire il target ideale del nostro cliente.

Usare un targeting ampio o generico significa essenzialmente affidarsi al sistema di pubblicazione standard, questo approccio può portarci a trovare potenziali clienti semplicemente utilizzando parametri di targeting di base come abbiamo visto ad inizio capitolo, in genere si usa in questo caso solo l'età, il sesso e area geografica, ed è un buon approccio se non siamo sicuri di chi dovremmo scegliere come target, anche se una prima scelta nel targeting quando lavoriamo per un nuovo cliente dovrebbe sempre iniziare dalla sua lista clienti attuale, si potrebbe sintetizzare questa scelta "ampia" nel targettizzare la così detta **Core Audience**.

Dopo aver lanciato la nostra prima inserzione di "prospecting", in Audience Insights o Ads Reporting, potremo saperne di più sui tipi di persone che il sistema ha trovato per noi e su come hanno reagito alla nostra azione pubblicitaria, in modo da restringere il campo e dirigere il traffico sempre più in basso rispetto funnel di conversione.
Ti ricorderai del "Detailed targeting Expansion" che potevamo selezionare usando una Custom Audience, ecco questa opzione non dovremmo considerarla una strategia equivalente a quella del targeting ampio, in quanto in tal caso la ratio è sì quella di espandere il pubblico, ma sapremo già le caratteristiche dei target del nostro cliente e vorremmo tramite questa particolare opzione espanderlo ulteriormente in base alle affinità trovate dal machine learning, ma non in un numero così significativo come quando aggiungiamo un interesse.

Per quanto riguarda il targeting ampio avendo già una Custom Audience, una buona strategia è quella di creare una Lookalike Audience al 10% per espandere la potenziale clientela, all'aumentare della percentuale vengono trovate sì meno corrispondenze in termini di somiglianza quindi più persone "un po' meno simili" ma comunque risultano ottime per espandere il bacino di utenza in base al nostro obiettivo, assicuriamoci di avere una fonte non solo di mille persone, così come non solo il minimo quantitativo necessario di cento persone, più dati daremo in "pasto" al sistema più il risultato sarà accurato.

In fondo alla sezione Audience notiamo la voce "Connections":

Connections

Add a connection type ▼

Questo aiuta a trovare un pubblico in base al modo in cui le persone sono collegate all'attività del cliente, possiamo raggiungere le persone che sono collegate alla pagina, app e/o evento, una persona può essere considerata "connessa" se hanno interagito con queste fonti o sono amici di qualcuno che lo ha fatto, il sistema convertirà i membri di queste connessioni in Custom Audience e Lookalike Audience.

Indipendentemente dalla strategia non utilizziamo troppi parametri perché questo può portare a un pubblico troppo piccolo e specifico per essere efficace.

Il pannello sulla destra "**Audience Definition**" ci darà dei risultati stimati sulla dimensione del pubblico, consiste in una stima della copertura potenziale del numero di persone che la nostra inserzione potrebbe potenzialmente raggiungere in base al targeting e posizionamento che abbiamo selezionato durante la creazione.

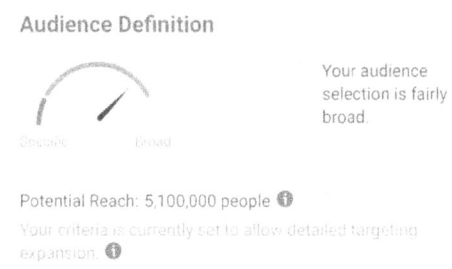

Avrai notato che quando abbiamo aggiunto gli interessi specifici nella creazione delle Audiences le stime si sono aggiornate in tempo reale durante la loro configurazione, il calcolo tiene conto di molti fattori, come i criteri di targeting e il placement, con quali contenuti le persone interagiscono su facebook, i dati autodichiarati come età e sesso, e dove le persone vedono gli annunci per esempio se le visualizzano più in un feed di notizie di Facebook o nelle storie di Instagram.

Questa "Potential Reach" o copertura potenziale non è una stima certa di quante persone vedranno effettivamente l'inserzione, questo è possibile averlo solo tramite una "Reach and Frequency Buying", in un acquisto all'asta il numero di persone effettivamente raggiunte dalla campagna dipenderà sempre dalle variabili che compongono il sistema d'asta e dal rendimento dell'inserzione, possiamo controllare la stima dei risultati giornalieri tenendo presente che i risultati mostrati si applicano ad ogni giorno, non ai risultati totali dell'Ad Set.

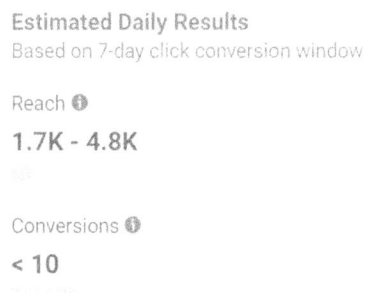

Sia la "Potential Reach" ossia la copertura giornaliera stimata che i "Daily Results" cioè o risultati giornalieri stimati, che nell'immagine esempio vengono indicati come "Conversions" perchè riflette l'obiettivo scelto delle conversioni per questo esempio, sono disponibili per installazioni di app, risposte agli eventi, visualizzazioni di Landing Page, click sui collegamenti, generazione di leads cioè "contatti", rivendicazioni di offerte, coinvolgimento della pagina cioè l'engagement, i likes sulla pagina, l'engagement dei post e le visualizzazioni video.

Nel caso avessimo impostato un certo budget giornaliero per il nostro Ad Set, e lo volessimo aumentare considerevolmente, il sistema non avrà dati sul rendimento pertinenti e le stime saranno meno certe, ricordiamoci anche che le stime si riferiscono al singolo Ad set e che quindi più Ad Sets all'interno della nostra Campagna avranno stime proprie e differenti, per quanto riguarda gli Ad Sets che utilizzano la Campaign Budget Optimization con i Buying Types o strategie di offerta di Bid Cap e Cost Cap non potremo consultare tali stime.

Siamo al termine dell'illustrazione della sezione **Audiences** all'interno del processo di creazione dell'Ad Set, tuttavia prima di utilizzare più Audiences o pubblici dobbiamo considerare che potrebbe verificarsi il già citato fenomeno dell'Overlapping, questo si verifica quando ad esempio due segmenti di pubblico che abbiamo selezionato per i nostri Ad Sets contengono un certo numero di esattamente gli stessi utenti al loro interno, all'interno della stessa Campagna che stiamo conducendo, questo provoca un "Overlapping" cioè una "sovrapposizione" dei pubblici, a tal proposito ricordiamo che essendo il pubblico una variabile a livello Ad Set, vedremo una campagna rivolgersi a più segmenti di questo potendo contenere più Ad Sets.

Il nostro obiettivo è quello di non avere overlapping o averne molto poco in modo da ridurre i problemi di "Delivery" cioè consegna del messaggio pubblicitario, un modo per risolvere questo problema è identificare questa sovrapposizione del pubblico.

In pratica quando creiamo i nostri Ad Sets e questi finiscono nella stessa asta perchè si rivolgono ad un pubblico comune, il sistema inserisce quello con la migliore cronologia di rendimento e impedisce agli altri di competere per essere mostrati, quindi non venendo mostrati quelli con un punteggio minore il sistema farà in modo che i due Ad Sets non vadano in competizione tra loro, questo però a discapito di uno dei due che verrà "oscurato", la conseguenza è l'aumento dei costi e l'uso inefficiente del budget del nostro cliente proprio a causa di questi pubblici che si "sovrastano".

Possiamo controllare se due segmenti di pubblico che stiamo utilizzando si sovrappongono in "Audiences" nel Business Manager selezionando i pubblici in cui vogliamo verificare l'Overlap e poi cliccando sull'Icona con tre puntini selezioniamo "Show Audience Overlap":

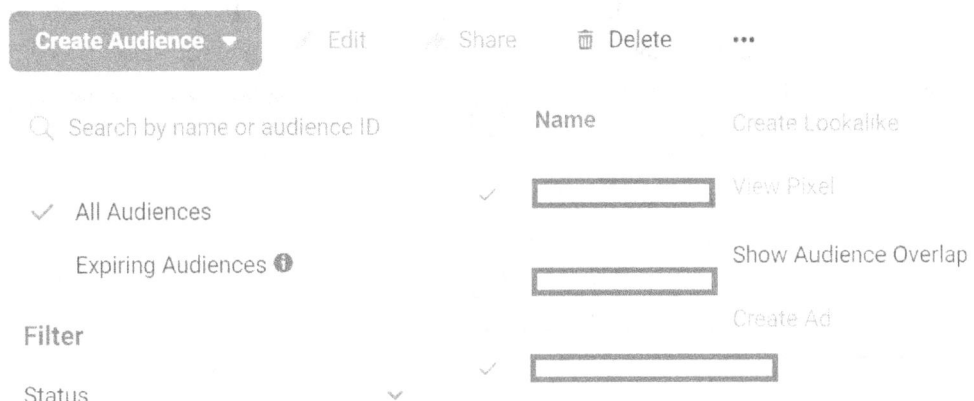

Una volta cliccato, visualizzeremo questa finestra, ovviamente il secondo pubblico selezionato verrà messo a confronto con il primo, qui verrà mostrata la percentuale di sovrapposizione del pubblico selezionato e nella colonna "Overlap" cioè Sovrapposizione viene mostrato il numero di persone che fanno parte di entrambi i segmenti di pubblico in questo caso 110.040 persone.

Ad esempio, abbiamo un pubblico selezionato con 230.000 persone, chiameremo questo pubblico selezionato Pubblico A e un pubblico di confronto di 120.000 persone che chiameremo Pubblico B, quello che vogliamo sapere è quante persone hanno in comune i due segmenti, il sistema ha trovato 110.040 persone uguali in entrambi i segmenti, in questo caso 48% vuol dire che il 48% delle persone del gruppo A di 230.000 persone fa parte anche del gruppo B per un totale di 110.040 persone.

Il numero 110.040 rimane costante indipendentemente dall'ordine di selezione dei gruppi, ma la percentuale di sovrapposizione cambierà, infatti se il pubblico B di 120.000 persone diventa il pubblico selezionato per primo, e vogliamo sapere quante persone hanno in comune i due segmenti con il gruppo di confronto A di 230.000 persone, vedremo che la percentuale cambia, il sistema ha sempre trovato 110.040 persone in entrambi i segmenti, in questo caso però ci dirà che abbiamo una sovrapposizione del 92% questo vuol dire che il 92% delle persone del gruppo B di 120.000 persone fa parte del gruppo A per un totale di 110.040 persone.

Questo significa che se abbiamo due Ad Sets in esecuzione uno con il pubblico A e uno con il pubblico B e non ci siamo accorti della sovrapposizione, è più probabile che questa causi problemi di pubblicazione per l'Ad Set destinato al pubblico B rispetto all'Ad Set destinato al pubblico A perché la quasi totalità del gruppo B è in comune col gruppo A.

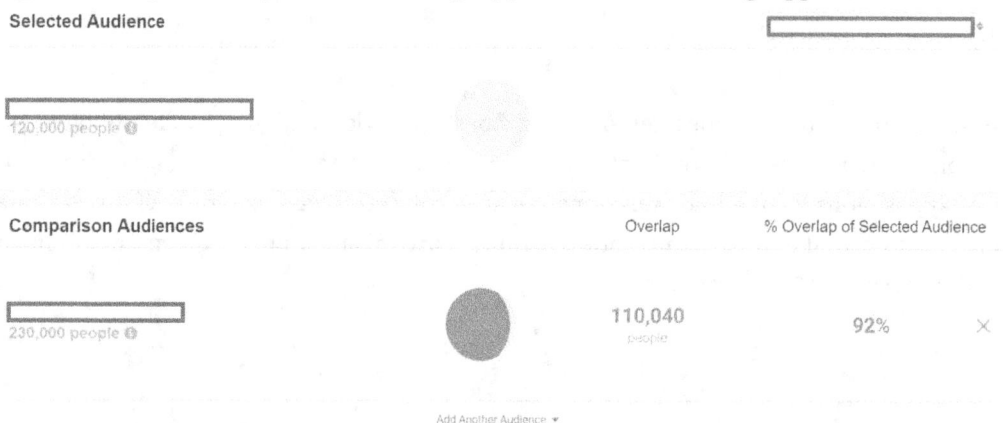

Dato che nel pubblico B il 92% delle persone sovrapposte fanno parte del gruppo A per risolvere il problema in questo caso è preferibile consolidare gli Ad Sets in uno solo e usare un Budget maggiore.

Un altro modo per controllare questo fenomeno è raffinare il targeting e modificarlo in modo da non creare l'overlap, per poi controllare sempre con questo strumento se vi è ancora una sovrapposizione oppure no tra i nuovi pubblici, la scelta migliore dipenderà dalla situazione, in generale in fase di decisione, se due segmenti di pubblico sono abbastanza distinti e abbiamo impostato strategie d'asta diverse e diversi target per ogni Ad Set, proviamo a tenerli separati e a perfezionarli ulteriormente, in caso contrario, consolidiamoli e a combiniamo i loro budget in un unico Ad Set.

I posizionamenti pubblicitari all'interno del sistema

Un "Placement" ossia posizionamento è la "posizione" in cui viene mostrata la nostra inserzione, a seconda dell'obiettivo che sceglieremo a livello campagna, le nostre Ads possono essere visualizzate all'interno di tutto l'ecosistema di Facebook formato da Facebook, Instagram, Messenger e Audience Network.

Placements

Automatic Placements (Recommended)
Use automatic placements to maximize your budget and help show your ads to more people. Facebook's delivery system will allocate your ad set's budget across multiple placements based on where they're likely to perform best.

● Manual Placements
Manually choose the places to show your ad. The more placements you select, the more opportunities you'll have to reach your target audience and achieve your business goals.

Devices
All devices

Platforms

✓ Facebook   ✓ Instagram

✓ Audience Network ✓ Messenger

Asset Customization ⓘ
16 / 16 placements that support asset customization

A loro volta Facebook, Instagram, Messenger e Audience Network hanno i loro placements, in base alla piattaforma:

Su Facebook possiamo mostrare l'annuncio sul Facebook News Feed, nel Facebook Marketplace, nel Facebook Video Feed, sulle Facebook Stories, nei Facebook In-Stream Videos, nei Facebook Search Results e negli Instant Articles.
Su Instagram possiamo mostrare l'Ad nell'Instagram Feed, nell'Instagram Explore e nelle Instagram Stories e su Messenger possiamo mostrare la nostra Ad nell'Inbox dei messaggi dell'applicazione e nelle Messenger Stories.
Per l'Audience Network invece possiamo mostrare la nostra ad su Audience Network native, banner e interstitial, video premiati di Audience Network e i video in-stream dell'

Audience Network, ne parleremo meglio quando affronteremo i singoli placements.

Notiamo che nel menù abbiamo la possibilità di scegliere tra Automatic Placements e Manual Placements, il consiglio in assenza di richieste specifiche è quello di usare gli "Automatic Placements" o posizionamenti automatici perché questo consente al sistema di sfruttare al meglio il budget, dato che in questo modo stiamo dando al "Delivery System" cioè il sistema di consegna una maggiore flessibilità per ottenere risultati migliori e maggiori, possiamo dire che gli stiamo dando più "raggio di azione".

I posizionamenti automatici consentono al sistema di ottenere i migliori risultati disponibili tra tutti i posizionamenti possibili, dato che il sistema sceglie i risultati in una gamma più ampia possibile, questa scelta ci restituisce in genere un uso del budget più efficiente e aiuta a controllare i costi, questo perché se ad esempio il costo medio per evento di ottimizzazione sui feed di Facebook fosse significativamente più basso rispetto alle storie di Instagram in una data asta, ma non lo avessimo selezionato come posizionamento, il sistema perderà un'occasione per un placement più economico.

Ricordiamoci che il sistema di consegna degli annunci è progettato per restituirci il maggior numero di eventi di ottimizzazione al costo medio più basso complessivo, non al costo medio più basso per ogni posizionamento, ciò significa che esaminando tutte le opportunità disponibili in tutti i posizionamenti il sistema selezionerà quelle meno costose senza considerare quale sarà il costo medio per evento di ottimizzazione per ciascun posizionamento.

Se vogliamo sfruttare le potenzialità del sistema di delivery usiamo il più possibile il posizionamento automatico, se invece optiamo per il piazzamento manuale dell'annuncio selezioniamo e deselezioniamo i placements in cui vogliamo mostrare la nostra inserzione, su "Devices" come mostra l'immagine esempio possiamo anche decidere se mostrare l'inserzione solo su Desktop o solo su Mobile.

Devices

All Devices (Recommended) ▼

✓ Mobile

✓ Desktop

Possiamo anche specificare a quale sistema operativo Mobile mostrare la nostra Ad:

Specific Mobile Devices & Operating Systems

All Mobile Devices

- ● All Mobile Devices
- Android Devices Only
- iOS Devices Only
- Feature Phones Only

Abbiamo anche l'opzione di decidere se mostrare l'inserzione solo quando l'utente è connesso al Wi-fi selezionando l'apposita spunta, e per quanto riguarda gli In-Stream Videos possiamo decidere se includere o no quel tipo di inserzione in cui il video può essere "saltato", come ci sarà già capitato altre volte di fare durante la visione di un video in straming.

✓ Only when connected to Wi-Fi

Exclude Skippable Ads
Available for In-Stream Videos.

Don't include skippable ads in this ad set

Siamo arrivati alla voce "Inventory Filter", questo ci permette di poter controllare il livello di sensibilità dei contenuti all'interno dei nostri annunci visualizzati sui video Facebook in-stream, i video IGTV e l'Audience Network.

Indipendentemente dalla nostra scelta tra "Complete", "Standard" o "Limited", i nostri annunci verranno visualizzati solo in articoli, video e app appropriati per lo spazio pubblicitario, i contenuti eccessivamente controversi o offensivi, come nudità totale, violenza eccessiva e atti terroristici sono esclusi secondo le Policy della piattaforma, anche le informazioni errate identificate da verificatori di fatti di terze parti sono escluse per impostazione predefinita, possiamo anche selezionare l'inventory filter a livello Account nella sezione Brand Safety del Business Manager, la ratio è quella di evitare che i contenuti pubblicitari del nostro cliente vengano visualizzati su posizionamenti considerati inopportuni.

In questa sezione del Business Manager possiamo anche escludere argomenti specifici, per i video in-stream di Facebook sceglieremo le esclusioni a livello di contenuto tra quattro diversi argomenti tra le news, contenuti riguardo la politica, riguardo giochi oppure

Brand Safety

⬜ ▼

🛡 **Controls**
Manage controls for ad accounts

Assets

⊘ **Block Lists**
Block Apps and Pages

Review

☰ **Publisher Lists**
Where your ads could appear

📄 **Delivery Reports**
Where your ads have appeared

contenuti religiosi e spirituali.

Nel posizionamento video in-stream di Facebook, possiamo decidere se le nostre Ads debbano essere visualizzate nei live streaming dei partner di Facebook o nei video pubblicati da non Partner ma monetizzati dai titolari dei diritti, selezionando le relative spunte.

Se vogliamo creare una lista di blocco, potremmo anche consultare l'elenco corrente degli editori prima di decidere sulla lista bloccati, questo elenco impedisce la pubblicazione delle nostre inserzioni su pagine o app specifiche all'interno dell'Audience Network, articoli istantanei di Facebook, video in-stream di Facebook e video IGTV nel caso queste siano indesiderate per il cliente il che può accadere per vari motivi, come ad esempio evitare di essere associati a determinati spazi, concetti o personalità, oppure evitare di comparire su pagine di prodotti o servizi ritenuti inopportuni per l'attività del cliente, o ancora per evitare che la pubblicità di un certo prodotto o servizio non venga mostrato in placements i quali mirano a soddisfare un bisogno "antagonista" a quello che il cliente mira a soddisfare tramite la sua proposta, così ad esempio eviteremo di pubblicizzare abbigliamento sartoriale in spazi che propongono abbigliamento sportivo.

Per fare ciò basta caricare un file CSV o TXT contenenti i siti su cui non vogliamo far apparire l'inserzione, possiamo trovarli consultando l'elenco degli editori dove è citato in dettaglio l'URL in cui potrebbe apparire la nostra inserzione, oppure possiamo scaricare l'elenco e infine copiare e incollare gli URL nel nostro elenco di blocco.

Nella sezione "Delivery Reports" cioè rapporti di consegna sempre nella sezione "Brand Safety" potremo accedere ai dati a livello di impressione per ogni editor in base alle nostre campagne effettuate.

In conclusione in base alle regole salvate in "Brand Safety" tornando alla creazione del nostro Ad Set selezioneremo se applicare o no all'Ad Set corrente queste regole oppure no nella sezione dei Placements:

Block Lists

💡 You don't have any block lists. Create a block list or Learn More.

Content Type Exclusions

✓ Exclude all live streams

  Exclude all videos published by non-partners ⓘ

In-Stream Topic Exclusions
None selected

Prima di proseguire e parlare della "Optimization For Ad Delivery" è il momento di approfondire i vari Placements, come accennato i placements diventano visibili una volta selezionata la spunta su "Manual Placements" qui avremo una panoramica su tutti i luoghi in cui la nostra inserzione (Ad) può performare, i Placements sono suddivisi in Feed, Storie, In-Stream, Search, Messages, In- Articles, Apps and Sites, a loro volta ogni placement supporta diversi Formati, che variano a seconda del placement scelto.

Nei **Feed**, mostreremo l'Ad dell'attività del nostro cliente con gli annunci mostrati nei Feed delle notizie di Facebook, Feed di Instagram, Mercato Facebook, i Feed video di Facebook, la Colonna di destra di Facebook, Instagram Esplora e Posta in arrivo di Messenger.

Nei Feed di notizie di Facebook, le nostre Ads vengono visualizzate nella sezione Notizie del desktop quando le persone accedono al sito Web di Facebook dai loro computer oppure nel feed delle notizie mobile quando le persone utilizzano l'app Facebook su dispositivi mobili o accedono al sito Web di Facebook tramite un browser mobile.
Nel Feed di Instagram, le nostre Ads vengono visualizzate nel feed mobile quando le persone utilizzano l'app Instagram su dispositivi mobili, le Ads nel feed di Instagram vengono visualizzate solo dalle persone che navigano nell'app Instagram.

All'interno del Marketplace di Facebook, le nostre Ads vengono visualizzate nella home page del Marketplace o quando qualcuno naviga nel Marketplace dell'app di Facebook, mettere in vendita un articolo non è come creare un annuncio a pagamento da far visualizzare quando le persone fanno acquisti al suo interno, le persone possono vedere le nostre Ads insieme ad altri prodotti e servizi pertinenti proprio sul Marketplace in modo che gli utenti interessati possano fare clic sul sito web, app o chiedere dettagli all'interno di questo mentre guardano i vari prodotti in vendita.

Nei Feed video di Facebook, le nostre Ads in formato video vengono visualizzate tra i video organici in ambienti "solo video" su Facebook Watch e Facebook News Feed.

Nella Colonna destra di Facebook, le nostre Ads vengono visualizzate nelle colonne di destra su Facebook, questi annunci vengono visualizzati solo dalle persone che navigano sui propri computer.

In Instagram Esplora, le nostre Ads vengono visualizzate nell'esperienza di navigazione quando qualcuno fa clic su una foto o un video, Esplora è una funzione in cui Instagram fornisce contenuti da tutta la piattaforma in base all'interesse di una determinata persona, gli utenti possono accedere a Esplora facendo clic sull'icona della lente di ingrandimento sulla loro home page di Instagram, noi la useremo come placement per pubblicare le nostre inserzioni.
In pratica quando un utente clicca su una foto o un video da Esplora, potrebbe iniziare a vedere le nostre inserzioni durante la sua esperienza di navigazione, in modo simile al feed di Instagram, queste non verranno visualizzate nella griglia Esplora ma solo dopo il click.

All'interno del Messenger invece le nostre inserzioni vengono visualizzate nel Messenger Inbox tra le conversazioni, gli utenti vedranno l'annuncio completo con un pulsante di "Call to Action" tra i loro messaggi in arrivo che li porterà alla destinazione che abbiamo scelto durante la creazione dell'inserzione.

Per quanto riguarda le **Storie** con cui potremmo creare inserzioni verticali immersive a schermo intero della durata di ventiquattro ore avremo come placements le Storie di Instagram, Storie di Facebook e le Storie di Messenger, dovremo però scegliere un obiettivo che supporti gli annunci nelle storie, come App Installs, Brand Awareness, Conversions, Reach, Traffic, Video Views, Lead Generation, Messages (solo storie Instagram) o Store Traffic (solo storie Instagram), come Formato potremo scegliere tra una immagine singola o un Video oppure un formato "Carousel" cioè un carosello esclusivamente però per le Instagram Stories.

Se scegliamo il Formato Immagine e qualsiasi obiettivo compatibile tranne che per Traffic (app o Messenger), Video Views, Messagges, Conversions (app o Messenger) o Store Traffic, potremo usare lo strumento "Stories Templates" che consiste in uno strumento di design che ci permetterà di personalizzare la nostra "creativa" formata da più immagini in un'animazione in formato verticale, troveremo questo strumento dopo a livello Ads (ricordiamoci la gerarchia della campagna Campaign - Ad Sets - Ads), per ora siamo ancora a livello Ad Sets.

Sempre riguardo la personalizzazione della parte creativa, potremmo anche creare dei "Mock-Ups" o prototipi delle storie nel Creative Hub, potremo crearne fino a mille per ogni account pubblicitario, lo approfondiremo in seguito quando parleremo del livello Ads.

Nelle Storie di Facebook le nostre inserzioni verranno visualizzate tra quelle che l'utente sta visualizzando, per quanto riguarda le storie di Instagram invece abbiamo due obiettivi in più rispetto a quelle di Facebook tra cui scegliere, l'obiettivo Messages e Store Traffic.

Ricordiamoci che avremo bisogno dell'accesso ad un account professionale Instagram per creare e pubblicare inserzioni su Instagram, possiamo connettere l'account instagram del cliente in tre modi, nel primo connetteremo un account Instagram dal suo Business Manager nella sezione Account nel caso questo abbia un account Instagram esistente, oppure ne creeremo da qui uno nuovo, potremo usare poi l'accesso alla pagina per pubblicare le inserzioni, con il secondo metodo connetteremo la Pagina Facebook del nostro cliente al suo account professionale Instagram, collegando un account Instagram professionale esistente ad una Pagina Facebook oppure creando un nuovo account dalle impostazioni della Pagina, l'ultimo metodo è quello di usare un account Instagram supportato dalla Pagina, questo metodo si usa se il cliente non ha un account Instagram e non vuole crearne uno per la sua attività, possiamo usare la sua Pagina Facebook come identità per le inserzioni su Instagram che sarà il volto delle inserzioni su Instagram senza dover creare un profilo Instagram separato, nel caso utilizzassimo questo metodo i dettagli della pagina aziendale di Facebook verranno visualizzati su Instagram.

Dopo un periodo di fase sperimentale avvenuto in brasile nel dicembre 2019 tramite la piattaforma "Cenas", Facebook decide durante il mese di giugno 2020 di implementarla anche in Francia e Germania con il nome di "Instagram Reels", nell'agosto dello stesso anno sarebbe stata lanciata poi in cinquanta paesi consolidandosi come alternativa a TikTok, considerando che l'engagement rate dei Reels è risultato in alcuni casi superiore anche del 20% rispetto alle immagini e altri placement video su Instagram e che anche le impressioni organiche ovvero non a pagamento hanno dimostrato di toccare vette ben superiori rispetto ai post organici tradizionali, sapere come intraprendere una azione pubblicitaria su questo "nuovo" placement di Instagram risulta fondamentale in questo ambiente in continua evoluzione.

Nel caso volessimo mostrare una nostra inserzione negli Instagram Reels potremo farlo per gli obiettivi di Conversione, Brand Awareness, Reach, Traffic, Video Views e App Installs.

Una volta selezionato l'obiettivo utilizzeremo i Manual Placements dove potremo scegliere tra quelli di Instagram anche i Reels, qui la nostra inserzione verrà visualizzata nel momento in cui gli utenti scorreranno tra questi durante la loro visualizzazione, ricordiamoci che come requisito dovremo avere una creativa video di trenta secondi o meno in formato 9:16.

Per quanto riguarda invece le Storie di Messenger, le nostre inserzioni verranno visualizzate tra le storie delle persone sul Messenger, anche qui se abbiamo scelto un'immagine e qualsiasi obiettivo compatibile eccetto Traffico o Conversioni, potremo usare gli Stories Templates.

Per quanto riguarda il placement **In-Stream** il sistema mostrerà le nostre inserzioni mentre gli utenti guarderanno i Video in-stream di Facebook e Instagram IGTV.

Nei video in-stream di Facebook, le nostre inserzioni vengono visualizzate in Video on Demand e in un gruppo selezionato di live streaming di partner approvati dalla piattaforma, abbiamo già accennato i controlli sul Brand Safety che possiamo applicare, qui le persone che guardano lo stesso video su Facebook possono vedere annunci diversi a seconda dei loro interessi, nei video IGTV invece le nostre inserzioni verranno visualizzate nei contenuti video IGTV caricati dai creators partecipanti.

Se selezioniamo **Search** come placement mostreremo le inserzioni mentre le persone cercano nei Risultati di ricerca di Facebook.

Se selezioniamo il placement **Messages**, le nostre inserzioni verranno visualizzate come messaggi per gli utenti che hanno una conversazione esistente con il nostro cliente su Messenger, qui invieremo offerte o aggiornamenti agli utenti che sono già collegati all'attività del nostro cliente tramite Messaggi sponsorizzati su Messenger, non confondiamoci con gli altri tipi di placement su Messenger, i precedenti erano sulle storie di messenger e nella sezione chat negli "Inbox" delle conversazioni, qui invece l'intento è quello di inviare un vero e proprio messaggio a chi già ha intrapreso una conversazione con il nostro cliente per inviare offerte quindi per fare cross-selling oppure remarketing, i messaggi sponsorizzati non verranno inviati alle conversazioni attive nelle ultime 24 ore o inattive da oltre un anno, verrà consegnato un solo messaggio sponsorizzato per persona, consideriamo che per ogni Ad Set la maggior parte dei messaggi sponsorizzati viene consegnata dal sistema entro ventiquattro ore dall'inizio della campagna, il consiglio è quello di eseguire campagne di messaggi sponsorizzati per una durata di almeno cinque giorni in modo da massimizzare la consegna alla stregua delle "Offers" in cui il periodo consigliato ai fini della consegna era di sette giorni.

Negli **In Article** cioè i Facebook Instant Articles, le nostre inserzioni verranno visualizzate negli articoli istantanei all'interno dell'app mobile di Facebook da persone che leggono i contenuti degli editori partner della piattaforma.

In **Apps and Sites** le nostre inserzioni verranno visualizzate su tre canali esterni, il primo riguarda le Audience Network, le Audience Network Native, Banner e Interstitial, cioè tutti quei banner pubblicitari all'interno delle applicazioni e siti dei partner, per il secondo canale si tratta dei Video "Rewarded" di Audience Network, dove le nostre inserzioni verranno visualizzate come video che le persone potranno guardare in cambio di un premio in un'applicazione per smartphone, per il terzo canale parliamo dei Video instream di Audience Network cioè il network di partner che mostrerà le nostre inserzioni durante la riproduzione dei video in streaming nei canali dei partner.

Facebook si è attivata anche per introdurre le Ads nel sistema di Oculus, la piattaforma di realtà virtuale acquistata nel 2014, quando le funzionalità saranno implementate potremo mostrare le nostre inserzioni sia nella sezione Store dell'app di Oculus che nel suo Feed ma anche nei risultati di ricerca dell'app, qui l'app VR del nostro cliente così come come il suo evento in realtà virtuale oppure in ogni caso il suo messaggio pubblicitario verrà visualizzato come consigliato all'interno dell'App in VR.

Nel 2021 il CEO del "gigante blu", ha inoltre affermato di voler dare alla compagnia una direzione verso il "metaverso" ossia un mondo online in cui le persone potranno giocare, lavorare e comunicare in un ambiente virtuale utilizzando il sistema VR, metaverso in cui Oculus ambisce a diventare il protagonista.

L'ottimizzazione della pubblicazione degli annunci

Siamo giunti al controllo riguardante la "Optimization for Ad Delivery" cioè la già affrontata ottimizzazione per la pubblicazione degli annunci.

Quando scegliamo un'ottimizzazione per la pubblicazione di un Ad Set, stiamo comunicando al sistema di restituirci un determinato risultato nel modo più efficiente possibile, in altre parole, il risultato desiderato su cui il sistema farà offerte nell'asta dell'annuncio, quindi se ad esempio ottimizzassimo per i "clic sui link", i nostri annunci verrebbero indirizzati alle persone che all'interno del pubblico scelto in precedenza hanno maggiori probabilità di fare clic sul link dei nostri annunci.

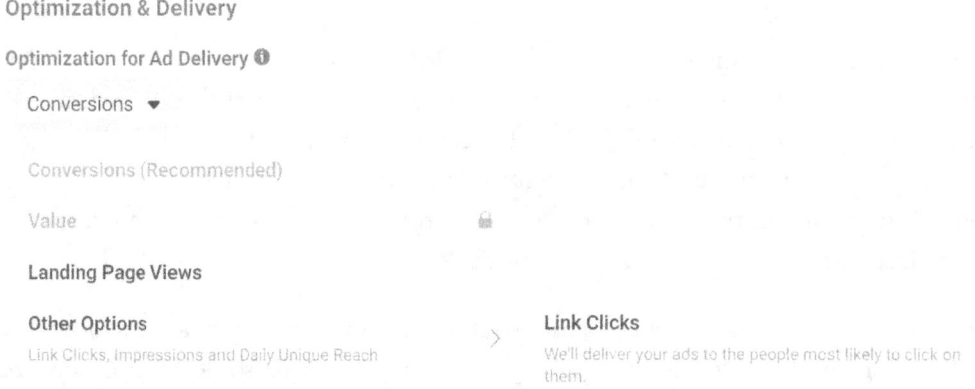

In base all'ottimizzazione scelta, il sistema di pubblicazione utilizza il machine learning per migliorare il rendimento di ciascun annuncio e ridurre al minimo il costo per evento di ottimizzazione.
L'ottimizzazione dell'Ad Set può anche essere diversa dall'obiettivo della campagna, ad esempio potremmo scegliere l'obiettivo "conversions" a livello della campagna, ma ottimizzare per i clic sui link.

Ogni evento di ottimizzazione in fase di "Reporting" è Il numero di volte in cui i nostri annunci hanno ottenuto il risultato per cui l'Ad Set è attualmente ottimizzato, in base all'impostazione di "Attribution" cioè il modello di "attribuzione" scelto, questa metrica mostra quanto la nostra strategia sta raggiungendo l'obiettivo in base all'ottimizzazione che è avvenuta in un certo periodo di tempo durante il quale le conversioni possono essere accreditate ai nostri annunci.

Ricordiamoci che le ottimizzazioni cambiano comunque a seconda dell'obiettivo della campagna, inoltre potrebbe essere necessario configurare un pixel o un SDK per utilizzare alcune ottimizzazioni, come ottimizzare per il "Value" ovvero per il valore come abbiamo accennato nei capitoli precedenti, il pixel e SDK ci consentono infatti di trasferire i dati degli eventi web o app a Facebook.

Tieniamo anche presente che alcuni eventi di ottimizzazione possono richiedere più budget di altri, come già detto, notoriamente una conversione può costare più di una visualizzazione della pagina di destinazione, quindi è importante considerare la scelta di ottimizzazione quando si seleziona il budget e la strategia di offerta che dobbiamo intraprendere, assicurariamoci che il budget a disposizione sia sufficientemente ampio da contenere il costo dell'evento di ottimizzazione scelto rispetto anche al pubblico ed al tempo di esecuzione, generalmente il budget giornaliero ideale dovrebbe essere almeno dieci volte il costo medio dell'evento di ottimizzazione, quindi una volta che sappiamo il costo medio per ottimizzazione consideriamo questa regola generale, tuttavia se non possiamo aumentare il budget, ottimizziamo per un evento che si trova più in alto nel funnel di conversione.

Nella scelta dell'ottimizzazione dovremo anche assicurarci di aver impostato tra le strategie di Buying "Bid Cap" o "Cost Cap" un valore sufficientemente alto per ottenere l'evento di ottimizzazione scelto, come sappiamo il nostro "Bid Cap" o limite di offerta è l'importo massimo che siamo disposti a spendere per vincere nell'asta e ottenere il risultato per cui stiamo ottimizzando l'annuncio, Il "Cost Cap" o limite di costo invece è l'importo medio che vogliamo pagare per ogni evento di ottimizzazione, vien da sé che impostando limiti troppo bassi, la nostra inserzione soffrirà di una bassa consegna non essendo in grado di performare bene su ottimizzazioni più costose, parleremo a breve delle "Bid Strategies" o strategie d'asta in dettaglio.

Riguardo l'ottimizzazione è bene conoscere il "cost per optimization event" ossia il costo per evento di ottimizzazione, in questo modo potremo determinare una strategia di offerta tramite "Cost Cap" (quindi per ogni azione), tuttavia non basta vedere i report solo dopo qualche evento avvenuto per determinare questa strategia, dovremmo disporre di un numero sufficiente di eventi di ottimizzazione dall'ultima modifica significativa, in generale cinquanta eventi di ottimizzazione possono essere accettabili per la sua determinazione.

Il controllo dei costi: la scelta della strategia d'offerta

Siamo giunti alla sezione dedicata al "Cost Control" che nonostante sia indicata come un "Optional" è un parametro fondamentale per comprare media su questa piattaforma, da conoscere e capire per avere una corretta conduzione della campagna pubblicitaria, infatti la scelta della "Bid Strategy" ossia la strategia di offerta comunica al sistema come fare offerte nell'intero processo d'asta.

Decidere una corretta Bid Strategy è importante per determinare come misurare il successo del nostro lavoro, ricordiamoci come detto nei capitoli iniziali che dovremmo fare in modo di settare obiettivi S.M.A.R.T per ottenere risultati misurabili come un aumento delle vendite totali, dei clienti o della riconoscibilità del marchio, in modo realistico e in un tempo ben definito, quindi prima di decidere una strategia di offerta, è importante identificare come misurare il raggiungimento dell'obiettivo.

Come ben sappiamo dai capitoli precedenti potremo usare tre strategie diverse tra una strategia "Spend Based" cioè basata sulla spesa, una "Goal Based" cioè basata sugli obiettivi e una "Manual Bidding" ossia una offerta manuale.

Se scegliamo una strategia "Spend Based" quindi basato sulla spesa comunichiamo al sistema di spendere l'intero budget e ottenere il maggior numero di risultati o valore possibile, le due opzioni basate sulla spesa sono il "Lowest Cost" o costo più basso e "Highest Value" o valore più alto, queste massimizzano la "Delivery" o consegna, e le conversioni che possiamo ottenere dal budget, useremo in genere questa strategia quando non diamo peso al costo della conversione o non lo abbiamo ancora quantificato.

Per selezionare la strategia "Lowest Cost" indipendentemente dalla scelta sulla gestione del budget tra Lifetime Budget o Daily Budget che abbiamo selezionato in precedenza sempre a livello Ad Set, lasciamo vuota la barra del "Cost Control", infatti il costo più basso è la strategia standard del sistema.

Cost Control (optional)

€X.XX   EUR

Per quanto riguarda "Highest Value" ossia l'ottimizzazione per il valore più alto, in questo caso spenderemo il budget concentrandoci sugli acquisti di maggior valore, possiamo utilizzare il valore più alto per vendere il maggior numero possibile di articoli del nostro cliente, concentrandoci sulla vendita degli articoli più costosi per massimizzare il valore, useremo questa strategia se volessimo spendere completamente il budget concentrandoci sull'ottenere acquisti di valore più elevato e massimizzare il valore delle conversioni, non solo aumentarne il numero, così facendo aumentiamo il ROAS cioè il ritorno sulla spesa pubblicitaria.

Precisiamo che la strategia con Highest Value richiede una buona distribuzione dei valori tra i diversi prodotti, nel senso che il cliente dovrebbe disporre di un ampio catalogo e molti eventi di conversione già avvenuti oppure non avremo delle buone performance, teniamo a mente il principio per cui più dati disponibili sono uguali a maggiore accuratezza, inoltre dovremo per forza di cose disporre di un pixel o di un SDK impostato, se durante questo passaggio non ci compare la finestra per l'ottimizzazione vuol dire che non abbiamo selezionato un evento Pixel valido negli Event Set dell'Event Manager, il gestore degli eventi.

Per attivare l'ottimizzazione del valore dovremo prima creare un evento nell'Event Manager, da qui abiliteremo un set di valori, questo "set" aiuta il sistema a raggruppare gli eventi di acquisto in base al loro valore tramite intervalli, ad esempio da dieci a quindici euro o da quindici a venti euro, da venti a venticinque euro o da venticinque a trenta euro, gli intervalli ovviamente dovranno essere settati guardando all'offerta che propone il nostro cliente.

Gli intervalli dei set di valori devono essere almeno quattro, come da esempio precedente, potremo anche aggiungere più intervalli di valori tuttavia ognuno di questi verrà conteggiato sommandosi al limite di eventi del dominio o dell'app del cliente che potranno essere configurati in un numero massimo di otto eventi per dominio.

Prima di attivare questo intervallo per utilizzare anche l'ottimizzazione sul valore d'acquisto, dovremmo creare veri e propri eventi di conversione nel sito web del cliente tramite il pixel in modo da registrarli, affronteremo come farlo nel capitolo dedicato alla sezione sull'event manager.

Ottimizzare per il valore potrebbe portare a un costo medio per risultato più elevato rispetto all'ottimizzazione per le conversioni perchè questo tipo di ottimizzazione riguarda l'individuazione delle conversioni di acquisto che hanno maggiori probabilità di generare entrate maggiori, non di trovare le conversioni di acquisto meno costose.

Quindi se due utenti hanno l'opportunità di vedere la nostra Ad e il primo per visionarla ci costa nove euro e ma visiona un prodotto nel catalogo del nostro cliente da dieci euro perchè il machine learning calcola che questo è molto propenso ad acquistarlo, mentre un secondo utente invece per visionare la nostra Ad ci costa dodici euro ma visiona invece un prodotto nel catalogo del nostro cliente da cinquanta euro sempre per la propensione all'acquisto calcolata dal sistema, la strategia "Highest Value" mostrerà l'Ad al secondo utente perchè porterebbe il valore più alto in termini di conversione, da qui l'appellativo "Spend Based" cioè basato sulla spesa, perchè diamo più flessibilità alla spesa massimizzando il valore, non stiamo settando un costo o valore a quello che vogliamo raggiungere, quindi ad ogni azione.

Per Quanto riguarda invece le strategie "Goal Based" o basate su obiettivi, imposteremo un costo o un valore al risultato che desideriamo ottenere, qui troviamo il "Cost Cap" cioè il limite di costo e la strategia del "Minimum Roas" cioè il tipo di'acquisto che calcola il ritorno minimo sulla spesa pubblicitaria.

A prescidere dalla scelta della gestione del Budget tra Lifetime Budget o Daily Budget (che abbiamo selezionato in precedenza sempre a livello Ad Set) procediamo ad inserire un valore nella barra del "Cost Control", una volta fatto possiamo selezionare "Cost Cap" o "Bid Cap" di cui parleremo a parte perchè è una strategia diversa di "Manual bidding".

Cost Control (optional)

€20.00   EUR

Facebook will aim to get the most conversions and try to keep the average cost below €20.00 using the cost cap bid strategy. Some results may cost more and some may cost less.

Cost cap
Best for getting the most volume

Bid cap
Best for controlling bids in the auction

Selezionando "Cost Cap" stiamo comunicando al sistema di mantenere i costi pari o inferiori a un importo medio indipendentemente dalle condizioni di mercato, potremo quindi ottimizzare gli acquisti impostando un "Cap" ossia un "limite" al costo dell'azione da parte dell'utente per il risultato voluto, in pratica impostare un massimale per l'acquisto dell'azione da parte dell'utente che ci manterrà redditizi, anche se il rispetto dei limiti del "Cost Cap" non è garantito per via della regola del 125% e dei sette giorni.

Questa strategia si rivela ottima se volessimo mantenere il costo per azione "CPA" pari o inferiore a un importo medio indipendentemente dalle condizioni di mercato, tuttavia la spesa potrebbe essere più lenta con il "Cost Cap" rispetto a quando si utilizza la strategia di "Lowest Cost".
Quando per il nostro cliente il costo medio per evento di ottimizzazione risulta una metrica importante per valutare il rendimento utilizziamo il "Cost "Cap", infatti questo ci aiuta a massimizzare il volume di conversione controllando i costi, se stiamo cercando

di ampliare l'attività del nostro cliente generando il maggior numero possibile di abbonamenti o acquisti e dobbiamo rispettare un costo specifico per evento di ottimizzazione sceglieremo infatti il "Cost Cap".

Se non abbiamo obiettivi di CPA (Costo Per Azione) rigorosi ed il cliente vuole spendere l'intero budget, il "Lowest Cost" potrebbe essere l'opzione migliore, la scelta preliminare di quest'ultima si rivela comunque una buona pratica anche per capire il CPA, se non conosciamo il costo per evento di ottimizzazione, utilizziamo il "Lowest Cost" per determinare prima il CPA medio che visualizzeremo dai report.

Come abbiamo accennato nei capitoli iniziali ricordiamoci che la "Learning Phase" o fase di apprendimento potrebbe richiedere più tempo con il "Cost Cap" rispetto ad altre strategie di offerta, in quanto essendo questa la fase iniziale dopo che l'inserzione viene approvata e lanciata nel mercato ed in cui l'intelligenza artificiale inizia a capire i nostri parametri per consegnarci i risultati voluti, i costi all'inizio potrebbero superare il nostro limite ma una volta che l'Ad Set sarà uscito dalla fase di apprendimento, la consegna ed i costi si stabilizzeranno, quindi è normale avere costi più alti durante la fase iniziale se osserviamo costi maggiori nei primi giorni di vita dell'inserzione.
La fase termina infatti una volta raggiunte le cinquanta conversioni in una settimana di tempo, tornando all'individuazione del CPA medio, una volta saputo il costo per evento di ottimizzazione tramite la strategia "Lowest Cost" per poi settare un CPA tramite un "Cost Cap" assicuriamoci di utilizzare questa strategia solo nel momento in cui l'Ad Set sarà uscito dalla fase di apprendimento.

Ricordiamoci che il Cost Cap mira a ridurre al minimo i costi fornendo prima i risultati più economici, per ottenere il maggior numero di conversioni massimizzando l'efficienza con un cost cap prendiamo quindi in considerazione un budget relativamente ampio, in modo da dare al sistema spazio per ottimizzarsi meglio.

Se vediamo che la consegna sta rallentando ed il budget non sta venendo speso sarebbe perchè il sistema sta cercando di ottenere risultati all'interno del controllo dei costi che abbiamo scelto e potrebbe anche aver esaurito molte opportunità sul mercato all'interno del raggio d'azione che gli abbiamo dato tramite i nostri parametri, in questi casi aumentare il budget non risolverebbe la situazione piuttosto potremmo considerare di aumentare il Cost Cap per generare più conversioni, tuttavia questa non è la scelta migliore, in questi casi prendiamo in considerazione l'aggiornamento della parte creativa oppure l'espansione del pubblico per aumentare la "delivery" cioè la consegna, in modo da sbloccare questo rallentamento o comunque in assenza dei risultati che eravamo soliti vedere.

In conclusione teniamo anche a mente che non tutti gli obiettivi di ottimizzazione sono disponibili per il "Cost Cap".

Il "Minimum ROAS" cioè la strategia con ritorno minimo sulla spesa pubblicitaria invece mira a un ritorno minimo sulla spesa pubblicitaria per ogni offerta, se desideriamo che il budget di cento euro produca almeno centodieci euro in acquisti cioè un ritorno del 110% imposteremo il controllo ROAS a "1.1" esprimeremo il controllo sul ROAS minimo desiderato infatti con un numero compreso tra "0.01" e "1000.00", per utilizzare questa strategia dovremmo ovviamente disporre di un pixel o di un SDK configurato per monitorare gli eventi di conversione, come nella strategia dell' "Highest Value", se non ci compare la finestra per l'ottimizzazione vorrebbe dire che non abbiamo selezionato un evento Pixel valido negli Event Set dell'Event Manager, esattamente come in precedenza.

Dobbiamo sapere che il ROAS deriva dal calcolo del guadagno generale della campagna pubblicitaria divisa per i costi pubblicitari totali, il valore ottenuto indica il guadagno ottenuto per ogni euro speso in pubblicità, nei report si calcolerà in questo modo:

total campaign revenue/ total campaign cost = ROAS

In genere in fase di report per uno store online i valori da prendere in considerazione nella tabella in un dato periodo sono al numeratore le "Website Purchase Conversion" cioè il valore delle conversioni proveniente dagli acquisti nel sito web ed al denominatore "Amount Spent" cioè la somma pubblicitaria spesa, entrambi espressi in valuta, il valore deve essere necessariamente maggiore di 1 per indicare un profitto.
Potremmo usare questa strategia per raggiungere o superare un minimo di ritorno sulla spesa pubblicitaria nel caso avessimo bisogno di un maggiore controllo sul valore di acquisto che generiamo dagli annunci rispetto alla strategia "Highest Value".

Se settassimo un valore ROAS minimo troppo alto o irrealistico per essere raggiunto dal sistema la consegna potrebbe interrompersi e il budget non essere speso completamente, valori ottimali sono da 1.1 a 1.3 per poi testare nel tempo ROAS maggiori, anche qui durante la fase di apprendimento, il ROAS potrebbe non soddisfare il minimo specificato e necessiterà di uscire dalla suddetta fase per essere perfezionato.
Il consiglio è quello di utilizzare come guida i dati storici sul ROAS di cui disponiamo, potremmo iniziare provando con un valore ROAS medio simile a quello ottenuto con le campagne di conversione già intraprese ed aumentare o diminuire l'importo in base al rendimento oppure trovare dati storici sul ROAS aggiungendo la colonna "ROAS" ai report nell'Ads Manager sulle campagne precedenti.

A questo punto la differenza tra il "Minimum ROAS" e "Highest Value" è che con un

ROAS minimo, avremo meno garanzie di spendere completamente il budget perché il sistema potrebbe non essere in grado di soddisfare costantemente il valore ROAS minimo settato, l' "Highest Value" invece indica al sistema di provare a spendere l'intero budget entro la fine della pianificazione dell'Ad Set, massimizzando al contempo la quantità di valore che il cliente ottiene dagli acquisti, inoltre, ne parleremo anche successivamente, il ROAS minimo non consiste in una soluzione da adottare alla base di ogni campagna pubblicitaria, in quanto si potrebbe pensare a primo impatto di impostare questa strategia di default per ogni campagna del nostro cliente per non andare mai in perdita, ricordiamoci che il sistema ottimizza la consegna del messaggio pubblicitario per soddisfare l'obiettivo scelto, che in questo caso è restituirci un ROAS minimo settato, questo vuol dire che le opportunità di maggior valore, o di maggior copertura vengono scartate per restituirci esattamente ciò che volevamo cioè un ROAS magari di 1.1, per cui saremo in errore, usiamo gli strumenti a nostra disposizione con un certo criterio logico e privi di superficialità.

Per quanto riguarda il "Manual Bidding" cioè l'offerta manuale abbiamo la strategia del "Bid Cap", a prescindere dalla scelta della gestione del Budget tra Lifetime Budget o Daily Budget, procediamo ad inserire un valore nella barra del "Cost Control", e selezioniamo questa volta "Bid Cap".

Bid Control (optional) ⓘ

€20.00   EUR

Facebook will aim to get the most conversions without bidding more than €20.00 in any auction using the bid cap bid strategy.

Con il "Bid Cap" letteralmente "limite di offerta" impostiamo l'offerta massima tra le aste, quindi anziché consentire al sistema di fare offerte in modo dinamico, la faremo tramite il nostro comando, di primo impatto potrebbe sembrare uguale alla strategia "Cost Cap" e invece no, perchè se con il Cost Cap poniamo un limite al costo per azione che siamo disposti a pagare, con il Bid Cap poniamo un limite all'intera competizione d'asta tra annunci in modo che questa possa essere proposta all'utente.

Quindi un fattore da considerare con più attenzione in questa strategia rispetto alle altre è anche la concorrenza perché se settiassimo un Bid Cap troppo basso altri inserzionisti potrebbero scavalcare la nostra inserzione a parità di pubblico e obiettivo, quindi dovremmo usare questa strategia nel caso fossimo a conoscenza anche dei tassi di conversione previsti, in modo da calcolare l'offerta giusta, ad esempio se dopo ricerche approfondite venissimo a conoscenza che il nostro cliente per una linea specifica di prodotti che stiamo pubblicizzando ha dei clienti che spendono in media 405 euro ogni anno e ciò corrisponderebbe a un profitto di 123 euro per l'azienda, sapremmo che finché spenderemo meno di 123 euro per acquisire un cliente l'azione pubblicitaria avrebbe un profitto, quindi siccome sappiamo quale valore aspettarci da un nuovo cliente non faremo un'offerta per le conversioni superiore a questo valore, la strategia di offerta con "Bid Cap" cioè la strategia con il limite di offerta sarà quindi giustificata e limiteremo di conseguenza l'offerta a 100 euro, ragioniamo in questi termini perché questa strategia verrà usata soprattutto per le campagne di conversione rivolgendoci a quel pubblico più in basso rispetto agli altri nel funnel di conversione, piuttosto che per campagne di brand marketing.

Useremo il "Bid Cap" quindi se sappiamo il valore LTV cioè il suo "Life Time Value" che tradotto indica il valore dell'utente durante tutto il rapporto con il nostro cliente, o comunque se volessimo controllare quanto il sistema può fare offerte nelle aste.

In conclusione, ed in linea generale ricordiamoci sempre che i costi potrebbero superare il limite durante "Learning Phase" per poi stabilizzarsi al suo termine, come in ogni altra strategia, e che il "Bid Cap" non controlla il costo per azione o "CPA" visualizzato nei rapporti, inoltre utilizzando questa strategia dovremmo calcolare le offerte in base ai tassi di conversione previsti ed al costo variabile del prodotto, lo abbiamo affrontato nel capitolo sulla "giusta strategia di offerta".

Le impostazioni di attribuzione

Siamo alla voce "Attribution Settings" cioè l'impostazione di attribuzione, sempre a livello Ad Set, questa riguarda un periodo di tempo limitato durante il quale le conversioni possono essere accreditate ai nostri annunci ed utilizzate per informare l'ottimizzazione della campagna, il sistema imparerà dalle conversioni che si verificano durante questo periodo di tempo per contribuire a migliorarne il rendimento, cliccando la barra avremo le opzioni:

After clicking ad

    1-day click

    7-day click

After clicking or viewing ad

● 1-day click or view

    7-day click or 1-day view

"**After Clicking Ad**" cioè dopo aver cliccato l'Ad con le opzioni:
"1-Day click" e "7 Days Click"

O se selezioniamo "**After clicking or viewing Ad**" cioè dopo aver cliccato l'Ad o averla vista, qui avremo le opzioni:
"1-Day click or view" e "7 Days Click or 1-Day view".

Gli utenti possono compiere diverse azioni con la nostra inserzione, infatti quando una persona la vede a prescindere da dove viene mostrata all'interno dell'ecosistema, può tramite questa guardare un video o visitare il sito web del nostro cliente o ancora acquistare un prodotto, in base a come abbiamo impostato anche il suo pulsante di "call to action", quindi l'utente può cliccare sul pulsante "Call to Action" nell'inserzione stessa o semplicemente visualizzarla, in breve può effettuare diverse azioni di conversione sia all'interno che all'esterno di questa dopo averla cliccata o visualizzata.

Per vedere le azioni intraprese direttamente all'interno della nostra Ad, come una visualizzazione video o un clic sul link, accediamo semplicemente nell'Ad Manager e visualizzeremo le rispettive colonne dei dati, quando un utente visualizza la nostra Ad e fa click sull'annuncio, il sistema riporterà una impressione e un click sul collegamento rispettivamente nelle colonne "Impressions" cioè "impressioni" e "Link Clicks" ossia "click sul collegamento".

Altri esempi di azioni che si verificano solo sulla nostra inserzione sono le visualizzazioni di video, reazioni ai post e condivisioni di post quindi selezioneremo la metrica che vogliamo controllare direttamente nelle colonne dell'Ad Manager o dell'Ads Reporting.

Per quanto riguarda le azioni intraprese al di fuori della nostra inserzione invece, come un acquisto sul sito web del nostro cliente, dovremo per prima cosa avere settato un pixel, il sistema poi attribuirà queste azioni ad una nostra particolare inserzione solo se sono avvenute entro sette giorni, ad esempio, se l'utente la clicca o visualizza e non effettua la conversione al momento, ma qualche giorno o ora dopo, digita il sito web del nostro cliente direttamente sul browser, e aggiunge al carrello un prodotto ed effettua l'acquisto, potremo attribuire questo acquisto nella colonna attribution dell'Ad manager ad una data inserzione, a seconda del modello di attribuzione scelto.

Per impostazione predefinita, Facebook utilizza un modello di attribuzione "Last Touch" cioè il modello di "ultimo contatto", ciò significa che il sistema attribuisce credito completo per una conversione ad esempio sul sito esterno all'ultima inserzione con cui un utente ha interagito, quindi se un utente clicca su un annuncio, il credito della conversione viene attribuito all'annuncio su cui è stato fatto clic, mentre se la persona non ha fatto click su un annuncio, il credito completo viene attribuito all'ultimo annuncio di Facebook visualizzato.

Alcune azioni invece possono essere eseguite sia all'interno che all'esterno dell'inserzione, se stiamo pubblicando un'inserzione per promuovere ad esempio un evento, gli utenti potrebbero selezionare se partecipare tramite il pulsante di "Call to Action" per la partecipazione direttamente su Facebook, oppure potrebbero fare click sull'inserzione e visitare direttamente la pagina dell'evento sul sito web del cliente e quindi selezionare ad esempio un pulsante "Partecipo/Interessato" all'interno di questa pagina esterna.

Il nostro compito è quello di selezionare la finestra di attribution migliore, questa dipende da molti fattori, è importante considerare che tipo di attività ha il cliente, ed il suo ciclo di vendita, dovremmo capire se il cliente realizza molte vendite giornaliere oppure se il ciclo di vendita dei suoi prodotti è più ampio, muoviamoci verso la finestra a sette giorni se il cliente ha prodotti o servizi relativamente costosi, ricordiamoci sempre che in fase di report il sistema riceverà le "attribuzioni" dagli acquisti solo se sono avvenuti entro l'intervallo di tempo della finestra di attribuzione scelta, anche da qui deriva l'importanza di comunicare report settimanali.

Il meccanismo di sottrazione del budget allocato ed il tipo di consegna del messaggio publicitario

Siamo alla sezione "When you get charged", questa non tratta di come e quando viene fatturato il costo degli annunci, ma indica al sistema il tipo di evento per cui vogliamo che il denaro venga rimosso dal budget che abbiamo allocato, potremmo scegliere di essere addebitati ogni volta che qualcuno clicca sul link di una nostra inserzione oppure ad esempio per quanto riguarda l'obiettivo di "Video Views" potremmo settare il soddisfacimento della condizione del "ThruPlay" cioè essere addebitati in base a chi guarda almeno quindici secondi di video, le nostre scelte dipenderanno dall'obiettivo che ci siamo posti con il cliente, tuttavia se per conto sua abbiamo creato un nuovo "Ad Account", cioè un account pubblicitario, dovremo spendere almeno dieci dollari prima di poter passare all'addebito per qualsiasi altra cosa oltre le impressioni.

Ci troviamo alla scelta del Delivery Type ossia il metodo di consegna, nei capitoli precedenti abbiamo accennato il tipo di consegna "Standard", tramite questo parametro selezioneremo tra una "Standard Delivery" cioè consegna Standard e "Accelerated delivery" ossia consegna Accelerata, queste opzioni regoleranno il sistema di "Pacing" degli annunci di cui abbiamo parlato nel capitolo "l'ottimizzazione delle prestazioni nella pubblicazione degli annunci".

Manterremo sempre una consegna standard, a meno che non dovremo gestire campagne che dipendono dalla loro velocità di esecuzione, ad esempio se il cliente volesse fare offerte con scadenze specifiche oppure pubblicizzare un grande evento in un tempo relativamente breve, selezioneremo il tipo di consegna accelerato tenendo presente però che la pubblicazione accelerata spenderà il budget il più rapidamente possibile per cercare di ottenere i risultati in tempi altrettanto rapidi, non usiamola per campagne di brand marketing, ma per realizzare vendite e conversioni sensibili al fattore del tempo, il consiglio nella scelta della Accelerated Delivery è quello di settare un Lifetime Budget se non un limite all'offerta cioè un Bid Cap per la massima spesa accettata dal cliente per i risultati prefissati.

IL LIVELLO INSERZIONE: LE "ADS":

Siamo giunti al livello "Ad" cioè l'annuncio vero e proprio, questo è la combinazione di immagini o video, testo ed il pulsante "Call to Action" già accennato in precedenza che vedranno gli utenti, qui imposteremo la "creative" ossia la parte creativa dell'inserzione utilizzando una combinazione di immagini, video, testo e links.

Il livello Ad è composto da:

- **Nome**
- **Identity**
- **Ad Setup**
- **Ad Creative**
- **Destination**
- **Call to Action**
- **Languages**
- **Tracking**

Per quanto riguarda il **Nome** seguiremo le linee guida su questo parametro già dette in precedenza.

L'identità dell'inserzione

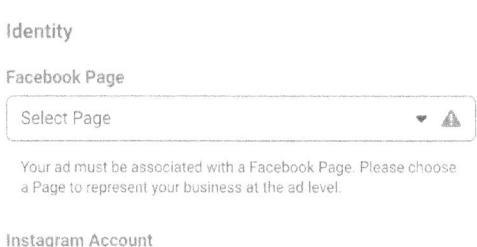

Qui selezioneremo l'identità del nostro annuncio, che consiste in una Pagina Facebook o un account Instagram che rappresenterà l'attività del cliente, se non vediamo il nome della pagina nell'elenco a discesa è perché abbiamo bisogno delle autorizzazioni per entrambi, per quanto riguarda la pagina è necessario che un amministratore della pagina ci assegni per questa un ruolo tra amministratore, editor, moderatore e inserzionista e per l'Ad Account o account pubblicitario è necessario un amministratore dell'account pubblicitario ci assegni il ruolo di amministratore o inserzionista.

Altri motivi per cui potremmo non visualizzare la pagina potrebbero essere che questa non è stata pubblicata e quindi sia non visibile al pubblico, quindi non potremo usarla per creare annunci, se non lavoriamo all'interno della attività come dipendenti e quindi non siamo inserzionisti della pagina e dell'Ad Account, ma gestiamo più pagine diverse nel nostro Business Manager, avremo bisogno delle autorizzazioni per la Pagina in modo da disporre anche dell'autorizzazione per creare annunci per questa, per quanto riguarda l'account pubblicitario invece dovremmo disporre dell'autorizzazione per gestire le campagne anche per quest'ultimo asset, ne abbiamo parlato nel capitolo "l'accesso alle risorse del cliente ed i ruoli nel business manager".

L'ad setup ed i formati

Qui possiamo decidere di creare una nuova Ad oppure utilizzare un post di Facebook o Instagram esistente e promuoverlo sotto le regole dell'Ad Set e Campagna, creando una nuova Ad, potremo scegliere di utilizzare una "Single Image" cioè una immagine singola, un "Video" o un "Carousel" ossia un carosello di immagini, oppure scegliere di rendere l'annuncio un'esperienza mobile a schermo intero detta "Instant Experience", o ancora usare dei prototipi chiamati "Mockups" nella Creative Hub, nota che nella sezione "Ad Creative" caricheremo effettivamente le immagini, i video ed il testo dell'inserzione.

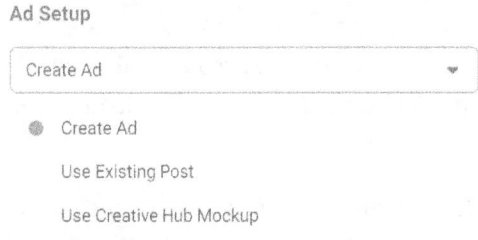

Le "Single Image", i "Video" o il "Carousel" sono chiamati "Formats" cioè "formati" dell'Ad, come accennato in precedenza i formati cambiano in base all'obiettivo ed al Placement, sulla colonna destra possiamo attivare una Preview ovvero un'anteprima della nostra creativa sui vari Placements che abbiamo scelto.

Prima di affrontare i vari formati parliamo della Creative Hub e dei prototipi chiamati "Mockups", questa è una sezione all'interno del Business Manager progettata per consentire alle aziende di collaborare tra loro per dei prototipi di annunci, al suo interno potremo invitare le persone a collaborare con noi sui prototipi dell'Hub senza concedere loro l'accesso all'Ads Manager e visualizzare l'anteprima della creativa su dispositivi mobile e PC.

I collaboratori possono visualizzare e modificare i prototipi, ma non saranno in grado di pubblicare un annuncio o vedere i dati della campagna, ogni Ad Account può avere fino a mille prototipi.

In questo modo c'è la possibilità per il cliente di creare prototipi o invitare altre Agenzie creative, Designer, copywriter, editor dei social media e liberi professionisti, collegando i prototipi alle campagne nell'Ads Manager potremo vedere come risulta la creativa su tutti i posizionamenti e identificare diverse opportunità di miglioramento per quanto riguarda questo aspetto.

Per aggiungere collaboratori basta cliccare su "Add Collaborator" in alto a destra della Creative Hub, se il collaboratore è nell'account Business Manager, l'admin basta che trovi il suo nome per poi aggiungerlo, se invece questo non è nell'account del Business Manager, l'admin inserirà l'indirizzo e-mail del collaboratore e inviarà l'invito, quest'ultimo riceverà un'email con i passaggi da seguire per collaborare in Creative Hub, questo strumento anche se da inserzionisti sembrerebbe non toccarci in realtà è bene conoscerlo nel caso in cui ci occupassimo anche degli elementi creativi per suo conto.

Tornando ai formati, ognuno di questi ha un suo uso specifico in base ai diversi obiettivi e diversi pubblici al quale viene comunicato il messaggio pubblicitario.

Le "**Single Image**" in generale dovrebbero essere usate per aumentare l'interesse al marchio o servizio del cliente, aumentare la consapevolezza dei suoi prodotti, e trasmettere un messaggio semplice, anche se testare diverse versioni di più inserzioni risulta sempre il modo migliore per scoprire cosa funziona meglio tra i vari pubblici.

Alcune pratiche comuni che funzionano bene per mostrare un messaggio in modo corretto sono quelle di usare le proporzioni consigliate per ogni placement, questi infatti richiedono proporzioni diverse tra di loro, ad esempio è necessario un rapporto di immagine 1:1 per il Facebook News Feed e un rapporto 9:16 per Instagram Stories.
Nonostante ciò avremo la possibilità di usare anche la stessa immagine in più posizionamenti e con diversi rapporti usando la funzione dell'Asset Customization nel caso il cliente ci fornisca pochi elementi creativi, la vedremo successivamente in dettaglio, da parte nostra cerchiamo comunque di usare sempre immagini ad alta risoluzione per evitare che l'immagine del nostro annuncio appaia sfocata o "pixelata" e mostriamo il prodotto, servizio o marchio del cliente, evitando anche la presenza di troppo testo all'interno dell'immagine pubblicizzata, se proprio dovessimo inserire un testo all'interno di questa una buona pratica è quella di usare meno del 20% dell'intero spazio dell'immagine, l'obiettivo dovrebbe essere quello di mantenere l'attenzione del pubblico sulla parte importante dell'immagine che è il prodotto.

Per quanto riguarda lo "**Slideshow**" stiamo parlando di una presentazione, ossia la transizione di scena da un'immagine ad un'altra, potremo inserire quindi più immagini e settare anche i secondi per ogni scena in modo da determinare quanto tempo desideriamo mostrare ciascuna immagine all'interno della presentazione complessiva, che comunque non potrà durare più di 15 secondi, le opzioni di durata per ogni scena cambieranno a seconda del numero di immagini che desideriamo utilizzare da un minimo di tre ad un massimo di dieci.

Cliccando su "Create Slideshow" nella sezione seguente "Ad Creative" verremo reindirizzati al "Video Creation Kit" dove potremo selezionare dei modelli per creare il nostro slideshow:

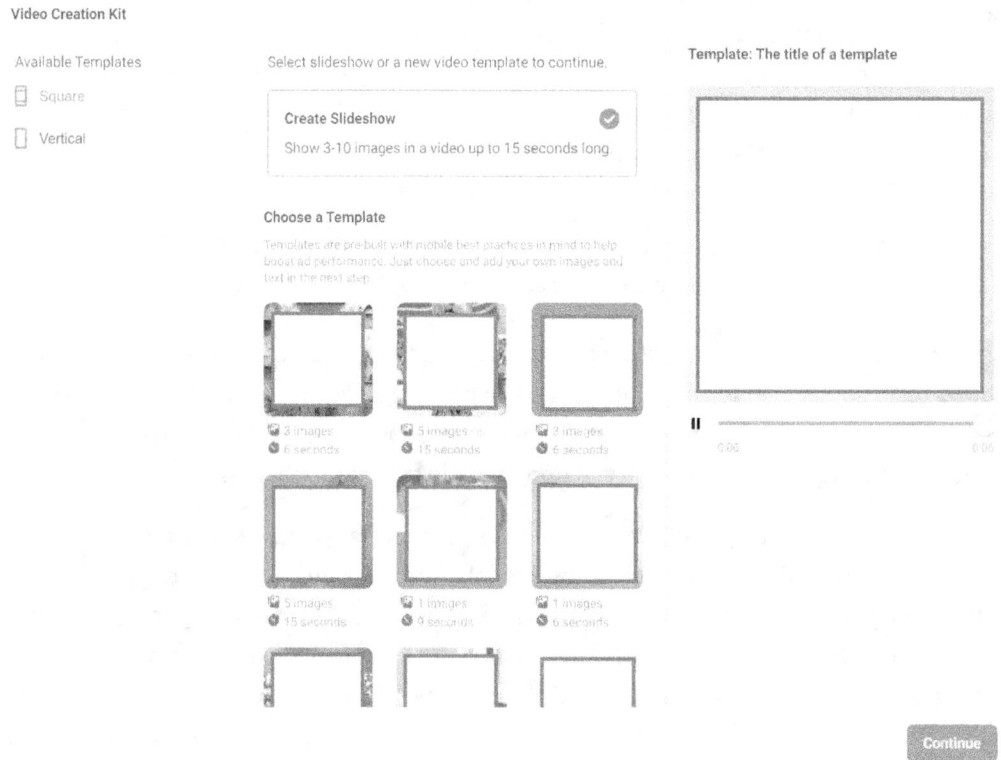

Lo slideshow è un formato molto utile se il nostro cliente non dispone di Video, ma dispone invece di molte immagini, se il cliente dispone di video scegliamo questi ultimi controllando che questi abbiano le giuste caratteristiche per assicurare un engagement migliore di altri, che consistono nella semplicità, chiarezza e durata.

Per quanto riguarda il "**Carousel**", questo formato ci consentirà di mostrare da due fino a dieci schede di immagini e/o video in un singolo annuncio, qui troviamo la differenza sostanziale con lo Slideshow, ciascuna scheda ha il proprio titolo, descrizione, link e Pulsante Call to Action, possiamo utilizzare questo formato per vari tipi di attività ed esigenze come ad esempio per mostrare immobili oppure offerte di servizi così come eventi, per visualizzare un carosello gli utenti scorreranno semplicemente tra le schede sul proprio dispositivo mobile oppure faranno click sulle frecce se lo visualizzano da PC.

Sceglieremo di usare questo formato quando vogliamo presentare più prodotti che si collegano a Landing Page differenti, in questo modo offriremo agli utenti più opzioni tra cui scegliere aumentando di conseguenza la percentuale di click cioè chiamata "Click Through Rate" o "CTR" oppure potremmo usare un Carosello per evidenziare più caratteristiche di un singolo prodotto mostrando all'utente diverse caratteristiche tramite più schede, o ancora magari per raccontare una storia usando immagini e/o video in successione, potremmo anche ad esempio spiegare un "processo" guidando le persone passo dopo passo attraverso questa successione di immagini e/o video.

Quando utilizziamo i video in questo tipo di formato, nel caso utilizzassimo le proporzioni quadrate (1:1) per ogni video potremo anche permettere al sistema di testare più schede contemporaneamente e di ordinarle in base al rendimento nel caso selezionassimo la spunta per questa particolare opzione, in questo modo potremmo quindi sostituire o rimuovere le schede con il rendimento più basso, se invece stiamo utilizzando il formato carosello per raccontare una storia in sequenza ordinata è bene ricordarsi di tenere disattivata questa opzione.

> ✓ Automatically show the best performing cards first
> On Facebook News Feed, Instagram Feed and Instagram Stories, the carousel card that performs best will be shown first. For all other placements, cards will appear in the order you arrange them.

Un consiglio da seguire è che se stiamo pubblicizzando una grande azienda con un ampio inventario dovremmo indirizzare gli utenti che fanno clic sulla scheda del carosello alle pagine di prodotti specifici, altrimenti se stiamo pubblicizzando un'azienda più piccola con un inventario ridotto, indirizziamo gli utenti che fanno clic sulla scheda del carosello alla pagina con tutti i prodotti all'interno di una certa categoria.
Se stiamo utilizzando un "Product Set" cioè un set di prodotti di grandi dimensioni dalla sezione "Catalog" ossia dai cataloghi del nostro cliente per un annuncio carosello (cosa che capiterà spesso) ricordiamoci di selezionare un insieme abbastanza ampio di prodotti o creiamone uno abbastanza ampio, infatti per essere visualizzati gli articoli devono essere disponibili e non varianti dello stesso prodotto, se il numero di elementi disponibili all'interno del set scende a meno di due, l'annuncio carosello si trasformerà in un singolo annuncio o smetterà di essere pubblicato, parleremo dei cataloghi e dell'aggiornamento dei prodotti al suo interno nel capitolo dedicato per via della loro importanza in questo ecosistema.

Per quanto riguarda i "**Video**", potremo utilizzare questo tipo di formato per mostrare un prodotto, servizio o marchio o soprattutto per raccontare la storia del cliente, tramite i video dovremo assicurarci di attirare rapidamente l'attenzione dell'utente facendo in modo che questi siano semplici, chiari e coinvolgenti e che abbiano una durata di quindici secondi o meno, consideriamo tuttavia che placements diversi consentono anche lunghezze video diverse, in genere su Facebook la durata del video può variare a seconda di questi da un minuto a quattro ore, nelle Facebook stories possono durare dagli uno ai quindici secondi mentre nei Facebook In-Stream Videos possono durare da cinque secondi a dieci minuti.

Riguardo le storie su instagram invece, potremo riprodurre anche qui annunci video di quindici secondi, se il video dovesse durare di più invece questi all'interno delle storie verranno suddivisi in schede separate, fino a un massimo di dieci schede, la durata sia per le stories, feed ed explore di instagram va da un secondo a due minuti.
Infine per il placement "Audience Network Native, Banner, Interstitial" la durata del video potrà essere da un secondo a due minuti, per l'Audience Network In-Stream da cinque a trenta secondi, e nei rewarded video da tre a sessanta secondi.

Dopo questa parentesi sui formati torniamo alla sezione "Ad Creative", da qui potremo caricare un video o in assenza di un vero video professionale crearne uno da delle immagini utilizzando il "Video Creation Kit" cliccando su "Create Video":

Ad Creative
Select the media, text, and destination for your ad. You can also customize your media and text for each placement.
Learn More

Media

Add Media

Create Slideshow   Create Video

Da qui potremo aggiungere le nostre immagini e selezionare il tipo di "Template" cioè il modello di video che vogliamo utilizzare scegliendo tra modelli per storie, feed e video in-stream con formato verticale (9:16) e modelli per posizionamenti quadrati (1:1) come feed e video in-stream.

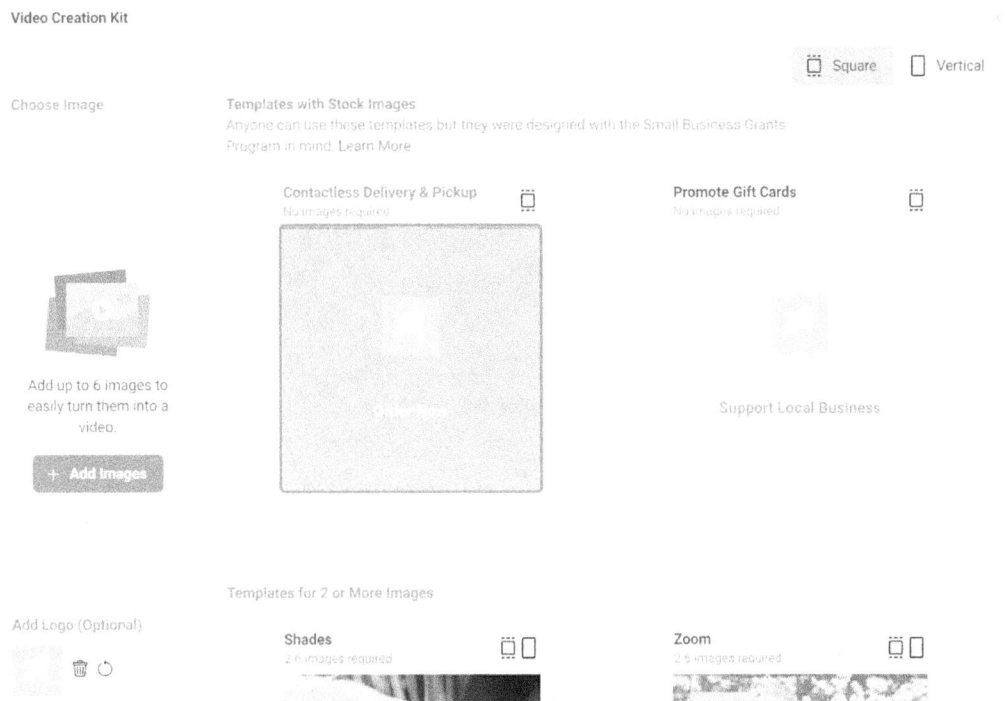

Potremo poi fare click su "Customize" cioè modifica per cambiare l'immagine utilizzata nella scena, scegliere un'immagine o un colore che serva da sfondo per la scena, ritagliare l'immagine in modo che appaia esattamente come desideriamo, aggiungere un logo o una piccola immagine che rappresenti l'attività del cliente e regolare le sue dimensioni e modificarne il posizionamento, aggiungiamo anche fino a trenta caratteri di testo alla scena selezionando un carattere, un colore del testo e un colore di sfondo.

A prescindere dal video, che sia girato da un professionista o creato tramite questo strumento, una volta che avremo il file potremo comunque garantire che calzi bene in ogni placement diverso grazie allo strumento dell'Asset Customization for Placements, qui modificheremo più posizionamenti contemporaneamente, ad esempio tutti i posizionamenti quadrati (feed, video in-stream), verticali (storie, app, siti) o orizzontali (colonna destra, risultati di ricerca, articoli istantanei).

Edit Placement

🖵 Select a placement to edit ▼

Placement Groups

Feeds, In-Stream Videos (7 placements)
Square (1:1)

Stories, Apps and Sites (5 placements)
Fullscreen Vertical (9:16)

Right Column, Search Results, Instant Articles (3 placements)
Horizontal (1.91:1)

Per farlo una volta aggiunti i contenuti multimediali noteremo una finestra pop-up che richiederà di ritagliare i file multimediali per adattarli a ciascun placement, una volta ritagliati clicchiamo su "Fine" per applicare le impostazioni, tuttavia non possiamo usare questo strumento per gli obiettivi di engagement di like alle pagine ed eventi, per le "automated ads" riguardo le app install, per i messaggi whatsApp ed instagram Direct e per il traffico in negozio e vendita a catalogo.

Se da parte del cliente riceviamo una certa libertà sull'aspetto creativo facciamo in modo che i video durino quindici secondi o meno in modo che le persone siano più propense a guardarlo fino alla fine, così facendo saranno anche idonei per le storie di Instagram ed i posizionamenti in-stream di facebook, nel caso avessimo a disposizione un video che non è stato originariamente realizzato pensando a queste caratteristiche, riduciamolo se possibile, nel caso avessimo anche compiti di direzione creativa mettiamo sempre in primo piano il prodotto o mostriamo subito l'identità del cliente ed il messaggio che vuole comunicare il marchio, in modo che le persone lo vedano subito e lo ricordino facilmente, nella realizzazione di un video facciamo in modo che il prodotto o marchio venga visualizzato entro i primi 15 secondi, sempre se possibile usiamo video verticali o quadrati perchè la maggior parte delle persone tiene il telefono in verticale, in questo modo consegneremo all'utente un'esperienza migliore, se non disponiamo di un video in 9:16 anche i video verticali in 4:5 funzionano bene, ricordiamoci sempre della possibilità di usare lo strumento dell'Asset Customization.

Altri consigli sono quelli di concepire i video anche per una esperienza con l'audio disattivato, le persone guardano i video con l'audio disattivato in molte circostanze, se possibile usiamo sempre dei sottotitoli nei video, consideriamo che molte persone possono anche non avere una buona connessione internet, da parte nostra avremo la possibilità di usare un targeting dettagliato e decidere di mostrare uno slideshow o immagini a persone meno connesse, oppure inserzioni video in alta definizione a persone che si trovano in regioni più connesse.

Dopo questa parentesi sui video, torniamo alla selezione sui formati, selezionando il formato "**Collection**" verrà mostrata un'immagine principale o un video con più prodotti mostrati sotto di questi, quando qualcuno toccherà l'annuncio, si aprirà un'esperienza interattiva chiamata "**Instant Experience**" a schermo intero.

- Collection
  Group of items that opens into a fullscreen mobile experience

Questa "esperienza istantanea" consiste in una esperienza a schermo intero su mobile.

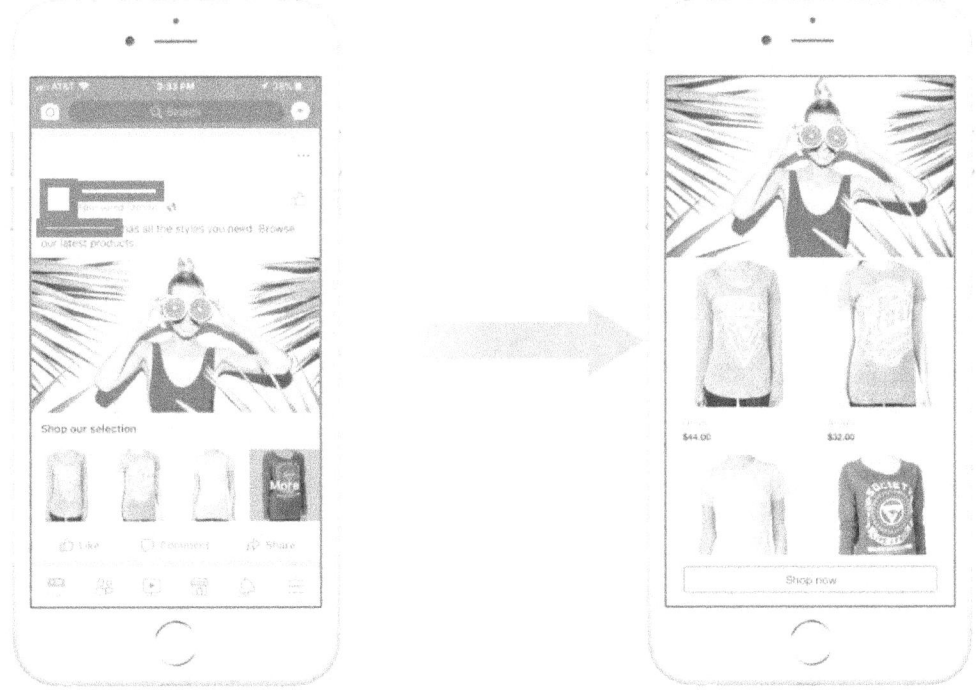

La collection è un ottimo formato per promuovere la "Discovery" cioè scoperta dei prodotti del nostro cliente verso i suoi utenti, potremo pubblicare questo tipo di annunci su più posizionamenti tra cui il feed di notizie di Facebook, il feed di Instagram e le storie di Instagram, per quanto riguarda gli obiettivi invece potremmo usare il formato Collection in tutti gli obiettivi tranne che per l'Engagement e le Video Views, per quanto riguarda l'obiettivo Catalog Sales invece abbiamo ovviamente bisogno di un "Catalog" da creare in separata sede, il numero di prodotti mostrati sotto l'immagine o il video principale varierà a seconda del placement selezionato.

Per prima cosa possiamo personalizzare la nostra Instant Experience, nella sezione "Customize your Instant Experience" qui selezioneremo un "Template" ossia un modello pre-esistente o ne creeremo uno nuovo.

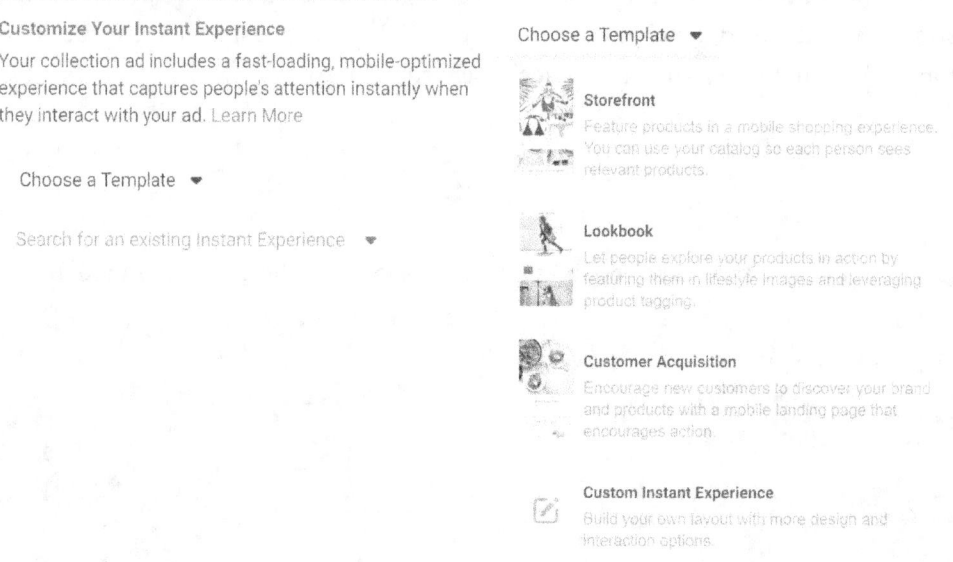

Una volta selezionata l'opzione che ci interessa ci troveremo nella pagina in cui personalizzeremo la Instant Experience:

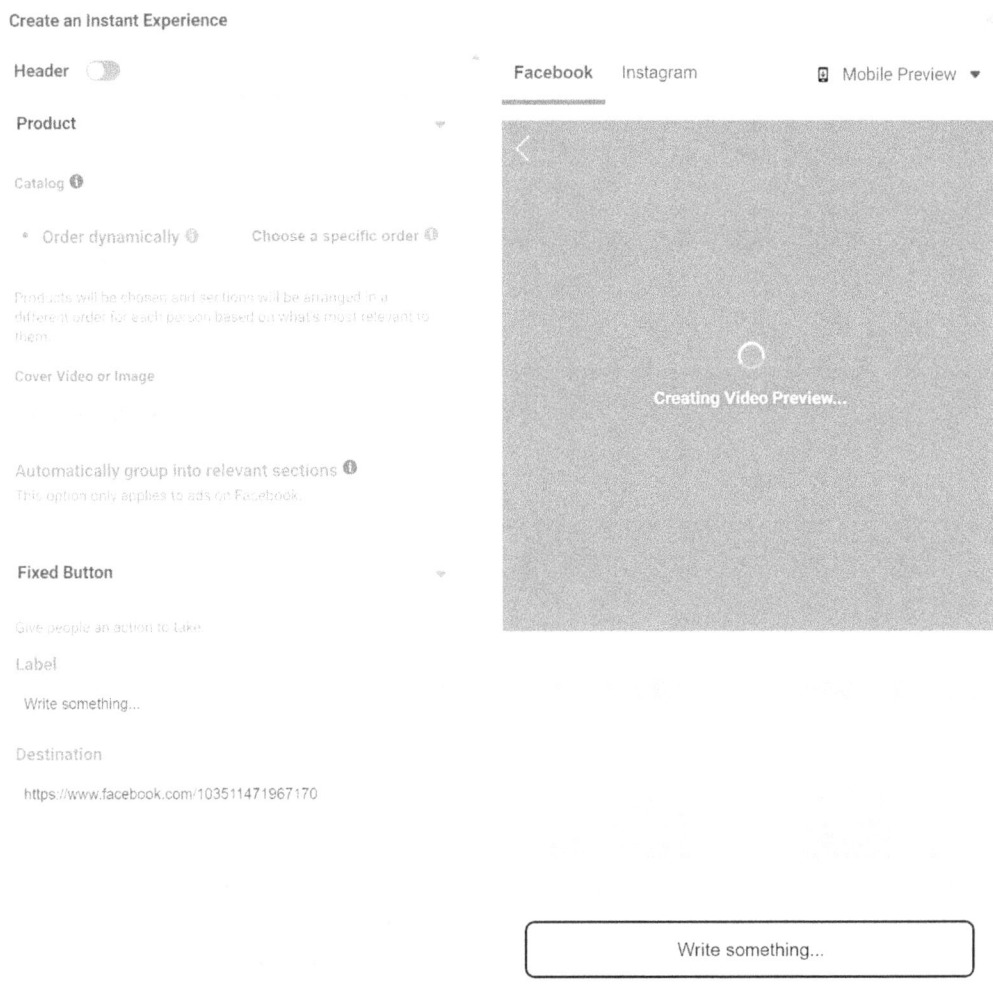

Qui assegneremo un nome all'esperienza interattiva, e disporremo di vari componenti che potremo aggiungere in diversi modi come pulsanti, caroselli, foto, video e testo. Assicuriamoci di includere i prodotti che desideriamo mettere in evidenza nella Collection all'interno dell'esperienza interattiva, una volta cliccato su "Fatto" in basso a destra la nostra Instant Experience è stata inclusa in questa Collection.

Selezionando "Custom Instant Experience" invece potremo personalizzare ogni aspetto dell'Ad aggiungendo componenti in modo dinamico e vedere anche l'anteprima di quello che abbiamo realizzato:

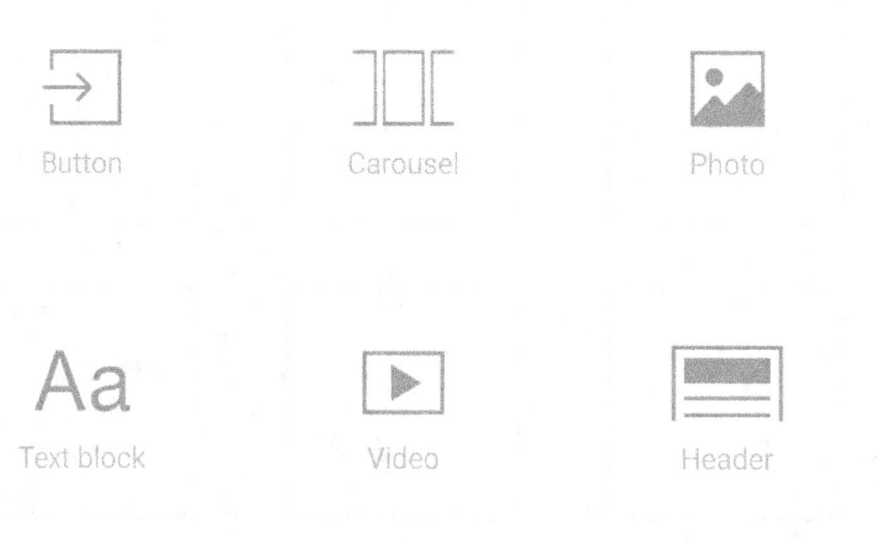

Se siamo ancora inesperti, prima di creare un "Template" personalizzato "ex novo" sarebbe meglio prendere confidenza con i modelli di default ed iniziare a personalizzarli passo passo, a prescindere dalla scelta del modello della custom experience, potremo modificare l'aspetto della vera e propria "Collection" nella sezione "Ad Creative", da qui potremo selezionare le prime quattro schede visualizzate dagli utenti tra tutte quelle facenti parte della Instant Experience prima che questi la aprano, ritagliare le immagini e inserire il testo e una "Headline".

Un consiglio sulla instant experience è quello di usare un set di prodotti "product set" ampio, il sistema ci consente di includere fino a cinquanta prodotti in questo formato, un set ampio consentirà al sistema anche di selezionare i prodotti più pertinenti da mostrare all'utente tramite l'uso del pixel, il che incoraggia le persone a esplorare più prodotti quindi se ne abbiamo molti da poter inserire in un set includiamoli tutti per aumentare quella che viene chiamata "discovery" cioè la "scoperta" dei prodotti da parte degli utenti, ricordiamoci che nel momento in cui verranno esaurite le scorte di un determinato prodotto, il set si aggiornerà automaticamente per mostrare alle persone gli altri articoli attualmente disponibili.

Nella sezione "Tracking" che affronteremo a breve, potremmo aggiungere un parametro URL all'inserzione per identificare da dove proviene il traffico quando le persone interagiscono con l'annuncio della Collection, nel caso aggiungessimo questi parametri all'URL di destinazione potremo monitorare il numero di persone che faranno clic sul link al sito web e non solo sui prodotti.

Abbiamo affrontato la Instant Experience durante la spiegazione della Collection, tuttavia avremo la facoltà di poterla selezionare anche per i formati immagine, slideshow, video e carosello, nelle prime tre opzioni avremo la possibilità di utilizzare anche un effetto AR ossia un effetto di realtà aumentata, questo permetterà all'utente di usare la propria fotocamera per collocare un modello 3D o effetto nel suo spazio visivo reale che potremmo creare nello "Spark AR Hub" e lo "Spark AR Studio", in questo modo gli utenti potranno ad esempio collocare veri i prodotti facenti parte del catalogo del cliente in formato virtuale all'interno del loro spazio reale, consentendogli di visualizzare su schermo un'anteprima del prodotto in relazione all'ambiente circostante, il che potrebbe risultare utile ad esempio per clienti operanti nel settore dell'arredamento così come nel settore immobiliare.

Per quanto riguarda sempre il formato della Instant Experience, questa risulterà disponibile per i placement del Facebook Feed, Facebook In-Stream Video, Instagram Stories e il Feed di Instagram, la loro disponibilità dipenderà dal formato dell'inserzione e dai componenti della instant experience che abbiamo incluso precedentemente al suo interno, ad esempio in alcuni posizionamenti verrà visualizzata la Collection ma non si aprirà la Instant Experience, nel caso non vedessimo la selezione di Instagram in fase di creazione dell'esperienza instantanea potrebbe voler dire che oltre che dimenticarci di collegare al business manager la pagina Facebook ci siamo dimenticati di collegare l'Account Business Instagram a quest'ultima, infine parlando di report dopo aver pubblicato una inserzione con una instant experience, potremo analizzare i risultati con delle metriche proprie di questo formato come ad esempio il tempo di visualizzazione e la percentuale di visualizzazione dell'esperienza istantanea.

Sceglieremo di usare una Instant experience soprattutto quando il nostro cliente dispone di un sito web lento oppure datato graficamente, questo formato per l'appunto permette di avere un caricamento immediato dell'elenco dei prodotti rispetto all'apertura di un sito web esterno dove questi verrebbero mostrati, questo oltre ad aumentare la qualità dell'inserzione per via dei tempi di caricamento più veloci, offrirà anche un'esperienza coinvolgente e al passo coi tempi.
Nel caso il sito web del cliente risultasse non proprio aggiornato oppure di difficile navigazione, tramite una instant experience la navigazione tra i prodotti risulterà gra-

ficamente più coinvolgente rispetto ad un sito più datato, tuttavia nel caso avessimo le giuste competenze potremmo anche offrire al cliente un servizio a trecentosessanta gradi e occuparci anche della costruzione di un sito web più coinvolgente e reattivo anche affidandoci alle numerose piattaforme per creare siti web attualmente disponibili le quali non richiedono approfondite conoscenze di programmazione, nella maggior parte dei casi queste sono anche partner di Facebook per quanto riguarda la registrazione degli eventi tramite il Pixel.

L'editing della parte creativa: la "Ad creative"

Siamo giunti alla sezione "Ad Creative" che è stata già affrontata in parte nella sezione riguardante l'Ad Setup, tuttavia alcuni elementi mancanti necessitano di essere ancora affrontati, oltre alla parte visiva per ogni inserzione avremo bisogno anche di un "Copywriting" cioè la parte testuale che compone l'annuncio, questa si esprime all'interno del sistema tramite il "Primary text" o testo principale e dal titolo o "Headline":

Primary Text ⓘ   1 of 5

Lorem ipsum dolor sit amet, consectetur adipiscing elit. Phasellus vel nisl mauris. Aliquam dignissim eleifend fringilla. Fusce commodo massa ut dui varius rutrum. Etiam ut ipsum sed lacus varius pellentesque eu tincidunt eros. Class aptent taciti sociosqu ad litora torquent per conubia nostra, per inceptos himenaeos. Sed hendrerit condimentum blandit. Proin ultrices convallis tortor, nec luctus purus mattis vulputate. Donec massa nibh, tempus at sodales sit amet, rutrum sed libero.

⊕ Add Options

Headline · Optional   1 of 5

Lorem ipsum dolor sit amet.

⊕ Add Options

Il testo principale dell'Ad viene visualizzato nella maggior parte dei posizionamenti anche se la posizione potrebbe variare, potremo anche taggare profili o pagine facebook digitando "@" prima del profilo o pagina in questione, per quanto riguarda il testo principale Facebook consiglia centoventicinque caratteri o meno, per il titolo invece quaranta.

Cliccando su "Preview Off", se non l'abbiamo già fatto, visualizzeremo l'anteprima per ogni placement della nostra creativa, da qui potremo anche condividerla con altri membri generando un link da potergli inviare, in modo che questi possano visualizzarla prima che l'inserzione venga pubblicata.

● Preview On

16 Placements  View More Variations

Inoltre cliccando sul pulsante "View More Variations" potremmo visualizzare e mettere in rapporto diverse combinazioni tra Immagini/Video e Testo.

Ciò che è davvero importante in questa sezione è la possibilità di personalizzare l'annuncio a seconda del placement in cui vogliamo mostrarlo, lo facciamo selezionando "Edit Placement":

Edit Placement

▢ Select a placement to edit ▼

Placement Groups

Feeds, In-Stream Videos (7 placements)
Square (1:1)

Stories, Apps and Sites (5 placements)
Fullscreen Vertical (9:16)

Right Column, Search Results, Instant Articles (3 placements)
Horizontal (1.91:1)

A questo punto selezionando i diversi placements si aprirà una finestra di Editing dove potremo cambiare direttamente l'immagine o video, ritagliare l'immagine, cambiare il titolo, descrizione e il link della "Call to Action":

Per quanto riguarda il pulsante "Call to Action" (CTA) di cui abbiamo già parlato nei capitoli precedenti, ricordiamoci che questo consiste nel pulsante che incoraggia gli utenti a intraprendere un'azione specifica, come prenotare appuntamenti o fare acquisti sul sito web, la scelta di questo dipenderà dall'obiettivo pubblicitario, ad esempio se vogliamo che le persone possano prenotare un appuntamento o effettuare prenotazioni tramite la Pagina useremo il pulsante "Book Now" cioè "Prenota ora".

Se vogliamo invece che le persone possano contattare il nostro cliente su facebook messenger o tramite un'altra forma di contatto, come e-mail o numero di telefono sceglieremo la call to action "Call Now" cioè "chiama ora", "Contact Us" ossia "contattaci", "Send Email" ovvero "invia e-mail", "Send Message" vale a dire "invia un messaggio" oppure "Sign Up" cioè "registrati".

Se vogliamo che le persone possano avviare il download di un'applicazione, sceglieremo "Play Game" cioè "Gioca" se si tratta di un gioco, oppure in ogni altro caso "Use App" ovvero "usa l'app".

Se vogliamo che le persone possano visualizzare un video o si informino sull'attività del nostro cliente sul suo sito web, useremo la call to action "Learn More" vale a dire "Scopri di più", oppure "Watch Video" ossia "guarda il video", infine se vogliamo che che le persone possano fare acquisti sul sito web, useremo il pulsante "See Offers" cioè "scopri le offerte", oppure "Shop Now" vale a dire "acquista ora".

La scelta del pulsante "Call to Action" è legata all'obiettivo scelto a livello campagna, e dal placement utilizzato, in fase di pianificazione ragioniamo su quali azioni sono importanti per l'obiettivo scelto come anche sulle metriche da adottare per misurare le azioni che vogliamo gli utenti intraprendano, soprattutto guardando al pubblico a cui ci rivolgeremo con particolare attenzione al livello del Funnel di Conversione in cui questo pubblico si trova.

La traduzione del messaggio pubblicitario

In questa sezione tradurremo la nostra inserzione in base al suo paese di destinazione, per farlo basta cliccare sul pulsante "Add Languages":

Languages

Add your own translations or automatically translate your ad to reach people in more languages. Learn More

Add Languages

Si aprirà una finestra "Manage Languages" in cui selezioneremo la lingua di origine, e successivamente la lingua in cui tradurre la nostra inserzione, il sistema tradurrà automaticamente la nostra inserzione nel caso in cui completassimo tutti i campi riguardanti la lingua di origine, questa funzione è denominata "Dynamic Language Optimization" o "DLO".

Nel caso non volessimo utilizzare questa funzione automatica, potremmo inserire un testo personalizzato nella lingua da voler tradurre per ognuna delle lingue di destinazione scelte, in base a queste avremo anche l'opportunità di cambiare la parte creativa in modo da poter personalizzare il messaggio in base al paese di destinazione.

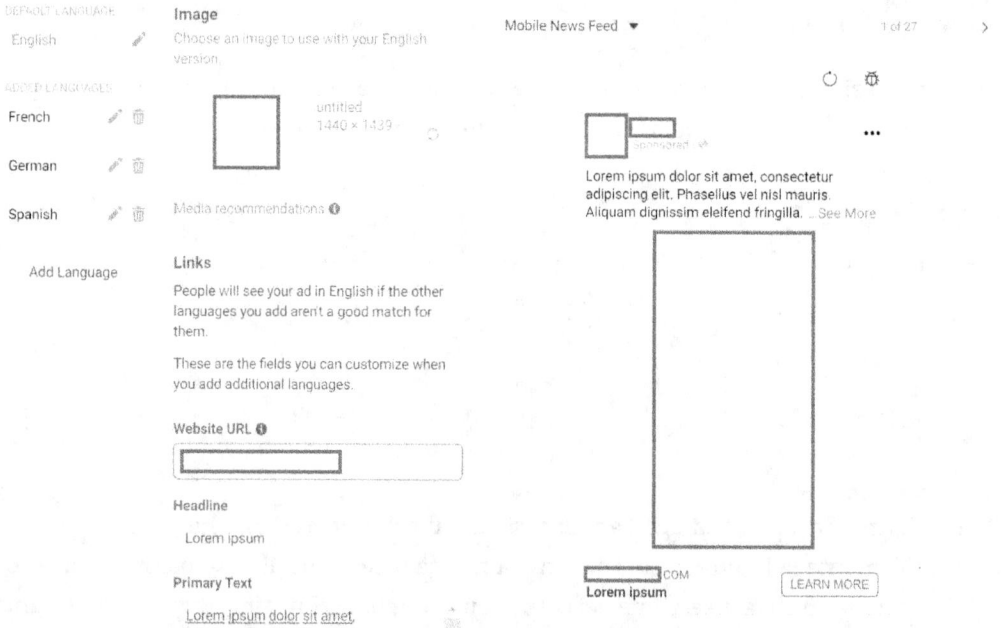

Il tracciamento dei risultati: il "tracking" e gli eventi

In questa sezione selezioneremo il metodo di tracking cioè di "tracciamento", questo ci permetterà di motivare tutte le conversioni avvenute grazie alla nostra inserzione.

Prima di parlare di come selezionare il metodo di tracciamento della nostra Ad, approfondiamo gli "Events" ovvero gli eventi nelle loro diverse tipologie, come possiamo vedere nella schermata in questa sezione potremo scegliere un "**Website Events**", "**App Events**" o "**Offline Events**".

Tracking   See updates

Track event datasets that contain the conversions your ad might motivate. The dataset that contains the conversion selected for the ad account will be tracked by default.

Website Events ⓘ   Set Up

App Events ⓘ   Set Up

Offline Events ⓘ

URL Parameters · Optional

key1=value1&key2=value2

Build a URL Parameter

Ogni evento dovrà essere creato in precedenza nella sezione "Events Manager" ovvero la gestione eventi all'interno del Business Manager, abbiamo una scorciatoia all'Event Manager anche nella sezione "All Tools":

Manage Business

🛡 Account Quality

🗄 Billing

🛡 Brand Safety

⚙ Business Settings

◎ Business Suite

⚅ Events Manager

Una volta selezionato l'event manager, ci ritroveremo nella sezione "Data Sources" cioè "fonte dei dati", da qui creeremo i nostri eventi che potremo poi durante la creazione dell'inserzione collegare nella sezione "Tracking".

Se vogliamo collegare il tracking di un "**Website Events**" selezioneremo il Pixel associato nell'Event Manager, invece per tracciare gli "**App Events**" selezioneremo l'App, per tracciare un "**Offline Events**" selezioneremo l'evento offline che abbiamo creato in precedenza nell'Event Manager, come abbiamo accennato nei capitoli precedenti per registrare le conversioni in negozio.

Se ancora non abbiamo creato un "**Event**" a prescindere dalla sua tipologia clicchiamo sul pulsante blu "Connect Data Sources", vedremo aprirsi questa finestra:

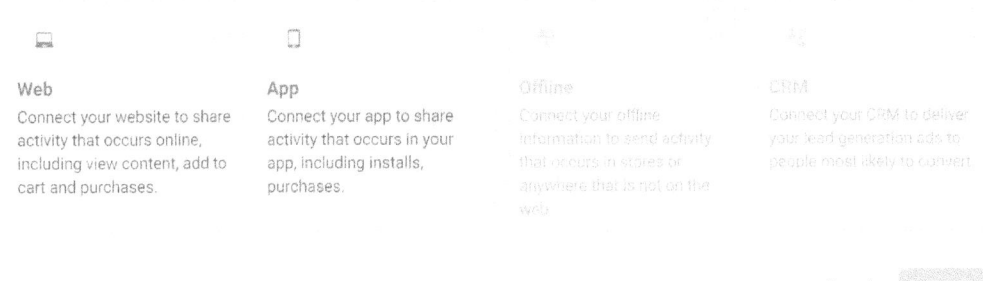

A questo punto potremo scegliere tra quattro diverse fonti dei dati, nel caso avessimo bisogno di tracciare nella sezione "Tracking" a livello "Ad" un "**Website Events**" cliccheremo sulla prima casella "Web", per tracciare un evento all'interno dell'App o "**App Events**" selezioneremo "App", oppure per tracciare un evento che si verifica al di fuori del web come le attività nel negozio del cliente cioè un "**Offline Events**" selezioneremo "Offline", la quarta scelta "CRM" rappresenta la scelta di un "Customer Relationship Manager" cioè un software partner, che connesso a Facebook ci aiuterà a tracciare meglio le conversioni per la generazione di contatti.

In primo luogo affrontiamo l'argomento del Pixel che serve a tracciare i nostri "**Website Events**", questo come spiegato nei capitoli precedenti è uno strumento di analisi che ci consente di misurare l'efficacia della nostra azione pubblicitaria, il che ci aiuta a capire le azioni che le persone intraprendono sul sito web del nostro cliente, ed ha una triplice funzione, la prima è quella raggruppare gli utenti che hanno visitato una pagina specifica o hanno intrapreso l'azione desiderata sul sito web, la seconda quella di raggiungere gli utenti che hanno maggiori probabilità di intraprendere un'azione specifica, come quello di effettuare un acquisto, e la terza quella di analizzare l'impatto delle nostre inserzioni misurando cosa succede quando le persone le vedono, in breve le tre funzioni possono quindi comunicare al sistema l'azione che vogliamo gli utenti facciano, creare un pubblico personalizzato ovvero una "Custom Audience" in base alle azioni intraprese nel sito web, ed infine analizzare le azioni degli utenti in modo dettagliato.

Per creare un Pixel cliccheremo su "Web" nella schermata precedente dell'Event Manager, ci ritroveremo su questa schermata:

Set up Web Events

Select a connection method
Choose how you'd like to connect your website so you can start sending web events.

Conversions API
Send web events and parameters directly from your server using an API.
Learn More

Facebook Pixel
Send web events and parameters through the web browsers your customers use when interacting with your website.
Learn More

Give Feedback   Back

A prescindere dalla scelta di usare un API di conversione che permetterebbe di condividere eventi web dal server del cliente a quello di facebook, oppure la scelta di usare un pixel, avremo comunque bisogno di creare quest'ultimo.

Cliccheremo su "connetti" e poi "continua", qui potremo dare un nome al nostro Pixel e inserire il sito del cliente, una volta creato questo andrà installato sul sito web del nostro cliente, pratica che è possibile eseguire in tre modi diversi: tramite integrazione attraverso i siti partner di Facebook, tramite istruzioni Email o manualmente.

Il sito del nostro cliente potrebbe far parte dei partner di Facebook, in questo caso avremo integrazioni che ci consentiranno di impostare il pixel, eventi dell'app e API delle conversioni per il Web senza dover modificare il codice del sito web del cliente.

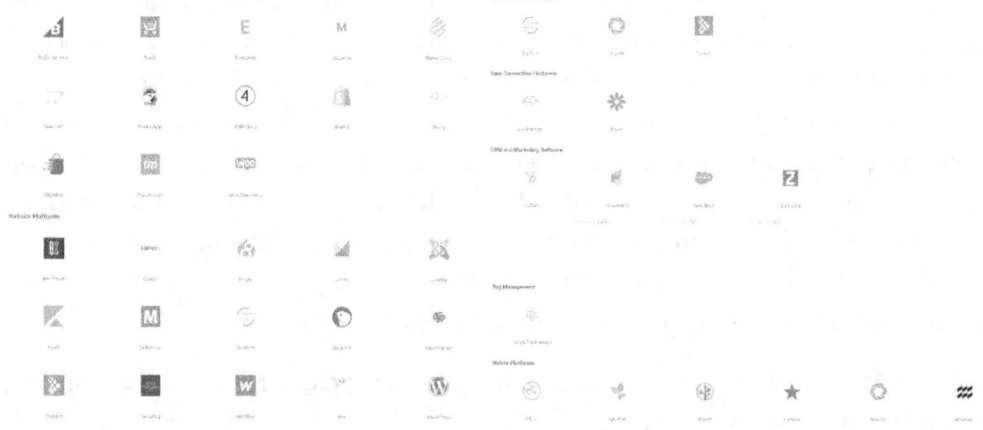

Per collegare il pixel ad un sito partner, basta andare nell'Event Manager e selezionare il Pixel, cliccare su "Continue Pixel Setup" selezionare "Use a Partner" per poi selezionare un partner dalla lista, ovviamente quello del cliente, ed infine seguire le istruzioni per il setup.

Riguardo l'installazione tramite email, questa è richiesta dal nostro cliente nel caso un'altra persona al di fuori di noi avesse in carico la gestione del Pixel e dei suoi eventi, in questo caso una volta creato procederà a selezionare la casella "Istruzioni email" in fase di settaggio del pixel.

Installare il Pixel manualmente è il tipo di installazione più "avanzata", dopo aver selezionato questa opzione, copieremo il codice che ci verrà mostrato in finestra durante la creazione, andremo nel pannello di gestione del sito del cliente che dipenderà dal suo provider, e quello che dobbiamo fare sarà incollare il codice pixel nell'header di ogni pagina del sito web, questo consiste nell'intestazione della pagine, quindi incolleremo il codice prima della linea "</head>".

Dopo aver aggiunto il codice base del pixel al sito web, potremo impostare eventi per misurare le azioni che ci interessano, potremo farlo sia manualmente installando il codice evento voluto tramite la procedura sopra citata oppure utilizzando lo strumento di configurazione del "Setup Tool", il primo metodo richiede certe conoscenze informatiche, mentre nel secondo tramite il Tool di Setup verremo guidati passo passo verso la configurazione degli eventi.

Nel caso il cliente abbia già un Pixel nel suo sito web, controlliamo sempre che il codice di base sia scritto in maniera corretta, facciamo in modo che questo sia tra i tag <script> e </script> della pagina e che corrisponda al codice di base del pixel così come ci è stato presentato, inoltre verifichiamo sempre che il codice dell'evento sia nella pagina corretta, assicuriamoci anche che gli eventi standard siano scritti correttamente nell'uso delle maiuscole e minuscole, altrimenti non verranno tracciati come eventi standard, causando problemi.

Dopo l'impostazione del Pixel dovremmo accertarci che questo funzioni correttamente tramite lo strumento di test degli eventi cioè il "Test events Tool" per verificare se abbiamo impostato correttamente gli eventi standard o personalizzati, per fare ciò dovremo andare nell'Ads Manager e selezionare le fonti dei dati "Data Sources" dove vedremo se gli eventi sono attivi o meno, oppure usare il "Test Debug Tool" per eseguire il debug degli eventi.

Un altro metodo per la verifica del funzionamento è quello di usare il Pixel Helper, si tratta di una estensione su Google Chrome che ci consentirà di verificare la corretta installazione del codice sulla pagina web del nostro cliente, se stiamo usando un Ad Blocker questo creerà problemi per il Pixel quindi disabilitiamolo, potremo scaricare questo strumento dallo store delle estensioni di Chrome:

Grazie a questo strumento potremo rilevare diversi possibili errori da parte del Pixel appena installato, il primo potrebbe essere "pixel non trovato" il che ci comunica che questo non è stato affatto trovato all'interno del sito, come se non fosse stato affatto implementato, in questo caso si tratterebbe di un errore di scrittura nella struttura del Pixel, un metodo molto veloce ed efficace per verificare se abbiamo fatto un errore oppure no consiste nel cliccare con il tasto destro del mouse in un qualsiasi punto nel sito del nostro cliente e selezionare "verifica origine della pagina" oppure usare "CTRL+U" da qui visualizzeremo il codice sorgente della pagina per trovare il codice Pixel al suo interno, lo troveremo facilmente con la sequenza "CTRL+F" cercando la parola "Facebook Pixel Code" nella barra di ricerca appena comparsa.

In questo modo potremo vedere se effettivamente il codice è stato implementato oppure no, e notare eventuali errori all'interno di questo, ad esempio nel caso il codice appaia di colore verde su Google Chrome significherebbe che è stato scritto come una descrizione più che un codice, quindi la struttura risulterà sbagliata e il Pixel Helper non lo leggerà.

Un altro errore potrebbe essere un Pixel che si attiva più volte, in questo caso il pixel nella stessa pagina si attiverà non una solta volta per evento ma più volte registrando dati multipli, cosa che non vogliamo assolutamente ottenere.

Questo accade ad esempio quando viene implementato più volte il codice sulla stessa pagina, chiediamo sempre al cliente se ha già lavorato con una agenzia o professionista che in precedenza ha settato il pixel manualmente per loro conto e verifichiamo se il codice risulta duplicato.

Assicuriamoci che che il codice Pixel di base sia scritto al di sopra dell'evento standard o il codice di tracciamento della conversione, altrimenti il codice verrà individuato ma l'evento non sarà attivato quindi nessuna informazione su questo verrà inviata al sistema, quindi assicuriamoci di vedere il codice di conversione o evento standard al di sotto del codice base.

Nel caso si presentasse un errore riguardo un valore mancante di un parametro, vorrebbe dire che abbiamo nella pagina un evento standard che dovrebbe avere un valore ovvero un "Value" associato con questo, ma non è stato indicato, ad esempio nell'evento

"Purchase" del Pixel setteremo un valore ed un codice valuta in modo da comunicare al sistema il valore dell'oggetto in questione e la sua valuta, dando un'occhiata al codice potremmo notare le lacune nella scrittura di questo tipo di eventi, il sito Facebook for Developers offre una panoramica completa sui parametri di tutti gli eventi Standard.

Prima di impostare i nostri "Events" tuttavia dobbiamo provvedere per prima cosa a verificare il sito web del nostro cliente su Facebook, per farlo dovremmo andare nella sezione "Brand Safety" cliccando su "Business Settings":

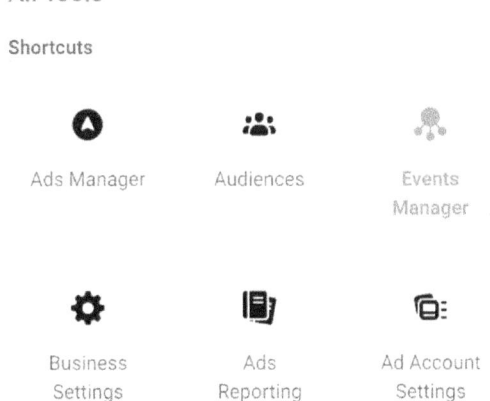

Una volta selezionato "Brand Safety" cliccheremo su "Domains" cioè Domini e poi "Add a Domain" ovvero Aggiungi un Dominio:

Add a Domain

Add the correctly formatted domain you want to associate with your business.

You can only verify the root domain (example.com), not a subdomain (store.example.com) or subpage (example.com/store). Do not add prefixes (http:// or https://) at the beginning.

Your Domain example.com or example.co.uk

Domains can only be added to one business but can be shared with designated partners.

Inseriremo il sito Web del nostro cliente, tuttavia una volta cliccato il pulsante blu il dominio non sarà ancora verificato, questo processo di verifica potrà essere fatto in tre modi distinti, cliccando sul dominio aggiunto nella barra sinistra dell'elenco selezioneremo la verifica DNS, il caricamento del File HTML oppure la verifica Meta-Tag, per ogni tipo di scelta seguiremo le istruzioni a schermo.

La procedura consiste per il primo metodo nell'entrare negli strumenti di gestione del sito del cliente che cambia a seconda del provider per poi entrare nella sezione registri DNS e incollare il file TXT a schermo in questa sezione su Facebook, per il caricamento del file HTML invece dovremo scaricare il file e caricarlo nella directory root del sito del cliente.

Per la Meta-Tag verification invece copieremo il Meta-Tag mostrato in finestra su Facebook e lo incolleremo nella sezione Header del sito del cliente, se abbiamo già installato il pixel in precedenza, la procedura è la stessa.

Per verificare che l'installazione tramite Meta-Tag è avvenuta basterà copiare la sequenza alfanumerica mostrata dal sistema dopo la dicitura "verification=", cliccare col destro nel browser del sito del nostro cliente e selezionare "verifica origine della pagina" o premere CTRL-U, dopodichè premere CTRL-F e incollare la sequenza per verificare se il meta tag è presente oppure no come abbiamo fatto in precedenza per controllare gli errori di digitazione nel pixel.

Una volta verificato il sito del nostro cliente, per poter comprendere meglio il Pixel dovremmo a questo punto fare una distinzione tra la già affrontata funzione di "tracciamento" ergo registrazione e la sua funzione di ottimizzazione tramite i suoi diversi tipi di evento che consistono negli "**Standard Events**" cioè gli eventi standard, nei "**Custom Events**" ovvero gli eventi personalizzati e nelle "**Custom Conversions**", le conversioni personalizzate.

Per la funzione di "tracciamento" parliamo di "Standars Events" cioè gli eventi standard ed i "Custom Events" ovvero gli eventi personalizzati, sappiamo che gli eventi si verificano in seguito alle nostre inserzioni oppure al traffico organico non a pagamento, anche nel momento in cui un utente ricercasse il sito del cliente nella barra di ricerca Google ed avessimo settato in precedenza degli eventi da registrare al suo interno gli eventi impostati verrebbero registrati comunque, quindi nel momento in cui settiamo un evento per registrare ad esempio la visita ad una certa pagina, che questa provenga dalla nostra inserzione oppure no, verrà comunque registrata nel Pixel e la vedremo nei report.

Per la funzione di "ottimizzazione" parliamo sia di "Standard Events" che "Custom Conversions" cioè le conversioni personalizzate, questi vengono utilizzati a livello Ad Set nel parametro "Conversion Location" selezionando in primis il Pixel di appartenenza e poi l'evento standard o la conversione personalizzata che abbiamo creato e verso il quale l'inserzione si dovrà ottimizzare, attraverso questi due, comunicheremo al sistema un obiettivo specifico che dovrà raggiungere.

Gli eventi standard sono azioni predefinite che ha il sistema di default, questi corrispondono ad attività comuni come la ricerca, la visualizzazione, o l'acquisto di un prodotto, mentre gli eventi personalizzati sono azioni che non rientrano tra quelle definite dagli standard events, entrambi i tipi di evento fanno parte dell'insieme di azioni che potremmo tracciare all'interno di un determinato dominio, in un numero massimo di otto eventi tra Standard e non, da impostare in ordine di priorità di registrazione a seconda degli obiettivi di business del nostro cliente.

Per prima cosa dovremo configurare gli eventi nella loro funzione di tracciamento ossia configurare gli "Standars Events" cioè gli eventi standard ed i "Custom Events" cioè gli eventi personalizzati, potremo farlo sia manualmente inserendo il codice dell'evento che desideriamo tracciare all'interno del codice del Pixel, o utilizzando lo strumento di configurazione del "Setup Tool", la prima richiede la capacità di scrivere o perlomeno comprendere il linguaggio del pixel mentre il secondo è un setup guidato che non richiede queste capacità avanzate, potremmo creare quanti eventi vogliamo ma tracciarne solo otto.

Nella sezione dell'Event Manager selezionando il Pixel che abbiamo creato in precedenza cliccheremo il pulsante blu "Add Events" cioè "aggiungi eventi" e selezioneremo "From Pixel" da cui avremo la possibilità di aggiungere gli eventi manualmente tramite codice oppure di usare il "Setup Tool".

Se vogliamo aggiungere gli eventi manualmente avremo bisogno dei codici evento standard o personalizzati, questi andranno aggiunti tra il codice del Pixel base nella pagina in cui vogliamo registrare una particolare azione, il sito "Facebook for Developers" ha una intera sezione dedicata ai tipi di evento registrabili, così come una guida su come crearne di nuovi e come implementarli.

Nel caso avessimo installato il Pixel nel sito del cliente non dovrebbe risultarci difficile creare eventi standard e personalizzati, una volta individuato l'evento di cui vogliamo tenere traccia ed il suo relativo codice, dovremo implementarlo all'interno del codice Pixel base nell'header della pagina in cui vogliamo tracciare la determinata azione.

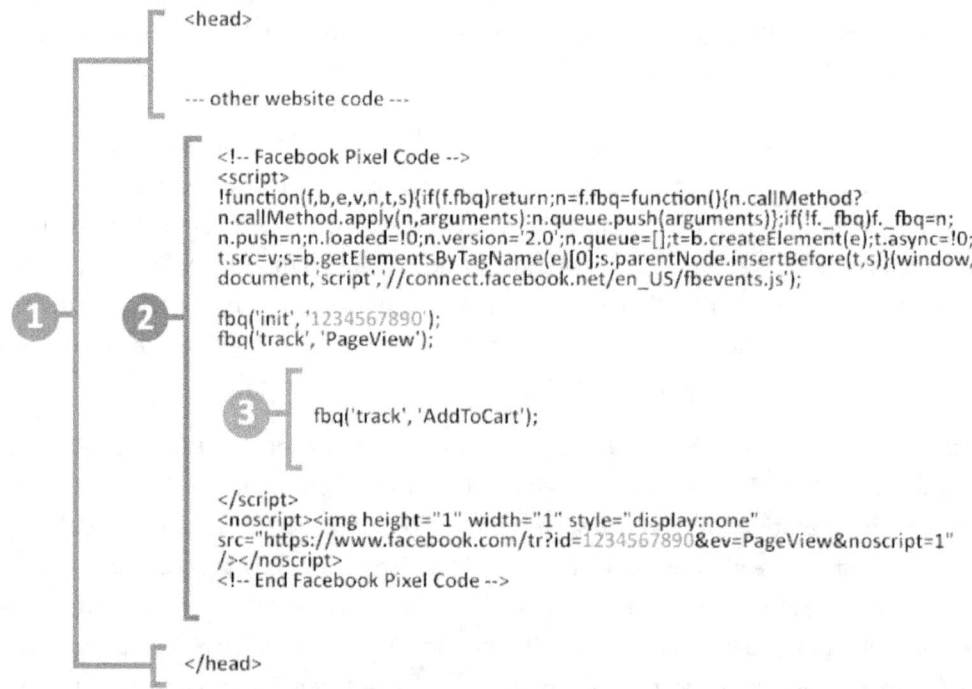

Nell'immagine possiamo notare come (1) rappresenti l'Header (2) il codice Pixel base e (3) l'evento di aggiunta al carrello, questo codice ad esempio verrà installato nella pagina di avvenuta aggiunta al carrello da parte dell'utente, ricordiamoci che a prescindere dalla provenienza di questo, che sia dalle nostre inserzioni o tramite ricerca web, l'azione una volta settata verrà sempre registrata una volta avvenuta.

Se invece vogliamo usare lo strumento di configurazione del "Setup Tool" cliccheremo sull'omonimo pulsante blu, si aprirà una finestra in cui dovremo inserire il sito web del nostro cliente:

Set Up Events   ×

You can use the Event Setup Tool to add standard events and parameters without the need to code. This is the easiest option to install pixel events.

Website URL

Enter website URL   Open Website

Give Feedback   Cancel

Una volta aperto comparirà la finestra di configurazione, assicuriamoci di avere disattivato l'Ad blocker oppure la finestra non comparirà.

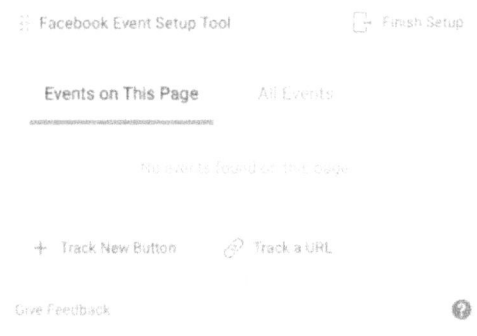

Da qui potremo settare gli eventi cliccando i pulsanti "Track new Button" cioè monitora un nuovo pulsante e "Track a URL" ossia monitora un URL, una volta cliccato sul tracciamento del pulsante verranno evidenziati tutti i pulsanti della pagina web attuale che avremo indicato in precedenza, qui attribuiremo un Evento ad ogni pulsante anche in pagine diverse, ad esempio, se avessimo un pulsante a schermo nella pagina web che consentirebbe all'utente di aggiungere un articolo al carrello, potremmo attribuirgli l'evento di "Aggiungi al carrello" selezionando questa opzione "Add to cart", attribuiremo ai pulsanti nel sito web del cliente diversi eventi a seconda della loro rilevanza per il funnel di conversione.

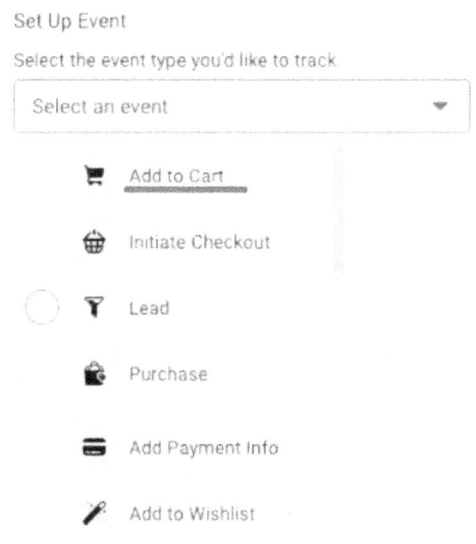

Questo evento sarà visibile all'interno del nostro Pixel Setup Tool nell'elenco eventi come "Add to Cart".

La selezione del pulsante "Track a URL" è più dinamica rispetto alla selezione "Track a Button", questa opzione ci è utile ad esempio se nel sito Web del nostro cliente dopo un acquisto viene visualizzata una ulteriore pagina come una "Thank you page" cioè una pagina di ringraziamento, in questo caso per tracciare un acquisto incolleremo l'URL della pagina di ringraziamento e gli attribuiremo l'evento "Purchase" ergo acquisto, questo perchè la suddetta pagina comparirà solamente se l'acquisto è stato concretamente effettuato.

Track an Event Using a URL

Select the event you'd like to track.

Select an event ▾

Track the entire URL or a portion of the URL.

URL equals ▾ https://www.com/thank-you

Cancel

Il processo di "tracciamento" delle azioni non è altro che la pianificazione della registrazione dei punti di contatto che hanno gli utenti all'interno del sito web del nostro cliente di cui parlavamo nei capitoli iniziali, questi cambieranno in funzione del tipo di attività da lui svolta come anche dai canali pubblicitari di cui dispone, è possibile infatti che i punti di contatto possano variare anche tra più clienti che operano all'interno dello stesso settore d'impresa, il nostro compito è tracciare le azioni importanti degli utenti all'interno del funnel di conversione che abbiamo creato in sede di programmazione campagna, ogni azione verrà poi visualizzata all'interno della sezione del pixel di riferimento.

In genere gli eventi più comuni da settare su un sito web sono l'evento di acquisto, l'evento di pagamento avviato e l'evento di aggiunta al carrello, particolari pagine avranno anche l'evento standard di "ViewContent" che permetterà la registrazione della visualizzazione di una particolare pagina da parte dell'utente, in genere un procedimento per il tracciamento degli acquisti ha tre fasi, la prima dove setteremo un evento per le persone che aggiungono un oggetto al carrello tramite l'evento pixel "AddToCart" in secondo luogo un evento per le persone che vengono indirizzate alla pagina di pagamento tramite l'evento pixel "Initiate Checkout", infine un evento per le persone che finalizzano l'acquisto tramite l'evento "Purchase", in questo modo potremmo creare tre pubblici distinti direzionando poi verso questi un messaggio pubblicitario personalizzato come ad esempio fare retargeting sui carrelli abbandonati oppure upselling per il pubblico che ha già acquistato, potremmo anche ottimizzare la nostra inserzione per questi tre eventi precisi una volta che avremo almeno 100 eventi avvenuti, infine registreremo e riporteremo le diverse azioni compiute dagli utenti su più livelli.

Integrare le api di conversione nel sito web del cliente

Dopo aver settato il pixel potremo anche utilizzare l'API Conversions per una registrazione degli eventi lato server.

L'API di conversione può essere sia Offline che Online come nel caso che stiamo per illustrare, questo ci permetterà di condividere i dati degli eventi web dal server del cliente a quello di Facebook, in questo modo manterremo i vantaggi del Pixel salvaguardandoci anche dalle possibili modifiche future alle politiche sui cookie e sulla privacy.
Se il nostro cliente vende principalmente sul suo sito web l'implementazione lato server per tracciare le conversioni Online è un'ottima scelta.

l'API può essere implementato anche Offline, in questo modo condivideremo gli eventi offline come le vendite in negozio direttamente con Facebook dal server del nostro cliente, così facendo potremo registrare in modo efficiente ogni conversione nel negozio automaticamente, senza fare l'upload manuale della lista clienti e vedere i match di quante corrispondenze troverà il sistema ogni volta.

Affrontiamo il settaggio degli API tramite partner di Facebook in quanto l'installazione manuale richiede competenze che vanno oltre ciò che questa guida vuole fare acquisire, in più è molto probabile che un nostro cliente stia usufruendo di una piattaforma già partner con Facebook piuttosto che di un sito web a se stante, nel caso dovessimo lavorare per un cliente più grande è molto probabile che questo si serva già di un dipartimento dedicato all'installazione di questi strumenti di marketing o comunque che se ne occupi uno sviluppatore, vediamo come implementare l'API tramite Wordpress che risulta la piattaforma software e di content mangement system più usata su internet, consideriamo che circa il 30% dei siti web totali usa questo sistema.
Il procedimento di implementazione è molto simile ad altri siti partner come Wix e Shopify, se siamo arrivati fin qui ci risulterà facile settare le API anche su altre piattaforme convenzionate.

Selezioneremo la sezione "Event Manager" e poi il Pixel per poi andare nella sezione "Settings" cioè Impostazioni ed ancora "Choose a Partner" ergo scegli un Partner:

Conversions API

Send web events directly from your server. Learn More

Set up manually

To set up the Conversions API, create an access token here and then follow the setup instructions on the Facebook for Developers site.

Create Access Token

Set up through a partner integration

Easily connect your web activity through a partner integration - no coding required. Choose from Wordpress, Tealium, Segment and more.

Choose a Partner

Nel caso il nostro cliente abbia un sito Wordpress cliccheremo su "Wordpress" nella selezione Partner, selezioneremo entrambe le spunte visualizzate e poi "Create Access Token" con cui creeremo un token di accesso.

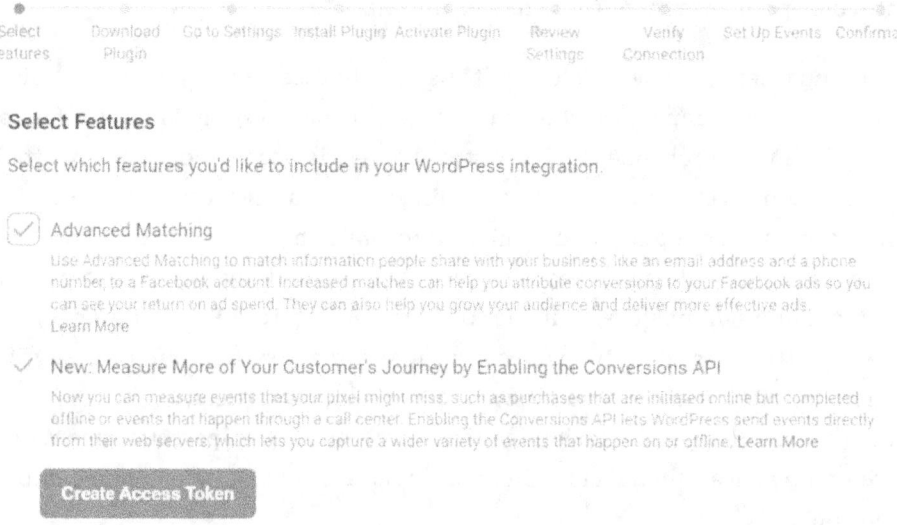

A questo punto visuelizzeremo un codice, copiamolo e salviamolo per dopo, cliccando continua andremo alla seconda schermata di configurazione dove scaricheremo il Plugin da installare nel pannello amministratore di Wordpress.

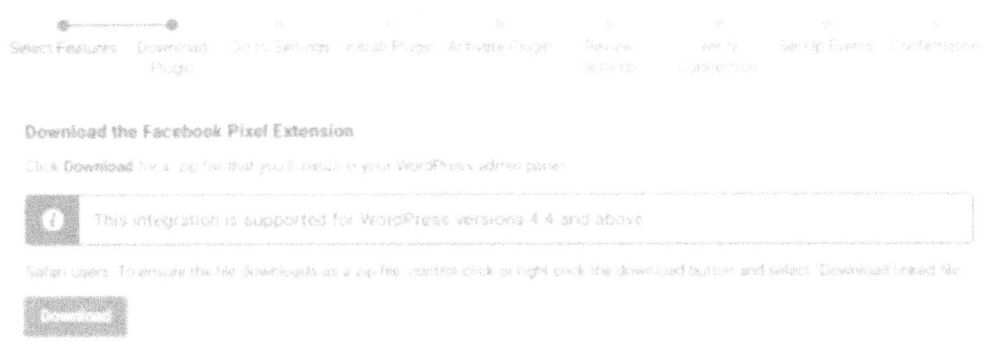

Nel pannello Amministratore di Wordpress, andremo nella sezione "Plugins" e selezioneremo "Add New" cioè aggiungi nuovo plugin, e poi "Upload Plugin" ergo carica plugin:

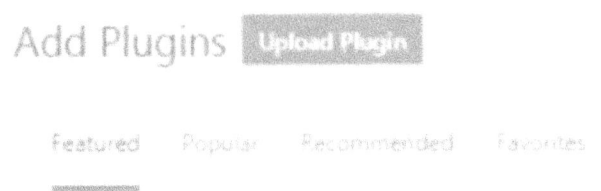

Selezioneremo il file appena scaricato dall'Event Manager di Facebook per poi cliccare su "Install Now", fatto ciò attenderemo il caricamento facendo attenzione a non chiudere la pagina, una volta terminato il caricamento procederemo a cliccare su "Activate Plugin" o attiva plugin:

Una volta attivato riceveremo questa conferma da Wordpress nella stessa schermata in cui troviamo:

Fatto ciò torneremo su Facebook e cliccheremo su continua nella schermata in cui eravamo rimasti in precedenza fino a che non arriveremo alla schermata "Review Settings", per poi andare nella sezione "Plugins" di Wordpress dove cercheremo il Pixel installato dal principio, da qui cliccheremo su "Settings" o impostazioni:

Qui si aprirà una schermata in cui troveremo il campo vuoto dell' "Access Token" cioè il token di accesso, inseriremo qui il codice salvato in precedenza incollandolo, selezione-

remo inoltre la spunta "Use conversion API" per poi cliccare su "Save Changes" per salvare ciò che abbiamo fatto:

Tornando su Facebook cliccheremo su "Continua" nelle schermate fino al termine del processo, in questo modo avremo completato il processo per settare il conversion API su un sito Wordpress.

La deduplicazione dei risultati tra pixel ed api

Il pixel di Facebook e l'API delle conversioni come sappiamo ci consentono di condividere con il sistema eventi standard e personalizzati in modo da poter misurare e ottimizzare il rendimento degli annunci, se il pixel ci permette di condividere gli eventi web da un browser web, l'API Conversions ci permettere di condividere eventi web direttamente dal server.

Quando colleghiamo l'attività del sito web utilizzando sia il pixel che l'API Conversions, potremo ricevere gli stessi eventi dal browser e dal server, il sistema è al corrente che gli eventi sono gli stessi e quindi li deduplica, tenendone alcuni e scartando i rimanenti.
Tutto dipende anche da come impostiamo gli eventi, possiamo decidere di condividere eventi diversi dal browser rispetto a quelli lato server in modo da prevenire questa deduplicazione, ad esempio scegliendo di condividere per il lato server solo gli eventi di conversione, non settando un evento di conversione lato pixel la deduplicazione non sarebbe necessaria perché non stiamo inviando eventi "uguali" sia dal browser che dal server, quando invece condividiamo gli stessi eventi sia dal browser che dal server avviene la deduplicazione, ciò accadrebbe se l'evento di conversione fosse settato sia sul Pixel che sull'API.

Se gli eventi del browser e del server "uguali" non venissero deduplicati visualizzeremo nei rapporti due acquisti diversi, uno inviato dal browser e uno inviato dal server ma in effetti si sarebbe verificato un solo acquisto, la deduplicazione è necessaria in modo che lo stesso acquisto non venga visualizzato due volte nei rapporti, per fare in modo che gli eventi vengano deduplicati dovremo aiutare il sistema a determinare se gli eventi sono gli stessi come ad esempio tramite il nome dell'evento "Purchase" per la conversione oppure il suo ID, in questo modo tutti gli eventi dopo il primo verranno conteggiati nei rapporti come uno solo.

In dettaglio verranno deduplicati gli eventi pixel con parametri evento ed ID evento identici, gli eventi del server con parametri "event_name" e "event_id" identici e gli eventi pixel e server che corrispondono al nome evento dell'API Conversions e l'event_id del pixel corrispondente all'event_id dell'API Conversions, per verificare quali eventi vengono deduplicati possiamo utilizzare lo strumento "Test Event" in Gestione eventi.

L'ottimizzazione degli eventi ed i parametri url

Per quanto riguarda la funzione di "ottimizzazione" del pixel possiamo o selezionare gli eventi creati in precedenza e salvati nel Pixel come ad esempio l'evento per la "thank you page" di cui abbiamo parlato in precedenza (quindi un "custom event") oppure possiamo personalizzare ulteriormente l'ottimizzazione nella sezione "Custom conversions" ergo conversioni personalizzate all'interno dell'Event manager attribuendo al "custom event" un un parametro il che lo renderà una "Custom Conversion" ricordiamoci che non dovremmo mai ottimizzare le campagne di conversione a meno che non siano avvenuti almeno 500 eventi di conversione per "evento", quindi il numero di eventi che otteniamo in ogni fase del funnel che abbiamo costruito è fondamentale per la decisione sull'evento di ottimizzazione da intraprendere, questo perché il sistema deve avere abbastanza dati per farci ottenere dei risultati ottimali e "conoscere" il processo con cui avvengono queste conversioni.

Nella sezione "Custom Conversions" dell'Events Manager potremo creare la nostra conversione personalizzata, questa ottimizzerà l'Ad Set verso la direzione che noi abbiamo impostato in questa sede per poi venire selezionata nel parametro "Conversion Location" selezionando in primis il Pixel di origine e dopo l'evento standard che abbiamo creato in precedenza, oppure la conversione personalizzata che stiamo per creare, questa definisce sì la direzione verso il quale l'inserzione si deve ottimizzare ma comunicandolo a sistema in maniera più specifica del custom event.

Se il nostro cliente ha più prodotti su fasce di prezzo differenti e volessimo sia tracciare gli acquisti di una determinata fascia di prezzo, che ottimizzare la nostra inserzione verso quel tipo di acquisto dovremmo settare una custom conversion, in quanto se registrassimo come evento di acquisto ogni oggetto in vendita del nostro cliente tramite un custom event, questo non differenzierebbe tra i prezzi o tra i tipi di oggetti, per cui se il nostro cliente volesse ottenere un risultato preciso dovremmo creare un evento in questo senso, questo vuol dire che se noi utilizzassimo un custom event "Purchase" per l'ottimizzazione di una campagna di conversione, questa comunicherebbe al sistema di restituirci

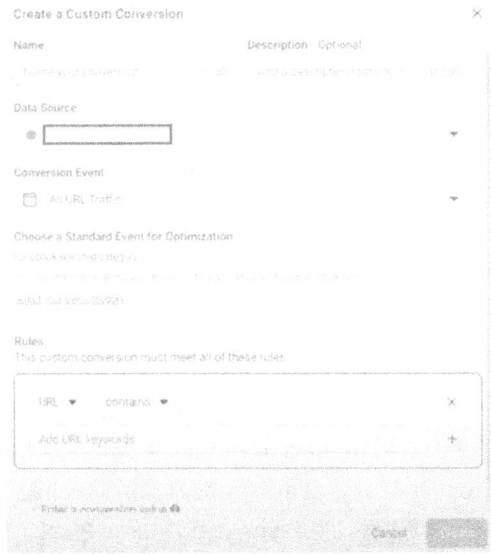

la vendita di qualsiasi articolo del nostro cliente in quanto avremo settato questo tipo di evento in ogni pagina per ogni articolo che ha a sua volta un diverso pulsante per la finalizzazione dell'acquisto, diciamo che il sistema non fa distinzione tra i diversi articoli e mirerà a restituirci una conversione qualsiasi.

In pratica daremo un nome ed una descrizione alla nostra conversione personalizzata, e in origine dei dati selezioneremo il Pixel di riferimento, in "Conversion event" cioè l'evento di conversione, selezioneremo o un evento standard disponibile oppure sceglieremo un traffico da URL, se volessimo ottimizzare la conversione secondo l'esempio citato in precedenza, selezioneremo come evento di conversione "Purchase" o acquisto, a questo punto nella sezione "Rules" o regole setteremo i parametri dell'acquisto, selezionando l'URL potremo dire al sistema di ottimizzare l'inserzione verso l'acquisto di un determinato prodotto indicato, ad esempio dall'URL della "Thank you Page" di quel determinato prodotto, qui potremo assegnare un valore alla conversione in modo che il sistema capisca anche il costo dell'oggetto della conversione.

Diciamo che il prodotto selezionato costi all'utente cinquanta euro, a questo punto il sistema comprenderebbe che l'evento è un acquisto, ma solamente di questo prodotto, non dell'intero evento standard settato all'inizio del capitolo del "Purchase" o acquisto, il sistema quindi dopo un certo numero di eventi registrati, disporrà di tutti i dati necessari per poter permetterci di ottimizzare l'Ad verso l'acquisto di questo prodotto specifico nel caso avessimo almeno 500 eventi di conversione già avvenuti, d'altro canto possiamo anche costruire una Custom audience di chi lo ha acquistato.

Una volta settati i nostri eventi standard e creato le conversioni personalizzate ricordiamoci che per ogni dominio possiamo tracciarne un numero massimo di otto.

Continuando il processo, nell'Event Manager cliccheremo su "Aggregated Measurement Event" cioè la misurazione degli eventi aggregati:

Cliccheremo poi sul sito del cliente che abbiamo verificato in precedenza e settiamo gli eventi, lo faremo selezionando otto eventi standard o personalizzati che abbiamo creato in precedenza e di cui vogliamo tenere traccia mettendoli in ordine di importanza dall'Alto più importante al Basso meno importante.

Se volessimo tenere traccia delle conversioni su più fasce di prezzo dovremmo settare nel pannello una ottimizzazione per il valore e configurare tanti eventi quante sono le fasce di prezzo desiderate, ognuna conta come un evento a se stante quindi se volessimo considerare tre fasce di prezzo ci rimarrebbero cinque eventi da poter tenere traccia.

Adesso che abbiamo capito come creare e installare un Pixel, come creare eventi standard ed eventi personalizzati nonchè conversioni personalizzate possiamo tornare alla sezione "Tracking":

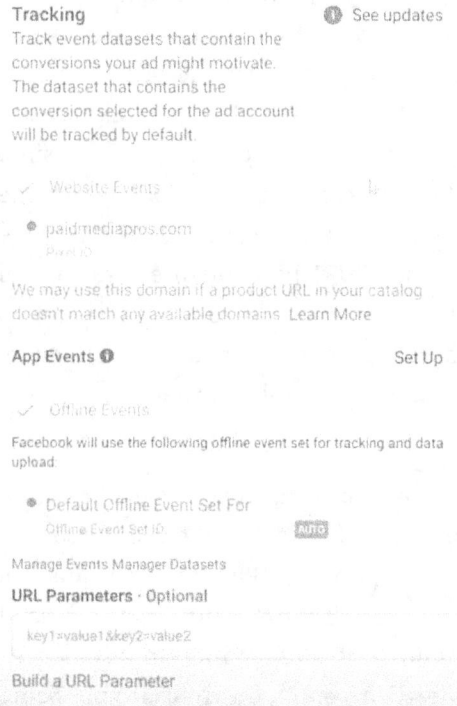

Qui a "Website Conversion" selezioneremo il Pixel di riferimento in modo da poter collegare il tracking alla ottimizzazione scelta a livello Ad Set all'interno dello stesso Pixel.

La sezione sottostante "URL Parameters" riguarda più la fase di Report delle nostre inserzioni che il loro settaggio, ed è opzionale, qui potremmo utilizzare dei parametri URL per identificare da dove proviene il traffico degli annunci e quali annunci hanno contribuito a generare una conversione, usando strumenti esterni di analisi come, ad esempio, Google Analytics per vedere le performance delle nostre inserzioni facebook a cui abbiamo attribuito dei parametri URL, potremo vedere esattamente quale Campagna, Ad Set e Ad è responsabile dei click o quanto guadagno ha portato una particolare inserzione su Facebook, in questo caso dovremmo aver impostato Google Analytics sul sito web del nostro cliente, se non è già stato fatto, la procedura è molto simile all'installazione del Pixel.

Una volta impostati i parametri URL nella nostra Ad in fase di creazione campagna avremo una schermata del genere su Google Analytics:

Questo esempio mostra come la fonte dei dati provenga nella prima e seconda riga da Facebook con appunto la dicitura "Facebook Ads", la prima riga inoltre ci dice che i dati che

☐	6.	Facebook_Ads / FB_News_Feed
☐	7.	Facebook_Ads / IG_Stories
☐	8.	Instagram_Organic / IG_Feed

stiamo guardando provengono dal News feed su Facebook, la seconda riga invece dalle IG Stories, le storie di instagram, la terza riga ci mostra invece i dati raccolti in "Instagram_Organic" ossia il traffico organico quindi non a pagamento su Instagram nel "IG_Feed" il feed di Instagram.

Potremo inoltre andare più a fondo aggiungendo la colonna "Ad Content" su Google Analytics:

Ad Content

Cosi potremo vedere quale inserzione nel dettaglio ha portato il risultato mostrato:

☐	6.	Facebook_Ads / FB_News_Feed	Image1_Text1
☐	7.	Facebook_Ads / FB_News_Feed	Image2_Text1
☐	8.	Facebook_Ads / IG_Stories	Image2_Text2

Quello che dobbiamo fare è settare i parametri URL in modo corretto, per prima cosa stiamo parlando di una Ad che porta a destinazione del sito Web del nostro cliente, quindi a Livello Ad Set assicuriamoci di avere impostato come "Conversion Location" il sito web.

Per creare dei parametri URL a livello Ad clicchiamo su "build URL parameters" si aprirà una finestra in cui potremo riempire i campi mostrati con parametri statici o dinamici:

Build a URL parameter ✕

Fill in the fields in the form below to add parameters to your website URL. To automatically get information from your campaign, ad set or ad, click on each field and select a dynamic parameter, such as ID={{ad.id}}. Learn more

Campaign source   Select a dynamic parameter or enter a value

                          To identify the source of traffic, e.g. Facebook, Instagram, a search engine or another source.

Campaign medium   Select a dynamic parameter or enter a value

                          To identify the advertising medium. For example, "banner", "email", "Facebook_Feed" or "Instagram_Story".

Campaign name   Select a dynamic parameter or enter a value

                          To identify a specific promotion or strategic campaign. For example, "summer_sale".

Campaign content   Select a dynamic parameter or enter a value

                          To differentiate ads or links that point to the same URL. For example, "white_logo", "black_logo".

Add Parameter

In "Campaign Source" inseriremo l'identificatore della fonte dei dati che vedremo su Google Analytics, quando abbiamo mostrato la dicitura "Facebook_Ads" nelle schermate precedenti, si riferiva a questo parametro, quindi sapremo che la fonte dei dati è in primo luogo proveniente da Facebook.

In "Campaign Medium" potremo, ad esempio inserire un parametro dinamico in modo che il sistema piazzi questo parametro riempiendolo automaticamente, una volta cliccato sul campo vuoto nel caso selezionassimo "{{placement}}" comunicheremo al sistema di registrare qualsiasi placement su cui l'utente farà un click, quindi riempirà questo parametro dinamico con il placement su cui l'Ad verrà visualizzata, in fase di report saremo in grado di vedere quindi i dati a seconda dei placement senza ulteriori settaggi manuali, ad esempio, potremo vedere il "Facebook_Feed" come ha performato contro altri placements che abbiamo scelto in fase di costruzione campagna.

In "Campaign Name" potremo, ad esempio, cliccare sul campo vuoto e selezionare il parametro dinamico "{{campaign.name}}" qui comunicheremo al sistema di prendere il nome che abbiamo dato alla campagna e popolarlo automaticamente su Google analytics.

In "Campaign Content" potremo, ad esempio, impostare il parametro dinamico "{{ad.name}}" in questo modo saremo in grado anche di distinguere il nome che abbiamo dato alla nostra Ad.

A questo punto sapremo distinguere il nome della Campagna e dell'Ad, possiamo cliccare sul pulsante "Add Parameter" e impostare un'ulteriore categorizzazione a livello Ad Set, una volta cliccato scriveremo "AdSetName" oppure "NomeAdSet" a piacere, e selezioneremo il parametro "{{adset.name}}", in questo modo distingueremo in fase di report anche i diversi Ad Set, se ne abbiamo più di uno all'interno della Campagna:

Custom parameters

Parameter name	Value
AdSetName	{{adset.name}}

Tutti questi dati verranno inviati a questo punto su Google Analytics dove potremo analizzarli, la schermata a questo punto dovrebbe essere simile a questa:

Campaign source	Facebook_Ads	
	To identify the source of traffic, e.g. Facebook, Instagram, a search engine or another source.	
Campaign medium	{{placement}}	
	To identify the advertising medium. For example, "banner", "email", "Facebook_Feed" or "Instagram_Story".	
	{{campaign.name}}	
Campaign name	Name-based URL parameters will be set to the names provided for your campaign, ad set or ad when they are first published. We'll use those names as the parameter values when they are replaced. You can still edit your URL and campaign, ad set or ad names, but the parameters will always refer to the original names.	
	To identify a specific promotion or strategic campaign. For example, "summer_sale".	
	{{ad.name}}	
Campaign content	Name-based URL parameters will be set to the names provided for your campaign, ad set or ad when they are first published. We'll use those names as the parameter values when they are replaced. You can still edit your URL and campaign, ad set or ad names, but the parameters will always refer to the original names.	

Cliccando su "Apply" cioè Applica, verrà generato automaticamente un codice nella sezione "URL Parameters", adesso ogni volta che un utente cliccherà sul collegamento Web che abbiamo impostato a livello Ad Set, applicherà automaticamente questa serie di parametri alla fine dell'URL del sito Web, se abbiamo inserito il sito web come lo abbiamo scritto a livello Ad Set all'interno della sua descrizione cioè l'area per il copywriting, i parametri verranno applicati ugualmente anche se gli utenti cliccheranno sul collegamento anziché sul pulsante "Call to Action".

Per visualizzare tutti i parametri con cui abbiamo impostato la registrazione su Google Analytics dovremo selezionare le relative colonne "Ad Content" per "{{placement}}" quindi visualizzare i diversi placement, e i relativi dati e così via.

Con quest'ultimo parametro abbiamo completato il settaggio della nostra campagna, non ci resta che pubblicarla e successivamente analizzare i report che provengono da questa, affronteremo alcuni argomenti importanti sulla vera e propria fase di report ed altri argomenti riguardanti non la teoria che abbiamo affrontato nella prima parte del manuale ma quegli aspetti pratici più "avanzati" come l'uso delle Dynamic Ads tramite i cataloghi ed il loro setup.

LA STRUTTURA DEI REPORT NELL' ADS MANAGER

Abbiamo affrontato come creare le campagne pubblicitarie, scegliendo un obiettivo di marketing, il target, l'area geografica ed il loro placement, con l'Ads manager possiamo avere una panoramica di tutte le campagne del cliente ed inoltre modificare le sue impostazioni, abbiamo la facoltà di pianificare i report e visualizzare i dati attuali sul rendimento degli annunci. Attraverso i report possiamo monitorare le metriche prefissate in fase di pianificazione, senza di questi non potremmo misurare i nostri sforzi di marketing e giustificare la nostra azione pubblicitaria, all'interno dell'Ad Manager troviamo lo strumento dell'Ads Reporting con cui potremo creare rapporti più dettagliati su tutto ciò che riguarda il nostro operato all'interno dell'intero ecosistema.

Analyse and report

I rapporti ci aiutano a prendere decisioni informate sulla strategia pubblicitaria complessiva, potremo comprendere l'impatto dei nostri annunci sui vari pubblici tramite una serie di rapporti integrati sia nell'Ads Reporting oche direttamente nell'Ad Manager attraverso le metriche predefinite.

In Ads Manager avremo questa schermata:

La sezione è ordinata in campagne, gruppi di inserzioni e annunci, potremo usare la funzione ricerca per trovare velocemente una data risorsa tra quelle citate, cercare per il nome campagna, nome gruppo di inserzioni, nome annuncio, ID campagna, ID gruppo di inserzioni, ID annuncio e tag campagna:

Ogni campagna, gruppo di inserzioni e annuncio è diviso in schede, queste possono essere personalizzate secondo le metriche che vogliamo, ad esempio la scheda "Delivery"

mostrerà se la campagna pubblicitaria è attualmente in esecuzione e "Bid Strategy" mostrerà la strategia di offerta tra Cost Cap, Lowest cost e così via, mentre la "Delivery" cioè lo stato di pubblicazione indicherà se la nostra campagna è attiva, in bozza o in revisione.

Delivery ↑

○ In draft

Se stiamo ancora modificando una campagna verrà mostrata la scritta "In Draft" se la campagna è stata avviata mostrerà "Active" nel caso l'avessimo appena pubblicata vedremo la scritta "In Review", questo perchè il sistema previa pubblicazione esaminerà il contenuto della campagna per assicurare che questo soddisfi le Policy, il processo impiega circa ventiquattro ore, ricordiamoci che qualsiasi cambiamento postumo alla pubblicazione che rientri nel targeting, creativa ed ottimizzazione così come il modo in cui vogliamo venire addebitati nella sezione "when you get charged" riporterà la nostra inserzione nel processo di review, nel caso venisse rilevata una violazione delle policy invece l'annuncio verrà rifiutato, questo è un aspetto chiave nel rapporto con il cliente perchè nel caso dovessimo violare le regole operando per conto suo, questo oltre alla cancellazione degli annunci che abbiamo inserito potrebbe vedersi chiuso il suo account, Facebook ha una documentazione completa riguardo i suoi "Community Standards" le sue policies a cui rimando e consiglio di fare proprie per evitare questo tipo di esiti, le regole più comuni riguardano il non usare attributi personali riguardanti i target degli annunci, il non usare contenuto sessualmente allusivo, il non usare il logo di Facebook così come evitare l'uso di linguaggio volgare.

All'interno dell'Ad Manager potremo chiaramente monitorare la metrica dei risultati ottenuti o "Results", questa ci dice il numero di volte in cui l'annuncio ha ottenuto un risultato in base all'obiettivo e all'ottimizzazione degli annunci che abbiamo scelto, ad esempio se ottimizzassimo una campagna per le conversioni avremmo sotto questa voce il totale delle conversioni avvenute.

Possiamo monitorare tramite le schede nell'Ad Manager anche la "Reach", le "Impressions" e la "Frequency" la prima è la "copertura" ed indica il numero di persone che hanno visto gli annunci almeno una volta, questa come già accennato in precedenza è diversa dalle impressions ergo le "impressioni", infatti queste ultime possono includere più visualizzazioni da parte delle stesse persone, tra le due bisogna contare un'altro dato cioè la "frequency" che misura la frequenza con cui gli annunci sono stati visualizzati sullo schermo alle persone facenti parte del nostro target, ne consegue che questa è il rapporto tra le impressioni e la copertura.

La frequenza del nostro messaggio pubblicitario non dovrebbe essere superiore a 2, se il rendimento iniziasse a diminuire con l'aumento della frequenza significherebbe che il pubblico di destinazione sta riscontrando una sovraesposizione, in questo caso potrebbe essere saggio modificare la parte creativa oppure il pubblico a cui stiamo rivolgendo l'annuncio.

All'interno di questo strumento possiamo anche visualizzare le metriche di "costo" che ci mostrano come viene speso il budget, attraverso ad esempio la scheda del "Cost per Result" cioè costo per risultato potremo vedere il rapporto tra l'importo totale speso e il numero di risultati, oppure potremo visualizzare il totale speso con la scheda "Amount Spent" che riflette il totale stimato che abbiamo speso per la campagna.

Potremmo avere una visione più approfondita della nostra campagna personalizzando e creando rapporti che mostrino anche altre metriche oltre quelle predefinite nell'Ads Manager aggiungendo colonne alla tabella dei dati, lo possiamo fare cliccando sul pulsante "Columns" e poi "Customize columns" cioè personalizza colonne:

III Columns: Performance ▼

Customise Columns...

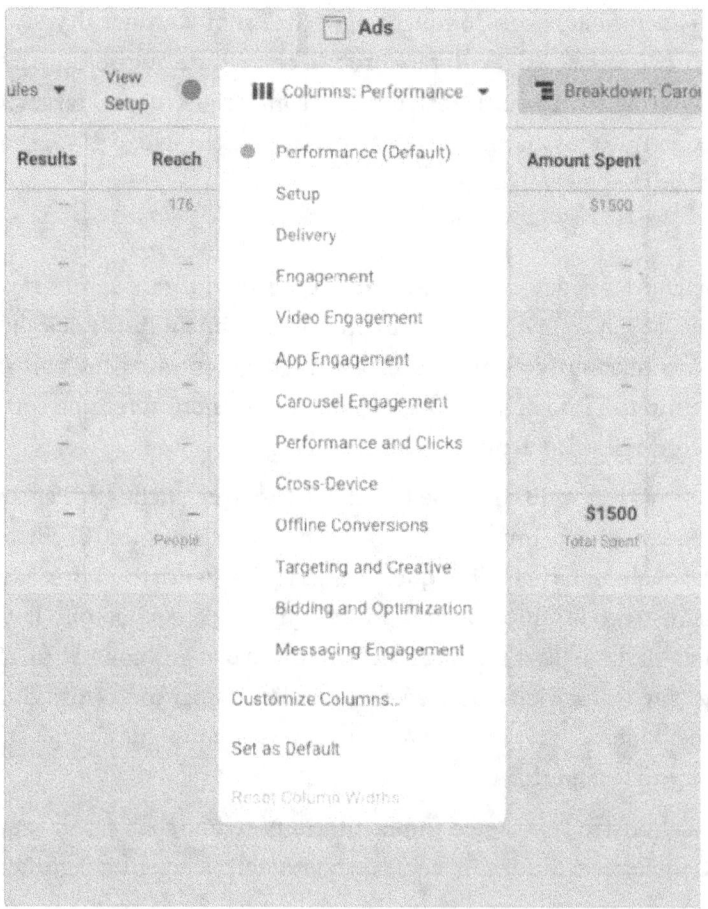

Una volta cliccato il pulsante ci troveremo in una finestra in cui possiamo aggiungere diverse metriche al nostro rapporto che rientrano in quattro diverse categorie tra cui le "Performance" cioè le prestazioni che include metriche come risultati, copertura, frequenza e impressioni, l'Engagement che include metriche che riguardano i post della Pagina, messaggi, media, click e l'Awareness, le Conversioni che include metriche come le conversioni sul sito web, gli acquisti sul sito web, il costo per conversione e le installazioni di app così come gli acquisti in-app:

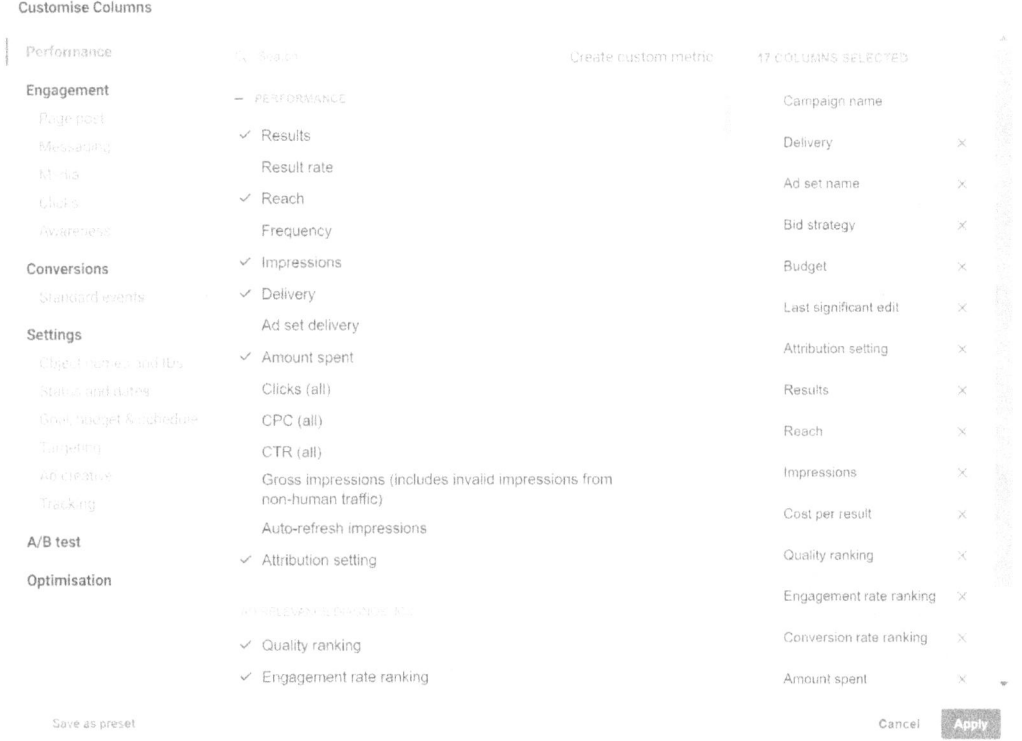

Nelle "Settings" cioè impostazioni vengono incluse invece metriche come la data di inizio, data di fine, nome del gruppo di inserzioni, ID annuncio, pubblicazione, offerta e obiettivo, se non ci bastasse abbiamo la possibilità di creare una metrica personalizzata cliccando il pulsante in alto a destra "create custom metric".

Oltre a visualizzare questo tipo di risultati, passando il mouse sopra una certa campagna, gruppo di inserzioni o inserzione, potremo anche visualizzare i grafici riguardo il loro rendimento, i dati sulle loro performance, dati demografici e sui placements selezionando l'opzione "View Charts".

.ıll View Charts

Visualizzando i dati sulle performance ci verrà mostrato il numero di persone che hanno fatto click su un annuncio, il numero di persone raggiunte e il costo complessivo di un annuncio, il grafico ci mostrerà i singoli risultati per un dato giorno.

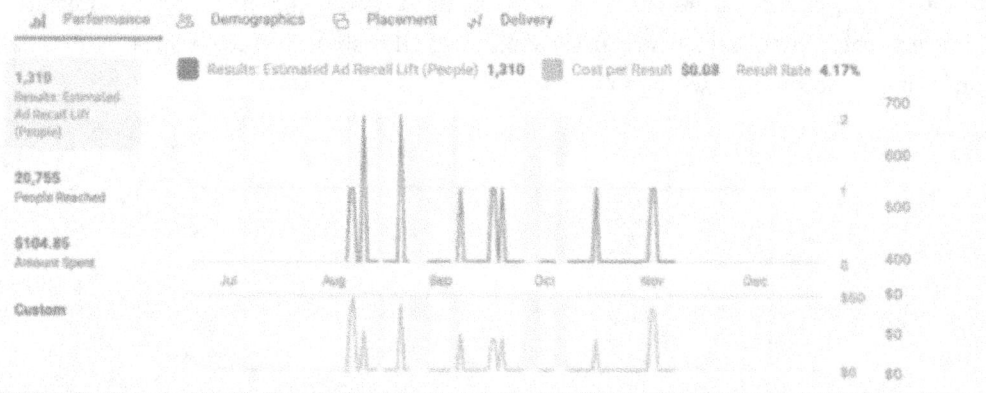

Il grafico sui dati demografici mostra il rendimento di un annuncio in base a età e sessi diversi anche per ogni diversa fascia di età.

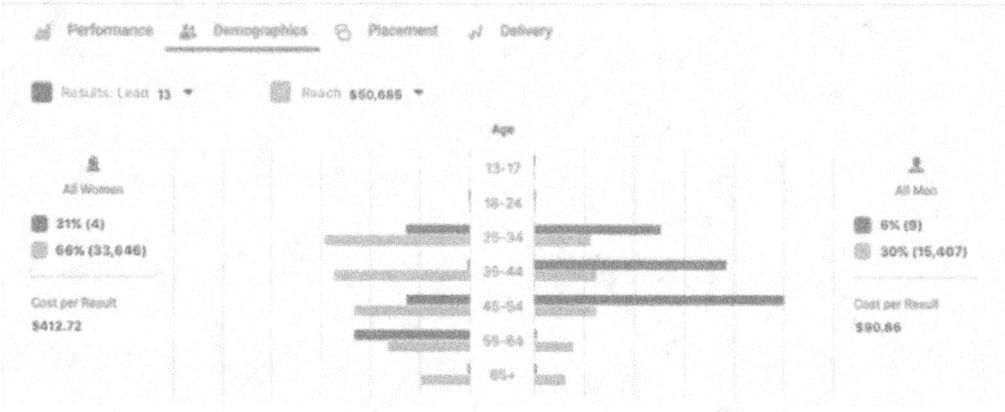

Il grafico sul placement mostra il rendimento di un annuncio nei suoi diversi posizionamenti a seconda di dove abbiamo pubblicato l'annuncio ad esempio tra facebook e instagram vedremo dove questo sta ricevendo il maggior numero di pubblicazioni, con la particolarità di poter vedere dove viene visualizzato tra dispositivi mobili e desktop.

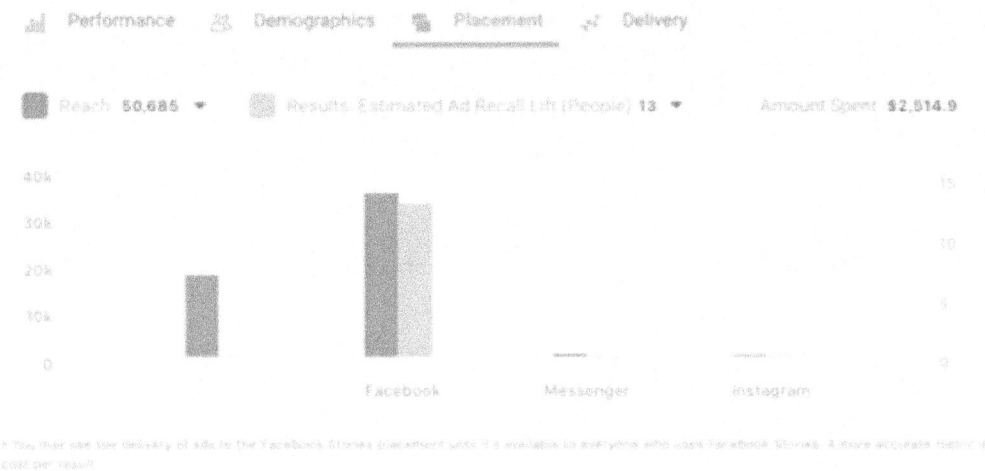

Abbiamo già accennato le impostazioni sull'attribuzione durante la creazione della campagna, questa attribuisce un'azione all'annuncio se qualcuno lo visualizza o intraprende l'azione desiderata con l'annuncio entro un determinato numero di giorni.

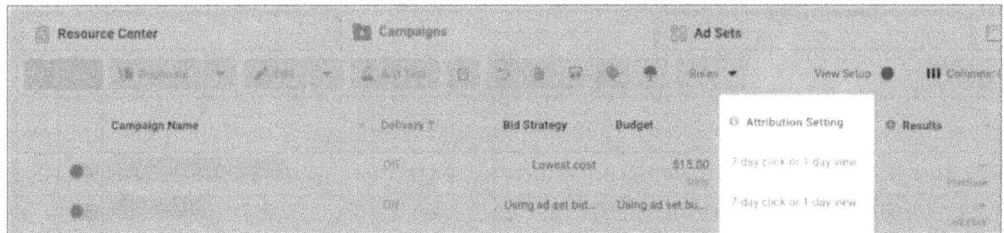

Dobbiamo considerare la finestra di attribuzione come un tempo entro il quale si manifesta il ciclo di vendita del bene o servizio del nostro cliente, in linea generale nel caso scegliessimo una conversione come evento di ottimizzazione, pensiamo al suo ciclo di acquisto, più è lungo più dovremo considerare una finestra di attribuzione ampia, selezionando il periodo di click a sette giorni o visualizzazione ad un giorno, il sistema registrerà i risultati delle conversioni per il nostro Ad Set tenendo conto dei click avvenuti nel periodo precedente ai sette giorni in cui stiamo visualizzando l'Ad Set e tenendo conto delle delle conversioni avvenute per le visualizzazioni fino ad un giorno prima dal momento in cui stiamo visualizzando l'Ad Set:

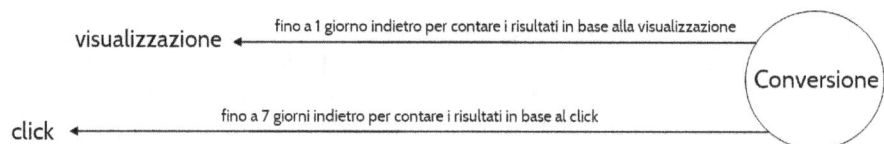

Come già accennato oltre che usare direttamente l'Ad Manager per vedere i rapporti sugli annunci abbiamo a disposizione anche lo strumento dell'Ad Reporting che ci consente di creare, personalizzare, esportare, condividere e pianificare rapporti sul loro rendimento, qui potremo anche creare rapporti che si generano in modo ricorrente da poter inviare via email al cliente, anche se il consiglio è quello di argomentare sempre i risultati con questo ponendo particolare cura nella personalizzazione dei rapporti e nella loro presentazione, con questo strumento potremo anche creare rapporti personalizzati da zero, nonché utilizzare suddivisioni, filtri, ordinamenti e altre funzioni avanzate esattamente come nell'Ad Manager ma con la possibilità di filtrare e regolare ulteriormente le impostazioni dandoci un maggiore controllo sul modo in cui li realizzeremo, garantendoci anche di salvarli in formato .xlsx o .csv, nel caso volessimo potremmo caricarli in un programma esterno per mostrare un report personalizzato, in modo da renderlo più "leggibile" per il cliente anche avvalendoci dell'uso di grafici, in ogni caso dovremmo fare particolare attenzione a comunicare al cliente i nostri rapporti in modo chiaro e comprensibile.

Se volessimo ottenere un rapporto settimanale sul rendimento di determinati annunci potremmo ad esempio in primis personalizzare il rapporto e poi programmare che questo venga inviato via email a noi stessi, oppure ai nostri collaboratori per poi personalizzarlo ulteriormente da parte nostra allegando a questo considerazioni scritte sull'andamento della campagna pubblicitaria, sulle nostre eventuali correzioni in corso d'opera in modo da non lasciare il cliente spaesato tra dati e rapporti magari da parte sua di difficile interpretazione.

Ads Reporting

Shortcuts

Ads Manager   Ads Reporting   Campaign Planner

Business Settings   Billing   Events Manager

LE DYNAMIC ADS

Abbiamo affrontato tutti i parametri che ci consentono di automatizzare la consegna del messaggio pubblicitario come gli "Automatic Placements" la "Dynamic Creative" ed i diversi comandi dell'inserzionista elencando i pregi e difetti che hanno l'automazione ed il controllo nell'applicazione al nostro messaggio, le "Dynamic Ads" sono un particolare metodo che anch'esso automatizza il nostro messaggio pubblicitario ma che per le sue caratteristiche merita un capitolo a sé stante.

Questo risulta essere un tipo di inserzione che ci permette non di impostare un parametro di per sé durante la creazione della campagna, ma di creare un catalogo di prodotti o servizi per lanciare inserzioni pubblicitarie, che sono "automatiche" perchè non dovremo creare un'inserzione ogni volta per un determinato prodotto specifico, e "dinamiche" perché mostrano automaticamente gli elementi del catalogo proprio alle persone che li hanno cercati, visualizzati o interagito con questi sul sito web del nostro cliente, quindi prima di poter impostare questo tipo di inserzioni, dovremmo creare e installare un pixel e aggiungere gli eventi ed i parametri standard richiesti e solo infine creare un catalogo, aggiungervi un inventario e connetterlo al pixel.

Possiamo creare cinque diversi tipi di inserzioni dinamiche, che possono essere relative a prodotti, hotel, voli, viaggi, auto o immobili, a seconda del tipo che andremo a scegliere dovremo includere nel pixel diversi parametri ai suoi eventi, come già sappiamo questi permetteranno al sistema di capire quando qualcuno esegue un'azione sul sito web come la visualizzazione di un articolo oppure un acquisto, i parametri da parte loro forniranno poi maggiori dettagli sull'azione, come quale articolo del catalogo è stato visualizzato oppure acquistato.
La funzione del pixel unita ai cataloghi garantirà che un certo utente una volta intrapresa una data azione sul sito web del cliente veda esattamente il prodotto o servizio che già ha visionato nei vari placements dell'ecosistema di Facebook, possiamo sfruttare questa funzione ad esempio per campagne di remarketing e cross selling così come per aumentare la "discovery" dei prodotti del nostro cliente grazie al formato con cui proporremo il catalogo.

Se avessimo già configurato il pixel sul sito web, ci assicureremo che gli eventi standard e i parametri corretti siano configurati per il corretto tipo di Dynamic Ads che dovremo usare, lo faremo da parte nostra oppure con l'aiuto di uno sviluppatore, potremmo dover modificare il codice esistente per aggiungere gli eventi del pixel ed i parametri necessari a seconda del tipo di catalogo, ad esempio aggiungeremo al codice dell'evento "Aggiunta al carrello" i parametri "content_ids" e "content_type" ad ogni pagina di conferma di aggiunta al carrello in modo da permettere al sitema di distinguere i diversi prodotti nel catalogo, per quanto riguarda un catalogo prodotti.

Se non avessimo ancora installato il pixel sul sito web potremmo aggiungere gli eventi standard ed i parametri corretti per il corretto tipo di Dynamic Ads direttamente in sede di installazione del pixel, dopo che abbiamo aggiunto gli eventi standard ed i parametri necessari al sito, connetteremo il pixel ad un catalogo, in modo da mostrare alle persone i prodotti o servizi all'interno del catalogo stesso, questi in certo senso permettono la comunicazione tra il Pixel ed il catalogo sulla base dei parametri che andremo ad inserire sia nel primo che nel secondo.

Vediamo in modo indicativo come dovrebbe essere impostato questo tipo di comunicazione pixel-catalogo.

Per poter pubblicare inserzioni dinamiche per i prodotti, il pixel deve includere i seguenti eventi standard:
"ViewContent" - per registrare chi ha visualizzato un articolo del catalogo.
"AddToCart" - per registrare chi ha aggiunto un articolo del catalogo al carrello sul sito web.
"Purchase" - per registrare chi ha acquistato un articolo del catalogo dal sito web.

Questi eventi dovranno contenere parametri specifici che permetteranno al sistema la corrispondenza tra gli articoli del sito web e quelli del catalogo:

"content_type", è obbligatorio e comunica al sistema un ID del prodotto specifico, all'interno di questo useremo un "content_ids" per identificare il prodotto nel catalogo.

"content_ids" riflette l'ID specifico per un prodotto o gruppo di prodotti, questo deve corrispondere all'ID all'interno del catalogo in questione, la corrispondenza indica che si tratta dello stesso prodotto (o gruppo di prodotti) presente nel catalogo, potrebbe trattarsi di un ID contenuto singolo o un insieme di ID contenuto (ID multipli).

Il codice evento AddToCart con i parametri "content_ids" e "content_type" per l'articolo specifico si presenta ad esempio in questo modo:

```
fbq('track', 'AddToCart', {
    content_ids: ['1234','1853','9386'],
    content_type: 'prodotto'
});
```

Dopo avere aggiunto gli eventi standard ed i parametri necessari nel sito web, che tra l'altro ci aiuteranno nel retargeting dinamico delle nostre inserzioni, dovremo connettere il pixel a un catalogo, per crearne uno dovremo andare sul "Commerce Manager" il gestore delle vendite, nel caso il cliente ne abbia già uno potremmo anche richiedere l'accesso al catalogo, il proprietario ci darà poi il giusto livello di privilegi a seconda di come dovremo gestire il catalogo stesso.

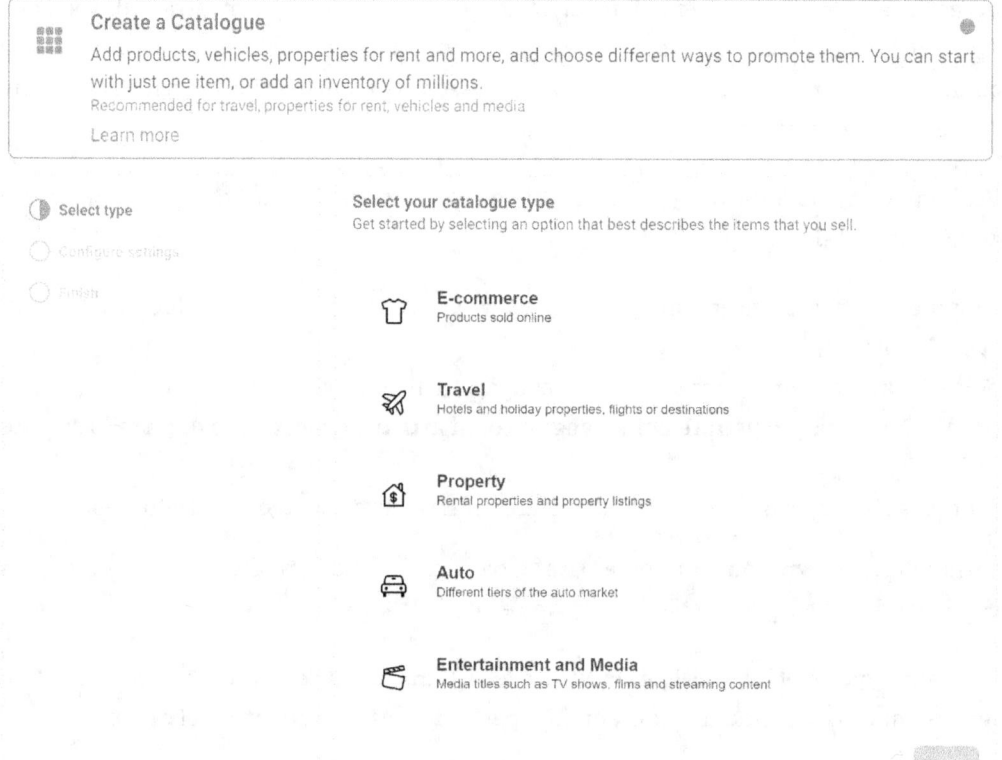

Selezionando il tipo di catalogo per i prodotti quindi "E-Commerce" potremo scegliere se caricare i dati manualmente in formato .CSV, TSV, RSS XML o ATOM XML, o selezionare una piattaforma partner di facebook come Shopify, Woocommerce o Magento se il nostro cliente operasse in una di queste.

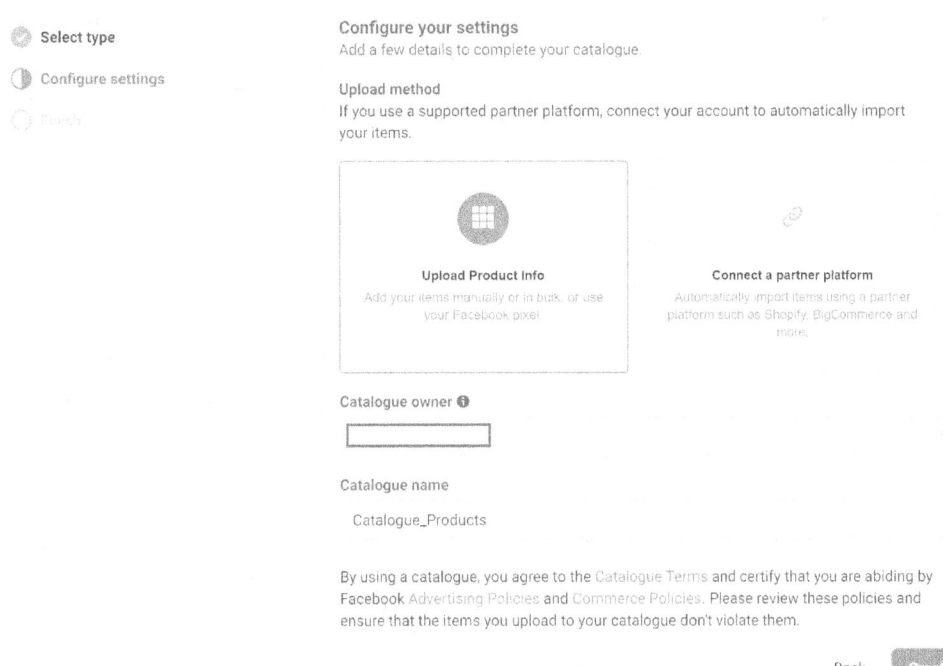

Se invece decidessimo di creare un catalogo per hotel, voli, viaggi, auto o immobili selezioneremo semplicemente il proprietario del catalogo, questo perchè avremo la facoltà di importare successivamente il catalogo in vari formati.

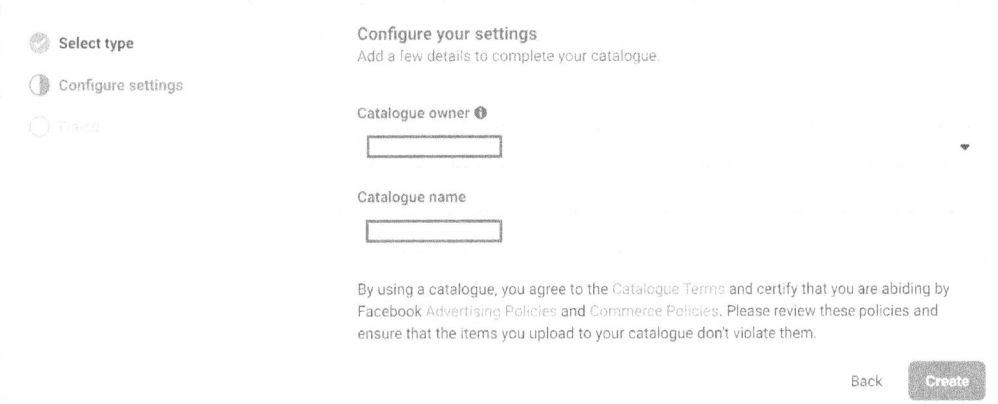

Dopo questo processo per quanto riguarda hotel, voli, viaggi, auto e immobili non avremo ancora finito, dovremo infatti caricare un file popolato da vari dati che rappresenta il vero e proprio catalogo, i dati richiesti cambieranno in base al tipo di catalogo che abbiamo scelto in precedenza, per quanto riguarda il catalogo prodotti questo può essere caricato in modo manuale, usando una fonte di dati oppure tramite il Pixel.

Una delle soluzioni per i prodotti è quella di usare una piattaforma partner, se il nostro cliente operasse in una di queste molti processi sarebbero automatizzati, altrimenti dovremo procedere noi da soli o con l'aiuto di uno sviluppatore per la sua creazione, a seconda del nostro grado di competenza, chiariamo che stiamo parlando della fase di caricamento del catalogo.

Se volessimo caricare il catalogo tramite il Pixel, dopo aver aggiunto gli eventi standard ad ogni pagina prodotto, dovremo anche attivare i Tag dei microdati, cosa che usando una piattaforma partner non è richiesta, questi "Tag" andranno aggiunti al codice di ogni pagina dei prodotti e contengono informazioni sull'articolo in vendita, come prezzo, marca e disponibilità, così facendo permetteremo l'aggiornamento automatico anche del prezzo e la disponibilità dei prodotti dal sito del nostro cliente nel sistema pubblicitario di Facebook.

Per poter aggiungere i microdati, dobbiamo essere in grado di modificare il codice nel sito web del cliente, se non sappiamo come fare affidiamoci ad uno sviluppatore che sia esterno o alle dipendenze del cliente, in ogni modo dopo essere stati settati potremo verificare che questi siano impostati correttamente tramite lo strumento di risoluzione problemi nella pagina "business.facebook.com/ads/microdata/debug" incollando il link in esame del sito web del cliente.

La selezione del caricamento tramite Pixel è un'ottima opzione per gli inventari di grandi dimensioni o che cambiano con frequenza, ma abbiamo anche altre soluzioni.

Is your microdata set up correctly?

To add items automatically from your website to your Facebook catalogue, you need to add microdata tags to your Facebook pixel installation.

Microdata is the structured mark-up data used to indicate key information about the items on your website, such as names, descriptions and prices. Learn more.

Website link
Enter a URL for a web page with inventory details.

http://www.example.com/products/tops/yellow-tshirt

Check Microdata

Una volta che abbiamo creato e popolato di dati il catalogo torneremo nel "Commerce Manager" selezioneremo la voce "Catalogs" e selezioneremo cliccando su "Connect to Tracking" lo stesso pixel che abbiamo selezionato in precedenza o comunque il pixel di riferimento del catalogo, in questo modo effettueremo il collegamento con il Pixel.

Se ci accorgiamo che all'interno del Pixel il catalogo non è presente vuol dire che abbiamo saltato questa fase.

Il collegamento tramite pixel richiede fino a ventiquattro ore ed una volta pronto, questo aggiornerà il catalogo ogni volta che qualcuno interagisce con la pagina di un prodotto sul sito entro quindici minuti dall'interazione, se eliminiamo gli articoli dal sito web saranno rimossi dal catalogo dopo sette giorni.

Se volessimo inserire invece un catalogo tramite una fonte dei dati, caricheremo i dati con un file in formato .CSV, TSV, RSS XML o ATOM XML, questo metodo funziona per ogni tipo di Dynamic Ads.

Questo risulta il metodo più funzionale sia per numero di prodotti o servizi che potremo inserire che per la facilità d'uso, potremo infatti usare "Google Documents" e creare un foglio google con tutti i prodotti ed i suoi dati, questa funzione è disponibile anche per altri tipi di prodotti del catalogo, come hotel, voli, viaggi, annunci immobiliari e veicoli, il catalogo in questo modo si aggiornerà nel momento in cui andremo ad aggiornare il catalogo sul foglio Google stesso, basta chiedere l'accesso a questo documento al nostro cliente su Google documenti nel caso avesse bisogno di assistenza.

Choose how you want to add your items

Add Manually
Fill in a form to add items to your catalog one at a time.
Recommended for a small inventory that rarely changes.
Learn more

Use Bulk Upload
Upload a file, set up a scheduled feed, or use a Google spreadsheet to add multiple items.
Recommended for a large inventory that changes regularly.
Learn more

Use a Partner Platform
Use a partner platform like Shopify, BigCommerce, Cedcommerce and others to add items to your catalog.
Recommended if your inventory already exists on another platform.
Learn more

Use a Pixel
Use your pixel to automatically update the items in your catalog each time someone visits them.
Recommended for a large inventory that changes hourly or daily.
Learn more

Choose Upload Option

Create a file to upload
To use the bulk upload options below, you'll need to create a data feed file and complete the required product details. See Guide.

Download Template

File upload
Upload a spreadsheet or file to add your inventory.

Scheduled feed
Use a file hosted on a website to automatically add and update your inventory.

Google Sheets
Use a Google spreadsheet to automatically add and update your inventory.

Dopo aver scelto una tra le tre opzioni per quanto riguarda il caricamento di un catalogo con i formati elencati in precedenza e fatto l'upload, il sistema ci dirà tramite un report se i campi del file catalogo che abbiamo caricato sono popolati in maniera corretta oppure no, in tal caso potremo correggere eventuali errori o dimenticanze, in maniera simile a come abbiamo in precedenza corretto i campi per il pubblico offline, o da lista clienti.

⚠ Some products or properties were rejected
⚠ Some products or properties have issues that might lower your catalog quality

Il metodo base per la creazione di un catalogo invece prevede sia il caricamento manuale di ogni singolo oggetto o servizio, che il loro aggiornamento, si fa presto a capire che per una agenzia o per un libero professionista che gestisce più clienti e ancora più cataloghi questa non risulti la scelta più appropriata ed è meglio muoversi su soluzioni più automatizzate come i fogli Google.

Il metodo di caricamento migliore dipenderà da diversi fattori, tramite il pixel potremo avere un tipo di inventario di soli prodotti mentre con il caricamento manuale ed elenco dati potremo avere tutti i tipi di elenchi, questi due inoltre sono indicati per un elenco di dimensione da medio a grande o con modifiche frequenti, il caricamento tramite il pixel è completamente automatizzato, però richiede la capacità di inserire i tag di microdati sulle pagine prodotto, mentre con l'elenco di dati dobbiamo stare attenti a fornire specifiche corrette per ogni casella, nella scelta del migliore metodo di gestione del catalogo entra in gioco anche il suo livello di difficoltà di gestione.

Sul piano degli sforzi di gestione, il caricamento tramite Pixel ci garantirà che i dati verranno modificati automaticamente dagli aggiornamenti del cliente sul suo sito, con l'elenco dati dovremo apportare modifiche manuali noi oppure il cliente al file CSV su google fogli, il caricamento manuale invece richiederà un aggiornamento costante nelle informazioni del prodotto direttamente su Facebook oltre che caricare manualmente ogni immagine e testo dei diversi articoli, consideriamo quindi anche il tempo che ogni gestione diversa ci può richiedere, possiamo affermare che con l'elenco dati troviamo un ottimo compromesso, inoltre è bene importare il catalogo tramite il Pixel usando le Dynamic Ads per i siti dei clienti che hanno molti prodotti in continuo aggiornamento, o comunque prodotti soggetti a modifiche frequenti.

Se d'altra parte abbiamo selezionato una piattaforma Partner come Shopify, woocommerce o magento come tante altre, dovremo seguire i passaggi sulla piattaforma partner, qui le informazioni aggiornate sui prodotti si sincronizzeranno automaticamente con il catalogo in Gestore delle vendite in modo simile al caricamento tramite il Pixel, quindi avremo una gestione del catalogo lato sito web, anche se avremo la possibilità di modificare poi l'elenco anche su facebook non modifichiamole mai manualmente in questo caso perchè verrà già fatto in modo automatico, nella nostra attività non avremo comunque sempre la fortuna di avere clienti che operano su piattaforme partner anche se è molto comune che le aziende di e-commerce che incontreremo nel percorso professionale operino attraverso queste.

Per quanto riguarda i voli, hotel, viaggi, il settore dell'automotive ed annunci immobiliari invece dovremo ottenere un'ottima padronanza con i file in .CSV di Google Fogli.

Il file .CSV di base è possibile scaricarlo selezionando "Scarica modello" durante la procedura per il caricamento dell'elenco, in "Elenco di dati" alla voce "Il tuo foglio di calcolo o file è pronto?" selezioneremo "no", oppure lo troveremo sul sito Facebook for Developers ai collegamenti indicati in seguito, come già accennato a seconda del tipo di catalogo avremo un modello differente di file, nei suoi contenuti.

A questo punto vediamo come settare il file .CSV dell'elenco, potremmo popolarlo direttamente noi per il nostro cliente sulla base di diversi i parametri, per poi caricarlo nel catalogo come elenco dati, invieremo il file al cliente su Google Fogli che o lo gestirà in autonomia oppure chiederemo l'accesso per la sua modifica nel caso avesse bisogno di assistenza.

Il foglio ha specifiche diverse a seconda del tipo di Dynamic Ads, che sia un elenco prodotti, voli, viaggi, auto o immobili, come abbiamo visto in precedenza sul sito del cliente andranno installati diversi parametri del pixel in base al tipo di annuncio, quindi vi è un setup in primis lato Pixel e in secondo luogo lato elenco dei dati.

Abbiamo già parlato dell'elenco prodotti, affrontiamo in sequenza l'elenco hotel, voli, viaggi auto ed immobili, molto semplicemente con questa pratica associamo i "campi" del pixel con quelli dell'elenco, ricordiamoci sempre di collegare il Pixel al catalogo alla fine del processo indipendentemente dal tipo di elenco che abbiamo creato, per fare in modo che possano "comunicare".

Dobbiamo sempre ricordarci che quando configuriamo un pixel di Facebook per le inserzioni dovremmo impostarlo per eseguire il retargeting dei clienti durante le diverse fasi del funnel di acquisto, per quanto riguarda gli Hotel, lato Pixel setteremo i seguenti parametri nelle pagine che ci interessano:

L'evento "Search" lo inseriremo nelle pagine dei risultati di ricerca per registrare le destinazioni che il cliente ha cercato (per monitorare l'interesse) abbiamo i parametri obbligatori "content_type", "content_ids", "city", "region" e "country".

L'evento "ViewContent" lo inseriremo nelle pagine dei prodotti per registrare gli articoli del catalogo visualizzati (per monitorare le proprietà visualizzate) abbiamo i parametri obbligatori "content_type" e "content_ids".

L'evento "InitiateCheckout" lo inseriremo nel pulsante "checkout" e nelle pagine di acquisto per registrare l'ID prodotto per cui il cliente ha iniziato l'acquisto (per monitorare l'intenzione di acquisto) abbiamo i seguenti parametri obbligatori "content_type" e "content_ids".

L'evento "Purchase" lo inseriremo nella pagina di conferma della prenotazione per registrare gli ID dei prodotti del catalogo acquistati (per monitorare le conversioni) abbiamo i parametri obbligatori "content_type" e "content_ids", "value" e "currency".

Ogni evento ha anche dei parametri consigliati tra cui "checkin_date", "checkout_date", "city", "region", "country", "num_adults", "num_children" e "suggested_hotels", facebook ha una copiosa documentazione riguardo ai diversi parametri ed il loro significato, rimando al sito web Facebook for Developers per una panoramica completa sui parametri pixel ed SDK, nonché la loro spiegazione.

L'ID contenuto registrato dal pixel di Facebook deve corrispondere alla colonna dell'ID del catalogo lato file .CSV, che apparirà nel caso degli Hotel in questo modo:

	A	B	C	D	E	F
1	hotel_id	name	description	brand	address.addr1	address.city
2	1234	The best hotel	A very nice hote	Premium_brand	100 Main Street	North Pole
3						
4						

Le colonne dati comprendono tutti i parametri lato .CSV che potremo trovare sul sito Facebook for developers, nel caso ritenessimo superflui alcuni parametri opzionali potremmo eliminarli.

Per quanto riguarda i Voli lato pixel abbiamo sempre i quattro eventi standard, cambiano invece i parametri obbligatori e parametri consigliati, per cui lato Pixel setteremo i seguenti parametri nelle pagine che ci interessano:

L'evento "Search" lo inseriremo nelle pagine dei risultati di ricerca per acquisire i voli derivanti dalle ricerche effettuate dalle persone sul sito web (per monitorare l'interesse) abbiamo i seguenti parametri obbligatori "content_type", "departing_departure_date", "returning_departure_date" (obbligatorio se il viaggio prevede andata e ritorno), "origin_airport", "destination_airport".

L'evento "ViewContent" lo inseriremo nelle pagine dei prodotti per acquisire i dettagli sui voli e sugli itinerari specifici che una persona ha selezionato (per monitorare i voli visualizzati) abbiamo i seguenti parametri obbligatori "content_type", "departing_departure_date", "returning_departure_date" (obbligatorio se il viaggio prevede andata e ritorno), "origin_airport", "destination_airport".

L'evento "InitiateCheckout" lo inseriremo nelle pagine di acquisto per acquisire i dettagli sui voli che una persona ha selezionato quando ha iniziato il processo di acquisto (per monitorare l'intenzione di acquisto) abbiamo i seguenti parametri obbligatori "content_type", "departing_departure_date", "returning_departure_date" (obbligatorio se il viaggio prevede andata e ritorno), "origin_airport", "destination_airport".

L'evento "Purchase" lo inseriremo nella pagina di conferma della prenotazione per acquisire il volo che è stato prenotato (per monitorare le conversioni) abbiamo i seguenti parametri obbligatori "content_type", "departing_departure_date", "returning_departure_date" (obbligatorio se il viaggio prevede andata e ritorno), "origin_airport", "destination_airport", "value", "currency".

Ogni evento per i voli ha anche dei parametri consigliati tra cui i parametri "destination_ids", "departing_arrival_date", "returning_arrival_date", "num_adults", "num_children", "num_infants", "travel_class", "user_score", "price", "preferred_num_stops", anche qui facebook ha una copiosa documentazione riguardo ai diversi parametri, rimando al sito web Facebook for Developers per una panoramica completa sui parametri pixel ed SDK per i viaggi, nonchè la loro spiegazione.

Anche qui l'ID contenuto registrato dal pixel di Facebook deve corrispondere alla colonna dell'ID del catalogo lato .CSV, questo apparirà nel caso degli voli in questo modo:

	A	B	C	D	E	F
1	origin_airport	destination_airpc	description	image[0].url	image[0].tag[0]	image[1].url
2	BOS	SFO	Best Flight to SF	http://example.cc	city	http://example.cc
3						
4						

Le colonne dati comprendono tutti i parametri lato file .CSV che potremo trovare sul sito Facebook for developers, nel caso ritenessimo superflui alcuni parametri opzionali potremmo eliminarli.

Per quanto riguarda le destinazioni invece, abbiamo sempre i quattro eventi standard, cambiano invece i parametri obbligatori e parametri consigliati, in questo caso si parla di viaggi, per cui lato Pixel setteremo i seguenti parametri nelle pagine interessate:

L'evento "Search" che inseriremo nelle pagine dei risultati di ricerca per acquisire le destinazioni derivanti dalle ricerche effettuate dalle persone sul sito (per monitorare l'interesse) abbiamo i seguenti parametri obbligatori content_type, content_ids, city, region, country.
L'evento "ViewContent" lo inseriremo nelle pagine dei prodotti per acquisire i dettagli sulle destinazioni visualizzate dalle persone (per monitorare le destinazioni visualizzate) abbiamo i seguenti parametri obbligatori content_type, content_ids.

L'evento "InitiateCheckout" lo inseriremo nel pulsante "checkout" e le pagine di acquisto per registrare l'ID prodotto per cui il cliente ha iniziato l'acquisto (per monitorare l'intenzione di acquisto) abbiamo il parametro obbligatorio "content_type".

L'evento "Purchase" lo inseriremo nella pagina di conferma della prenotazione per registrare gli ID dei prodotti del catalogo acquistati (per monitorare le conversioni) abbiamo il parametro obbligatorio "content_type".

Ogni evento ha anche dei parametri consigliati tra cui "suggested_destinations", "travel_start" e "travel_end" facebook ha una copiosa documentazione riguardo ai diversi parametri, rimando al sito web Facebook for Developers per una panoramica completa sui parametri pixel ed SDK per i viaggi, nonché la loro spiegazione.

Anche qui l'ID contenuto registrato dal pixel di Facebook dovrà corrispondere alla colonna dell'ID del catalogo, questo apparirà nel caso dei viaggi in questo modo:

	A	B	C	D	E	F
1	destination_id	name	description	address.addr1	address.city	address.region
2	123456789	The best destina	My destination is	1 Market Street	San Francisco	California
3						
4						

Le colonne dati comprendono tutti i parametri lato .CSV che potremo trovare sul sito Facebook for developers, nel caso ritenessimo superflui alcuni parametri opzionali potremmo eliminarli.

Per quanto riguarda gli annunci per l'automotive, abbiamo quattro eventi standard obbligatori, "Search", "Viewcontent", "AddToWishlist" e "Lead", cambiano i parametri obbligatori e parametri consigliati, in questo caso si parla di automobili, per cui lato Pixel settiamo i seguenti parametri nelle pagine interessate:

L'evento "Search" lo inseriremo nelle pagine per monitorare le ricerche in inventari/veicoli (pagine dei dettagli dei veicoli) abbiamo i parametri obbligatori "content_type" e "content_ids".

L'evento "ViewContent" lo inseriremo nelle pagine in cui desideriamo monitorare le visualizzazioni dei contenuti principali dove non vengono inviate informazioni di contatto come pagine dei dettagli dei veicoli o pagine dei modelli, pagine di incentivi/offerte per veicoli, tentativi di configurazione dei veicoli, conferme di accesso al sito web, download di brochure oppure preventivi per finanziamenti sul web, abbiamo i parametri obbligatori "content_type" e "content_ids".

L'evento "AddToWishlist" lo inseriremo nel Includi questo evento quando qualcuno salva, o mostra interesse in altri modi per un annuncio nel tuo sito web (per monitorare l'intenzione di acquisto) abbiamo i parametri obbligatori "content_type" e "content_ids".

L'evento "Lead" (per monitorare le conversioni) invece lo inseriremo nelle pagine che riflettono una fase avanzata del funnel dove vengono inviate informazioni di contatto come una richiesta di brochure o richieste di test drive così come altri tipi di richieste di appuntamenti, preventivi per permute o finanziamenti personalizzati oppure richieste relative all'inventario del cliente, abbiamo i parametri obbligatori "content_type" e "content_ids".

In ognuno dei quattro eventi possiamo inserire i seguenti parametri consigliati "make", "model", "postal_code", "year", "vin", "transmission", "body_style", "state_of_vehicle", "exterior_color", "fuel_type", "drivetrain", "price", "preferred_price_range" e "currency", facebook ha una copiosa documentazione riguardo i diversi parametri, rimando al sito web Facebook for Developers per una panoramica completa sui parametri pixel ed SDK per l'automotive, nonchè la loro spiegazione.

Anche qui l'ID contenuto registrato dal pixel di Facebook deve corrispondere alla colonna dell'ID del catalogo, questo apparirà nel caso dell'automotive in questo modo:

	A	B	C	D	E	F
1	vehicle_id	title	description	url	make	model
2		1 Model 3	Electricl Dual Mc	http://www.exam	Tesla	3
3						
4						

Le colonne dati comprendono tutti i parametri lato .CSV che potremo trovare sul sito Facebook for developers, nel caso ritenessimo superflui alcuni parametri opzionali potremo eliminarli.

Gli annunci Immobiliari infine, sono un tipo di inserzioni dinamiche ottimizzate per gli inventari di immobili ed utilizzano diversi tipi di informazioni per generare suggerimenti sull'immobile stesso per l'utente, come la posizione e la somiglianza ad un immobile già visionato da parte sua, per usare questo tipo di catalogo per un'agenzia immobiliare dovremmo popolare il file elenco con almeno 100 annunci di immobili al suo interno, con questo tipo di inserzioni dinamiche le informazioni che useremo per rappresentare un immobile includeranno diversi elementi come il suo indirizzo, il numero di stanze e bagni, il quartiere e così via, diciamo che le informazioni richieste nel catalogo e nel pixel sono diverse rispetto a quelle di un'inserzione dinamica che abbiamo visto in precedenza, per cui lato Pixel setteremo i seguenti parametri nelle pagine che ci interessano:

L'evento "Search" lo inseriremo nelle pagine dei risultati di ricerca per registrare quando qualcuno ha cercato un dato immobile (per monitorare l'interesse) abbiamo i parametri obbligatori "content_type" e "content_ids".

L'evento "ViewContent" lo inseriremo nelle pagine per registrare quando qualcuno ha visualizzato uno specifico annuncio immobiliare (per monitorare le proprietà visualizzate dagli utenti) abbiamo i parametri obbligatori "content_type" e "content_ids".

L'evento "InitiateCheckout" lo inseriremo nelle pagine in cui qualcuno ha salvato l'annuncio, o mostrato un particolare interesse (per monitorare l'intenzione di acquisto) abbiamo i parametri obbligatori "content_type" e "content_ids".

L'evento "Purchase" lo inseriremo nella pagina dove si può contattare un agente in merito a un annuncio (per monitorare le conversioni) abbiamo i parametri obbligatori "content_type" e "content_ids".

In ognuno dei quattro eventi possiamo inserire i parametri consigliati "lease_start_date", "lease_end_date", "preferred_baths_range", "preferred_beds_range", "preferred_price_range", "currency", "property_type", "listing_type", "availability", "city", "neighborhood", "region country", facebook ha una copiosa documentazione riguardo ai diversi parametri, rimando al sito web Facebook for Developers per una panoramica completa sui parametri pixel ed SDK, nonchè la loro spiegazione:

Lato file catalogo .CSV invece abbiamo i seguenti campi obbligatori per queto tipo di inserzioni: home_listing_id (agenzia immobiliare), name (nome), image (immagine), address (indirizzo), neighborhood (quartiere) se nel feed manca il parametro "neighborhood", in alternativa dovremmo inserire la città dell'immobile, latitude (latitudine), longitude (longitudine), price (prezzo), availability (disponibilità) e url.

	A	B	C	D	E	F
1	home_listing_id	name	availability	num_beds	num_baths	num_units
2	1234	Viale della Repu	for_rent	6	2	1
3						
4						

Le colonne dati comprendono tutti i parametri lato .CSV che potremo trovare sul sito Facebook for developers, nel caso ritenessimo superflui alcuni parametri opzionali potremmo eliminarli.

Concludendo, a prescindere dal tipo di catalogo creato, una volta che abbiamo settato sia il lato pixel che il lato file .CSV potremo visualizzare il nostro catalogo nella voce prodotti "Products" della gestione catalogo, per quanto riguarda la parte creativa delle Dynamic Ads invece potremo scegliere di creare un'inserzione per il settore immobiliare nel formato pubblicitario carosello o con immagine singola, ricordiamoci che prima di creare una Dynamic Ads dovremmo già aver settato il Pixel, creato un catalogo per prodotti sul "Commerce Manager" ed aver popolato di parametri il Catalogo in formato .CSV che avrà oltre che agli altri dati necessari, sia un link di destinazione al sito che un link all'immagine del prodotto che verrà mostrata nelle inserzioni.

Una volta che avremo eseguito tutti i passaggi ed anche corretto eventuali errori di inserimento dei dati che ci avrà segnalato in sistema tramite il report, procederemo a creare la nostra inserzione in Ads Manager selezionando l'obiettivo "Catalog Sales" qui potremmo eventualmente modificare la creativa sia nel suo "copywriting" che nei suoi elementi grafici.

Sitografia

- *Statistical office of the European Union (EUROSTAT) - ec.europa.eu/eurostat/*

Statistics Explained - "ICT specialists in employment 2020"

Statistics Explained - "Foreign language learning statistics 2019"

Databrowser - "Unemployment by sex and age"

- *Data & Marketing Association - dma.org.uk - Rapporto "marketer email tracker 2019"*

- *Our World in Data - ourworldindata.org - "Internet" By Max Roser, Hannah Ritchie e Esteban Ortiz-Ospina*

- *Istituto nazionale per la valutazione del sistema educativo di istruzione e di formazione (INVALSI) - areaprove.cineca.it - "i risultati delle prove invalsi 2019"*

- *business.facebook.com*

- *facebook.com/communitystandards/*

- *developers.facebook.com*

- *facebook.com/business/help*

- *The World Bank IBRD-IDA - worldbank.org - "Individuals using the Internet (% of population) - Italy"*

- *Department of Management Information Systems (MIS), Fox School of Business, Temple University - community.mis.temple.edu - "Management Review" - (p.35-36).*

- *CO-OP Financial Services - co-opthink.org - CO-OP THINK 15 Conference - "your role on sharing economy" - Lisa Gansky - 2015*

Bibliografia

- Introduzione all'economia aziendale - Il sistema delle operazioni e le condizioni di equilibrio aziendale - a cura di Luciano Marchi - VIII Edizione (p.203-208).

- Introduzione alla Statistica - Sheldon Ross - II Edizione (p.120-124).

- La società aperta e i suoi nemici - Popper Karl – Volume unico (p.824).

- Management Review, Volume 70, Issue 11 (AMA FORUM) - Doran, G. T. - 1981 - (p33-36).

- Financial advertising, for commercial and savings banks, trust, title insurance, and safe deposit companies, investment houses - Lewis, Elias St. Elmo (p.162-177).

www.ingramcontent.com/pod-product-compliance
Lightning Source LLC
Chambersburg PA
CBHW080523240526
45472CB00021BA/1753